U0535007

胡君 著

西北高等教育人才培养研究

1927—1949

中国社会科学出版社

图书在版编目（CIP）数据

西北高等教育人才培养研究：1927—1949 / 胡君著 . —北京：中国社会科学出版社，2022.10
ISBN 978-7-5227-0666-5

Ⅰ.①西⋯ Ⅱ.①胡⋯ Ⅲ.①高等教育—人才培养—研究—西北地区—1927-1949 Ⅳ.①G649.2

中国版本图书馆 CIP 数据核字（2022）第 141214 号

出 版 人	赵剑英
责任编辑	周晓慧
责任校对	刘　念
责任印制	戴　宽

出　　版	中国社会科学出版社
社　　址	北京鼓楼西大街甲158号
邮　　编	100720
网　　址	http://www.csspw.cn
发 行 部	010-84083685
门 市 部	010-84029450
经　　销	新华书店及其他书店
印　　刷	北京明恒达印务有限公司
装　　订	廊坊市广阳区广增装订厂
版　　次	2022年10月第1版
印　　次	2022年10月第1次印刷
开　　本	710×1000　1/16
印　　张	22.25
字　　数	311千字
定　　价	119.00元

凡购买中国社会科学出版社图书，如有质量问题请与本社营销中心联系调换
电话：010-84083683
版权所有　侵权必究

目 录

绪 论 …………………………………………………………（1）

第一章 西北地区高等教育的发展 ………………………（51）
第一节 数量稀少，发展滞后（1927—1937 年）…………（51）
第二节 高校西迁，西北高等教育迎来发展的春天
　　　　（1937—1945 年）………………………………（56）
第三节 扎根西北，继续前行（1945—1949 年）…………（72）

第二章 西北地区高等教育人才培养目标的形成 ………（84）
第一节 西北高等教育人才培养的特殊意义 ……………（84）
第二节 西北高等教育人才培养目标的顶层设计 ………（90）
第三节 西北高等学校人才培养目标的演变与形成 ……（98）

第三章 西北地区高等学校院系架构与学科建设 ………（116）
第一节 西北地区各类高校院系与学科设置状况 ………（116）
第二节 西北地区各高校院系与学科设置的特点 ………（122）
第三节 西北地区各高校院系与学科设置的成因分析 …（125）

第四章 西北地区高等学校课程设置 ……………………（135）
第一节 西北地区高等学校课程设置的总体情况 ………（135）
第二节 多元化的课程设计取向 …………………………（139）

第三节　大学通才教育课程
　　　　——以西北大学边政学系为个案 …………………… (150)
　　第四节　独立学院通专结合的课程体系
　　　　——以国立西北工学院土木工程系为个案 ………… (155)
　　第五节　专科学校应用型课程
　　　　——以国立西北农林专科学校畜牧兽医组为
　　　　　　个案 ……………………………………………… (159)
　　第六节　言教身教并重的师范学院课程设置
　　　　——以国立西北师范学院教育系为个案 …………… (162)

第五章　西北地区高等学校教育教学活动的开展 …………… (170)
　　第一节　军事教育与坚强体魄、精神的锻炼 ……………… (170)
　　第二节　训育开展与人格、信仰的陶铸 …………………… (176)
　　第三节　科学研究与学术旨趣的养成 ……………………… (183)
　　第四节　社会教育与服务观念的确立 ……………………… (195)
　　第五节　实践教学与动手能力的提升 ……………………… (207)
　　第六节　西北高等学校教育教学活动的特点 ……………… (212)

第六章　西北地区高等学校人才培养保障机制 ……………… (216)
　　第一节　争取办学经费 ……………………………………… (216)
　　第二节　健全管理制度 ……………………………………… (222)
　　第三节　建设师资队伍 ……………………………………… (231)
　　第四节　保障学校硬件 ……………………………………… (241)
　　第五节　西北地区高等学校人才培养保障机制的特点 …… (245)

第七章　西北地区高等学校人才培养成效及评价 …………… (250)
　　第一节　为西北地区培养了社会急需的专业人才 ………… (251)
　　第二节　为维护西北边疆安全与稳定做出了贡献 ………… (259)

第三节　促进西北地区社会经济的发展 …………………（263）
　　第四节　带动了西北地区科、教、文、卫事业的进步 ………（268）
　　第五节　为国家发展储备人力资源 …………………………（273）

第八章　西北高等教育人才培养若干问题的理论思考 …………（280）
　　第一节　人才培养过程中政府与院校的博弈 ………………（281）
　　第二节　高等学校人才培养的目标：通才教育还是
　　　　　　专才教育 …………………………………………（290）
　　第三节　区域性高校人才培养的指向 ………………………（296）
　　第四节　校长对高校人才培养的影响 ………………………（304）

附　录 ……………………………………………………………（313）

参考文献 …………………………………………………………（335）

绪　　论

一　选题缘起

在人类发展的历史长河中，培养人才一直是各个时期、各个国家教育的中心议题。人才培养关系到国家的昌盛与民族的兴旺，关系到一个社会经济、政治、文化的发展程度，也关系到人类文明的整体进程。高等教育是以研习高深学问为内容的培养专门人才的活动，位于人类教育金字塔的顶端，引领着时代发展的潮流，创新着引领社会进步的科学与文化。大学职能也随着大学演变的历史，从中世纪只重视教学、培养人才的单一职能，发展到德国柏林大学所标榜的教学与科研并重的两重职能，再发展到美国"赠地运动"后培养人才、发展科学和直接为社会服务的三重职能，以及后来科尔提出的大学多元职能。经过几个世纪的发展历程，大学职能随着时代、社会变迁不断发展、扩充，但无论如何，人才培养始终是大学的根本职能，反映着大学之为大学的内在逻辑。正如潘懋元所说，大学的三重职能是有顺序的，三者之中，培养人才是第一位的，然后才是发展科学和直接为社会服务，这和它们产生的顺序是一致的，这一顺序不能改变。"要始终保持高等学校作为培养高质量人才的社会机构的特点。这个特点不能放弃。日本教育家永井道雄曾说：大学今后仍然必须为工业的发展做出贡献，但是比这一点更为重要的是，大学必须成为造就人才为中心的文化据点。"[①]

[①] 潘懋元：《潘懋元论高等教育》，福建教育出版社2000年版，第253页。

2005年，温家宝总理代表党中央看望慰问世界著名科学家、空气动力学家、我国载人航天奠基人钱学森先生，老先生感慨地发问："为什么我们的学校总是培养不出杰出的人才？"这就是著名的钱学森之问。钱学森先生认为："现在中国没有完全发展起来，一个重要原因是没有一所大学能够按照培养科学技术发明创造人才的培养模式去办学，没有自己独特的创新的东西，老是冒不出杰出人才。"[①] 2009年，随着钱学森先生的离世，这个问题成为我国教育界人士探讨的焦点。同年，教育部回应"钱学森之问"，推出了"基础学科拔尖学生培养试验计划"，简称"珠峰计划"，选定清华大学、北京大学、复旦大学、浙江大学、南开大学、中国科技大学等19所大学的数学、物理、化学、信息、生物5个学科率先进行试点，力求在创新人才培养方面有所突破，为我国再造杰出、大师级人才。《教育部2016年工作要点》再次强调优化高校人才培养机制，指出应深入实施"基础学科拔尖学生培养试验计划"，继续实施系列卓越计划和协同育人行动计划，推动人才培养联盟建设。2015年10月24日，国务院印发《统筹推进世界一流大学和一流学科建设总体方案》，旨在推动一批高水平大学和学科进入世界一流行列或前列，加快高等教育治理体系和治理能力现代化，提高高等学校人才培养、科学研究、社会服务和文化传承创新水平，使之成为知识发现和科技创新的重要力量、先进思想和优秀文化创造的重要源泉，培养各类高素质优秀人才的重要基地，在支撑国家创新驱动发展战略、服务经济社会发展、弘扬中华优秀传统文化、培育和践行社会主义核心价值观、促进高等教育内涵发展等方面发挥重大作用。《教育部2016年工作要点》进一步要求加快世界一流大学和一流学科建设，制定"双一流"实施办法。教育部、国务院相继出台的相关方案、措施体现了我国政府全面改革高等教育的决心，力求通过多种途径提升我国高等教育人才培养质量，从而带动我

---

① 李斌：《温家宝看望季羡林和钱学森》，《人民日报》（海外版）2005年8月1日。

国经济、科学、文化等的全面进步，为"两个一百年"奋斗目标和中国梦的实现提供智力支撑。

2000年10月，中国共产党第十五届五中全会通过的《中共中央关于制定国民经济和社会发展第十个五年计划的建议》，把实施西部大开发、促进地区协调发展作为一项战略任务。2012年，国家发展改革委组织编制了《西部大开发"十二五"规划》，该规划强调坚持优先发展教育，大力提高科技创新能力，完善人才开发机制，为西部大开发提供人才智力支撑。2015年10月26日，中国共产党第十八届中央委员会第五次全体会议在北京召开。此次全会审议通过了《中共中央关于制定国民经济和社会发展第十三个五年规划的建议》。该建议提出要深入实施西部大开发，推动区域协调发展，促进人才、资金、科研成果等在城乡、企业、高校、科研机构间有序流动，鼓励具备条件的普通本科高校向应用型转变。其中还多次提及加强"一带一路"建设。根据《推动共建丝绸之路经济带和21世纪海上丝绸之路的愿景与行动》，新疆被定位为"丝绸之路经济带核心区"，对陕西、甘肃、宁夏、青海四地的定位是：形成面向中亚、南亚、西亚国家的通道、商贸物流枢纽、重要产业和人文交流基地。西部大开发战略、国家"十二五""十三五"规划，都强调区域协调发展，强调大力推动西北经济、文化、社会的全面发展，尤其是习近平总书记提出的加强"一带一路"建设的指示，更是侧重西北地区经济建设，致力于加快丝绸之路经济带核心区发展速度，形成重点城市辐射效应，立足西北，辐射中亚。促进西北地区社会全面进步，需要尽快提高高等教育水平，加快高等学校建设，促进高等学校与地方社会之间的多元、多维、深层互动。高等教育的发展同社会各方面存在着深刻的联系，高等教育的进步能够带动当地经济、政治、社会、文化等多方面的共同发展。而加快高等教育发展，通过高层次人才培养促进西北地区经济发展和社会转型更是重中之重。

在加快推进"双一流"建设，培养创新优秀人才的过程中，如何解决西北地区高等教育人才培养问题是其中的难点。在西部大开发战略、"一带一路"建设进程中，改革西北高等教育，通过培养高层次人才促进西北地区经济发展及社会转型是我国社会面临的重大课题。而西北地区高等教育的现状是：高层次大学严重缺乏，大学整体发展水平在全国高校中的排名也相对落后，高等教育的布局结构不合理，没有形成在全国及西北地区有影响力的高等教育高地，没有形成与国家生产力布局和社会发展需要相衔接的高等学校布局结构，对地区稳定与发展的辐射力较为有限，严重影响了国家对本地区高等教育的政策支持与经费投入，制约了高等教育在本地区社会稳定和发展中作用的有效发挥。如何解决西北高等教育发展中所存在的问题？如何科学制定西北高等教育人才培养目标？如何形成合理的西北各高校人才培养方式？如何通过西北高等教育人才培养反哺社会建设？这些问题亟待解决。

解决此类问题，不仅要以我国社会发展的整体态势为背景，兼顾西北地方社会发展的特点，还要考虑高等教育内部的组织逻辑，考虑高等学校自身的发展轨迹。更重要的是要把各个方面结合起来加以系统分析，除运用逻辑分析方法外，还要通过历史考察，以史为鉴。

国民政府在成立之后，就开始关注西北地区的开发与建设问题，"九·一八事变"以后，边疆危机和民族问题进一步升级，国民政府为了巩固其政治统治地位、加强边疆国防建设，先后制定了一系列针对西北开发的政策、措施，力图全面推动西北边疆地区的社会发展，由此开启了我国西北边疆地区的现代化进程。

在西部开发、抗日战争的大背景下，国民政府对西北高等教育发展予以高度重视，尤其是在抗战时期，"通过高校及其师生内迁等措施，使战区的大多数高校得以延续发展，转以西部作为培养抗战建国优秀知识人才的重要基地，保证中华民族的高等教育现代化进程不致中辍。对于西部的广大区域而言，抗战时期更是当地高教事业取得突飞猛进的一个关键阶段，在高校西迁运动的刺激下，西部新设高校成批涌现，战前原有学校也取得了不同程度的发展，并由此带动了西部地区的整个教育、文化、经济的发展，支持了抗战事业的前进。"① 因为西部开发战略的实施，加上抗日战争的因素，西北高等教育获得了大发展，从整体布局来看，战前西北地区，包括青海、宁夏、新疆、甘肃、陕西、绥远在内，有三所高校，即西北大学、省立甘肃学院和省立新疆学院，其中，青海、宁夏、绥远地区均无高等学校，整个西北地区高等教育十分落后。在抗日战争期间，西北高等教育获得了前所未有的跨越式发展，据统计，1944年，全国专科以上学校共145所，其中西北地区共12所。从总体上看，国民政府时期的西北高等教育不论在高校数量方面，还是在高等教育质量方面均获得了较大发展。西北高等学校立足西北，培养人才，着力满足西北社会发展的各项需要，从很大程度上推动了当时的西北开发，在西北地区社会现代化进程中做出了巨大的贡献。

历史是一面镜子，通过对历史问题的考察，不仅可以建立起现在与过去之间的联系，而且更重要的是通过这种联系，指引当下与未来发展的道路。西北地区经济、政治、社会落后，国民政府制定了西北开发的战略。如今，西北地区由于地域、历史等原因，对比东南沿海地区仍显被动落后，在这种情况下，国家出台了西部大开发战略，着力西北社会全面发展。西北高等教育力量单薄、发展滞后，国民政府高度重视西北高等教育发展，力图促进西北地区各族人民对国家、民族的认同、推进西北地区社会现代化进程。而今，西北高等教育发展依旧相对缓慢，高等教育质量相对较低，国家出台发展西北地区高等教育，实现教育公平和区域均衡发展，面临着西北地区文化认同、民族团结、经济发展、就业、教育与民生诸多问题。历史与今天如此相似，要研究、关注我国当下西北地区高等教育人才培养问题，就不能忽视已积累的经验与教训。

---

① 余子侠、冉春：《中国近代西部教育开发史——以抗日战争时期为中心》，人民教育出版社2007年版，第253页。

回应中央西部开发战略和"一带一路"构想，破解"钱学森之问"，研究西北高等教育人才培养问题的重要意义昭然若揭。本书以人才培养目标为切入点，通过对有关资料包括教育年鉴、政府颁布政策措施、西北边疆相关高校校史、当时各种学术期刊、报纸及其他史料进行全面搜集与系统梳理，努力呈现西北高等教育人才培养的真实境况。同时，基于社会学、教育学、民族学等相关理论，采用复杂性思维方法，结合微观史学与计量史学研究方法的运用，深入探讨西北高等教育人才培养问题。

二 研究的意义

史学家克罗齐说过："一切真历史都是当代史。"其原因是历史与现实之间存在着一种紧密的联系。对现实问题的兴趣与关注，必然要借助历史进行考察和研究；对历史的回顾和梳理，必然也会落脚在对现实问题的借鉴和帮助上。一项研究的意义一般包括两个方面：就理论意义而言，主要考察是否具有创新性，是否在某一研究领域填补了空白、有较大突破，或对某些理论或研究有重要的修正。就实践意义来讲，主要考察是否对当下具有重要的借鉴价值，是否可以为现实问题的解决提供重要的理论依据。

（一）理论意义

本书旨在拓展和丰富我国高等教育研究的范围及内容。国内对高等教育的研究普遍偏向于整体性的梳理和概括，较少关注西北地区高等教育人才培养问题。对1927—1949年这一时期西北地区高等教育的研究，能够拓展、丰富我国高等教育史研究的范围，也能在一定程度上推进高等教育史研究的不断深入。

运用相关史学方法及复杂性思维理论，切入西北高等教育人才培养研究，有助于全面、立体地分析问题。时局动荡，各种矛盾、冲突层出不穷，外有强敌侵略，内有分裂隐患，中央与地方政府也有不同的利益诉求。就西北地区而言，经济落后、政局不稳、儒家传统文化根深蒂固，加上民族众多，宗教信仰各异，呈现出一种紧张、无序的局面。对这样一种复杂背景下的高等学校人才培养问题不能做出简单分析。中央、地方对高等教育的需求不同，地方社会的各种利益集团对高等教育的需求不同。各高校通过人才培养这一主要途径究竟如何应对这些不同的需求？高校如何主动参与人才培养？如何发挥作用？西北高等学校类型多样，既有综合性质的大学，又有独立学院、专科学校、师范学院，这些大学的性质各有不同，既有工科、农科院校，又有师范、医科院校，这些都需要我们以复杂性思维方法作为指导，结合微观史学、计量史学的具体研究方法进行多维度剖析，以人才培养目标的不断建构与生成为突破口，力求深层次挖掘西北高等教育人才培养目标、特点等。对这一问题的深入研究，不仅是对我国高等教育史的贡献，也是对西北地区社会史、文化史的贡献。相关史学方法及复杂性思维理论的引入，将为教育史研究的方法论提供积极的借鉴意义。

（二）实践意义

重新阅读与审视西北高等教育的发展历程，在历史与现实关联阐释和分析中，重新考察广大社会背景下西北高等教育人才培养问题，借此建立历史与现实之间的紧密联系。历史是一面镜子，通过历史的映射，使现实问题变得更加清晰，历史的贡献与局限也为现实问题的解决提供了参考与借鉴。正如英国历史学家波普尔所说："我们要知道我们的困难同过去有怎样的关系，并且我们还要知道沿着怎样一条路线我们可以前进，去解决我们所感觉到的和所选取的主要任务。"[①]探究西北高等教育人才培养问题，不仅拓展了历史探究的领域、丰富

---

① ［英］波普尔：《历史主义的贫困》，何林等译，社会科学文献出版社 1987 年版，第 167 页。

了历史研究的内容，而且通过历史，着眼现实，为我国当下高等教育改革提供参考，也为我国在"西部大开发"战略、"一带一路"倡议的实施过程中，国家如何扶持、引导西北高等教育的发展，西北高等学校如何形成自身独特的人才培养方式、如何通过培养高级人才服务地方社会等提供可行的、具有操作性的实践策略。

三 相关研究综述

任何研究的开展都必须回顾已有相关研究的成果。对相关研究的探讨，有助于我们从已有研究中明晰此类研究的进展与局限，为进一步研究的开展廓清范围。本书主要探讨西北高等学校人才培养问题，虽然这一问题涉及一般意义上高校人才培养研究，但更应注重特定时期、特殊社会背景下问题的讨论，即必须回到当时的西北地区进行研究。目前，国外研究我国西北高等教育人才培养问题的论著很少。美国弗吉尼亚大学历史系荣誉教授易社强（John Israel）专门研究西南联大问题，发表了《大学教授的论坛——西南联大与中国知识分子》等论文，并于1998年出版《联大——战争与革命中的一所中国大学》一书。该书着重探讨西南联大与国民政府教育部、与云南地方社会，以及与北京大学、清华大学、南开大学三校之间的关系。加拿大的许美德在其著作《中国大学1895—1995：一个文化冲突的世纪》中也探讨了由于抗战爆发，高校内迁，中国高等教育的布局发生了变化。该书认为，尽管这一时期一直处于战争状态，但中国许多高校依然保持着各自的办学特色。许美德在书中对西北联合大学做了简单的介绍：

> 这所大学的情况与西南联大有所不同，当时，北平大学、北平师范大学和北洋工学院迁到西安以后，合并成立了西北联合大学。但是由于国民党政府认为这所大学的校址离共产党控制的延

安距离太近，因此，不久后西北联合大学又被分成几所独立的农业学院和工程技术学院，在陕西省南部另选了校址，其余部分（主要由北京师范大学组成）则于1939年迁到了兰州，后来发展成了西北师范大学。这些大学同样为西北地区培养了大量的人才，为这个地区今后的发展奠定了一定的基础。①

国内直接以西北高等教育人才培养为题所做的研究并不多见，对于这一问题的考察多半是以间接、相关的形式呈现出来的。有关这一时期西北高等教育人才培养问题的讨论，往往隐含在当时高等教育，尤其是西北高等教育发展的相关论述之中。

（一）民国时期高等教育人才培养的相关研究

1. 教育史、民国教育史、高等教育史中的相关论述

20世纪80年代以来，随着教育史学科的建立与发展，学术界开始从历史沿革的角度全面梳理我国教育发展的整体脉络，国民政府时期作为我国历史发展的重要阶段自然也在梳理之列。这方面出版了一系列有影响的著作，如孙培青主编的《中国教育史》，该书在关于高等教育的论述中提到：

> 1929年4月，国民政府公布《中华民国教育宗旨及其实施方针》，规定大学教育的目标："大学及专门教育，必须注重实用科学，充实科学内容，养成专门知识技能，并切实陶融为国家社会服务之健全品格。"同年夏，国民政府和教育部配套公布《大学组织法》、《大学规程》、《专科学校组织法》、《专科学校规程》，对大专院校的目标、学制、办学、课程等作了规定，规范了大专院校的办学。其中关于办学目标，大学是："研究高深学术，养

---

① 许美德：《中国大学1895—1995：一个文化冲突的世纪》，教育科学出版社1999年版，第82—84页。

成专门人才",强调研究和学术性;大专是:"教授应用科学,养成技术人才",侧重应用型。①

王炳照、李国钧、闫国华主编的《中国教育通史》中华民国卷内容涉及大学教育培养目标、学校设置、行政管理、课程、教员、研究机构、学位制度、办学经费等各个方面。② 陶愚川撰著的《中国教育史比较研究》,认为大学培养的是以"学"为主的人才,即学术类人才;专门学校培养的是以"术"为主的人才,即实业型人才。提出自国父孙中山先生倡导"研究建设之学问"时期,培养实用性人才,为国家建设服务就已成为我国高等教育的一个重要目标。③ 张慧明的《中外高等教育史研究》一书涉及民国时期大学培养目标的论述,作者认为,民国时期《大学令》的颁布,明晰了大学"教授高深学术、养成硕学宏材",为国家建设服务的培养目标,认为蔡元培的大学教育理念,即反对片面强调实用学科发展,主张大学教育仍应强调理论研究,应用科学的发展应依靠专门学院等观点直接影响了民国后期我国高等教育人才培养目标的建构。④ 毛礼锐、沈灌群在《中国教育通史》中提出了通过制定《壬子癸丑学制》,"规定大学以教授高深学术,养成硕学闳材,应国家需要为宗旨;专门学校以教授高等学术,养成专门人才为宗旨;师范学校以造就小学教育员为目的,高等师范学校以造就中学校、师范学校教师为目的。"⑤ 张宪文、张玉法主编的《教育的变革与发展》(中华民国专题史)⑥ 将民国时期教育划分为三个阶段,即抗战前、抗战中、抗战后三个阶段,分别对当时的高等教

---

① 孙培青:《中国教育史》,华东师范大学出版社2000年版,第445页。
② 王炳照、李国钧、闫国华:《中国教育通史》,北京师范大学出版社2013年版。
③ 陶愚川:《中国教育史比较研究(近代部分)》,山东教育出版社1985年版。
④ 张慧明:《中外高等教育史研究》,湖南大学出版社1998年版。
⑤ 毛礼锐、沈灌群:《中国教育通史》(第4卷),山东教育出版社1988年版。
⑥ 张宪文、张玉法主编:《教育的变革与发展》(中华民国专题史),南京大学出版社2015年版。

育政策、经费、成效等多方面展开研究。

冯开文在其《中华民国教育史》一书"抗日战争中的教育"一章中也对国民政府高教政策以及当时高教状况做了探讨。[①] 熊明安的《中华民国教育史》，分战前、战时、战后三阶段，对高等教育发展状况以及边疆少数民族教育状况等做了系统梳理。[②] 特别值得一提的是韩立云撰著的《创立与传承——民国时期北京大学人才培养模式的形成》一书，系统整理、论述了从民国初年到蔡元培任校长时期，再到蒋梦麟就任校长时期，北京大学人才培养模式从发端到形成，再到发展的演变史，其中涉及各个时期北京大学人才培养理念、培养体系、教学管理以及人才培养的成果及特点，细致分析了北京大学人才培养模式的影响因素，并为我国现代大学人才培养提供了启示。[③]

这些教育整体史、民国教育史研究在梳理我国教育的总体历史变迁过程中，对高等教育发展状况做了简单介绍，涉及当时高等教育人才培养问题论述的篇幅非常有限。除上述论著外，高等教育专题史研究论著中也有民国时期高等教育人才培养的相关论述。

潘懋元在《中国高等教育百年》一书中根据我国大学人才培养模式的嬗变历程，将其分为五种模式，认为人才培养模式的变更与人才培养目标的设定密切相关。辛亥革命后，我国大学的培养目标为"硕学闳才"，各专门学校及高等师范学校则应"养成专门人才"。在1929年民国政府颁布《大学组织法》与《大学规程》之后，各大学逐渐倡导"通才教育"。但纵观整个民国时期，我国大学人才培养目标实际上倾向于通专结合、学术性与职业性兼取，这与整体社会需求状况及当时高等教育发展水平相适应。[④] 曲士培的《中国大学教育发展史》论述了1931年9月通过的《三民主义教育实施原则》关于高

---

① 冯开文：《中华民国教育史》，人民出版社1994年版。
② 熊明安：《中华民国教育史》，重庆出版社1997年版。
③ 韩立云：《创立与传承——民国时期北京大学人才培养模式的形成》，南京大学出版社2015年版。
④ 潘懋元：《中国高等教育百年》，广东高等教育出版社2003年版，第142—143页。

等教育办学目标的规定：

一、学生应切实理解三民主义的真谛，并且有实用科学的知能，俾克实现三民主义之使命。二、学校应发挥学术机关之机能，俾成为文化的中心。三、课程应视国家建设之需要为依归，以收为国家储才之效。四、训育应以三民主义为中心，养成德、智、体、群、美兼备之人格。五、设备力求充实，并与课程训育相关联。

曲士培将抗战期间我国高等教育发展划分为三个阶段：大迁移、恢复调整和巩固发展阶段，深入对比分析了在这三个阶段中我国高等教育发展的特点及其存在的问题。[①] 郑登云在其《中国高等教育史》第九章中论述了高等教育发展情况，内容涉及大学院制和大学区制、三民主义教育阶段的高等学校、抗日战争时期的高等教育以及高等教育体制的特点等。[②] 刘海峰、史静寰的《高等教育史》对民国时期高教政策，尤其是对抗日战争时期高等教育的相关政策，以及高校内迁状况做了整理与探讨。[③] 此外，李均的《中国高等教育研究史》[④]、肖海涛的《中国高等教育学制改革》[⑤] 也有少量内容与本研究相关。

2. 民国时期各高校人才培养研究

陈晶的硕士论文《中国近代大学人才培养目标的演进（1860—1930年）——以北大和清华为例》通过挖掘、整理史料，系统分析了北京大学与清华大学20世纪30年代前的人才培养目标的流变过程，对比总结了这两所高校不同时期人才培养目标的特点，反思并归纳了我国高等教育近代化过程中人才培养目标演变的影响因素，并为

---

① 曲士培：《中国大学教育发展史》，北京大学出版社2006年版，第283、328—357页。
② 郑登云：《中国高等教育史》，华东师范大学出版社1994年版。
③ 刘海峰、史静寰：《高等教育史》，高等教育出版社2010年版。
④ 李均：《中国高等教育研究史》，广东高等教育出版社2005年版。
⑤ 肖海涛：《中国高等教育学制改革》，广东高等教育出版社2011年版。

当下高等教育人才培养目标的制定提供启示。[①] 王成的硕士论文《中国教会大学人才培养特点透视》展现了教会大学自19世纪末到20世纪50年代变迁中的风雨历程，概括出中国教会大学人才培养的特点，教会大学以先进的教学理念、严格的管理体制，以及丰富的校园活动，陶铸了学生的性情，培养了大批优秀人才。[②] 吕闻佩从齐鲁大学的培养理念、培养制度、培养过程、培养评价等方面入手，系统研究了1931—1952年齐鲁大学的人才培养模式，提出齐鲁大学人才培养模式对高校人才培养模式改革的启示。[③]

民国时期的西南联大名噪一时，成为这一时期，特别是抗战烽火中我国高等教育的标杆，被誉为"中国近代高等教育史上的奇迹"。近年来，许多学者都致力于挖掘西南联大宝贵的办学经验，为当前高等教育改革提供借鉴。在众多关于西南联大的研究中不乏对其人才培养问题的关注：熊万曦的硕士学位论文《西南联大的学术研究与人才培养》从联大学者、学术文化以及制度设计三个方面展现了当时联大学术研究对其人才培养所产生的影响。[④] 郭欣梳理了西南联大与北京大学、清华大学、南开大学三校的关系，通过深层挖掘联大办学的外部与内部环境，阐述了西南联大人才培养模式的特点，并为我国培养一流人才提出了启示。[⑤] 宫兆敏分析了西南联大产生的社会背景、教育理念及办学方式，认为联大适应了社会需求，培养了大批人才。[⑥] 李铁媛"从学术自由与创新型人才培养的相关性入手，着重分析了西南联大学术自由的表现特点及其对创新型人才培养的影响，并对当前

[①] 陈晶：《中国近代大学人才培养目标的演进（1860—1930年）——以北大和清华为例》，硕士学位论文，华中科技大学，2015年。
[②] 王成：《中国教会大学人才培养特点透视》，硕士学位论文，南京大学，2011年。
[③] 吕闻佩：《齐鲁大学人才培养模式研究（1931—1952）》，硕士学位论文，山东财经大学，2015年。
[④] 熊万曦：《西南联大的学术研究与人才培养》，硕士学位论文，江西师范大学，2015年。
[⑤] 郭欣：《西南联大人才培养模式初探》，硕士学位论文，河北大学，2010年。
[⑥] 宫兆敏：《从"绝徼移栽"看西南联大的人才培养》，硕士学位论文，中国地质大学，2006年。

大学创新型人才培养提出对策建议"①。陈家新通过梳理西南联大物理系发展的历史沿革，总结出了联大物理系的本科生培养模式及特点，并概括了联大物理系及研究所在抗战中发挥的作用及贡献。② 文胜利、董会泽从办学思想、办学环境、师资力量、学术氛围等几个方面阐述了西南联大人才培养模式。③ 张意忠探讨了西南联大创新人才的培养之道，认为联大通识教育的理念、合理的课程设置、完善的教学制度、自由民主的办学环境，以及强大的师资力量为创新人才的培养提供了有力保障。④ 王荣德认为："学术自由、兼容并蓄的办学思想；民主自由、教授治校的办学方针；大师云集、甘于奉献的育人环境；不拘一格、选拔人才的宽广视野；严格要求、主张'通才'的教育目标是西南联大培养杰出人才的成功经验。"⑤

仇云龙、张绍杰考察并总结了民国学术型英语人才的培养路径，即"以知识学习为主，兼重研究能力培养；教学方法上强调读写结合，侧重培养学生写作能力"的培养模式。⑥ 徐玲认为，整个民国时期，考古学都未于高校单独设系，由于师资与教材的缺乏，考古学人才只得暂由考古工地代为培养，而考古学人才培养的数量缺失也严重影响了这一学科在我国的发展。⑦ 周建树在其《研究、服务、训练：民国时期高校社会工作专业人才培养机制的构建——以燕京大学、金陵大学为例》一文中总结了这一时期燕京大学、金陵大学社会工作专业围绕研究、服务、训练形成的一整套人才培养模式，并为当下这一

---

① 李铁媛：《西南联大学术自由与创新型人才培养》，硕士学位论文，云南师范大学，2014年。
② 陈家新：《国立西南联合大学的物理人才培养及研究工作》，硕士学位论文，中国科学技术大学，2008年。
③ 文胜利、董会泽：《略论西南联大的人才培养模式》，《北京教育》2008年第7—8期。
④ 张意忠：《西南联大创新人才培养之道》，《国家教育行政学院学报》2013年第10期。
⑤ 王荣德：《西南联大培养杰出人才的成功经验》，《高等工程教育研究》2001年第3期。
⑥ 仇云龙、张绍杰：《民国时期学术型英语人才培养特色及其当下启示》，《外语教学》2012年第7期。
⑦ 徐玲：《民国时期的考古学教育与人才培养》，《史学月刊》2009年第4期。

专业人才培养提供了借鉴。① 李忠帅选取燕京大学、金陵大学为例探讨了民国时期社会工作专业人才培养体系的形成、特点及启示。② 朱志峰描述了民国时期我国法学专业人才培养状况，提出因法学人才培养方式单纯模仿西方，忽视本土环境与需求，制约了我国法学人才的培养。③ 齐辉、王翠荣以燕京大学新闻系为中心分析了民国初年中国新闻人才的培养特色——专业教育与通识教育并重、重视实践训练的职业化培养模式、培养领袖人才的精英教育理念，以及开放多元的办学环境。④ 夏媛媛发表的《民国时期健康教育专门人才的培养及启示——以江苏省立医政学院为例》一文，以江苏省立医政学院为个案，回顾了"民国时期江苏省立医政学院卫生教育科设置的原因、课程情况及人才培养效果，认为这一时期卫生教育科在招生、教育教学管理等方面确有可取之处"⑤。

这类论文直接以民国时期高校人才培养为主题，探讨了这一时期各高校人才培养目标、培养模式、培养特色，以及各类专业人才的培养路径等。但考虑到这类论文数量较少、研究深度不足，无法全面展现民国时期高等教育人才培养状况的全貌，下文对间接涉及民国时期高等教育人才培养问题的相关文献也稍作梳理。

3. 民国时期高等教育总体政策、入学规定、教师水平、经费状况、课程设置等相关研究

侧重于民国时期高等教育政策、制度、法规等的相关研究。代表性的研究文献有：曲铁华、王美发表了《民国时期高等教育政策的历

---

① 周建树：《研究、服务、训练：民国时期高校社会工作专业人才培养机制的构建——以燕京大学、金陵大学为例》，《社会工作》2016年第4期。
② 李忠帅：《民国时期社会工作专业人才培养体系初探》，硕士学位论文，河北大学，2014年。
③ 朱志峰：《民国时期法学人才培养检视》，《社会科学战线》2016年第2期。
④ 齐辉、王翠荣：《试论民国初年中国新闻人才的培养特色——以燕京大学新闻系为中心》，《新闻史研究》2010年第1期。
⑤ 夏媛媛：《民国时期健康教育专门人才的培养及启示——以江苏省立医政学院为例》，《南京医科大学学报》（社会科学版）2013年第8期。

史演进及特点探析》和《民国时期高等教育政策嬗变的影响因素及启示》。① 这两篇文章认为民国时期高等教育政策随着时代发展而不断变迁，高等教育总体经历了民国初年的变革与勃兴、北洋政府时期的变化与进展、政府初期的完善与形成、政府中后期的波动与调整四个历史发展阶段；建构了较为成熟、系统的高等教育政策体系，并日渐显现出高等教育政策基础的多元性与复杂性，高等教育政策体系的完善性与清晰性、高等教育政策内容的具体化与长效性、高等教育政策功能的政治化与实用性等特点。吕红艳、罗英姿对民国时期高等教育行政体制进行了研究，总结出"学为政本"型的高等教育行政立法体制与"民主倾向"型的高等教育行政管理体制，并针对当下高等教育去行政化给出了意见与建议。② 夏兰的博士学位论文《民国时期现代大学制度演变研究》先梳理了民国时期现代大学制度的演变，在此基础上分章节深入探讨了民国时期国立大学、私立大学、教会大学的发展及其特点，以史为鉴，针对我国当前现代大学制度改革创新提出了应对之策。③ 王峻也在其硕士学位论文《论抗战时期国民政府高等教育的方针与措施》中叙述了抗战时期国民政府高等教育方针、措施制定的背景，高等教育方针的讨论、制定过程，高等教育改革措施的推行，以及对抗战时期国民政府高等教育方针、措施做出了评析；认为在高等教育遭受如此劫难的情况下，正是由于国民政府重视高等教育，颁布了一系列适应抗战和高等教育自身发展需要的方针，实施了促进高等教育发展的措施，使得高等教育在抗战时期不但没有中辍，反而比战前得以较大发展。④ 沈岚认为，在抗日战争爆发后，战时国

---

① 曲铁华、王美：《民国时期高等教育政策的历史演进及特点探析》，《现代大学教育》2013年第4期。《民国时期高等教育政策嬗变的影响因素及启示》，《河北师范大学学报》（教育版）2015年第2期。

② 吕红艳、罗英姿：《民国时期高等教育行政体制之历史省察》，《江苏社会科学》2012年第1期。

③ 夏兰：《民国时期现代大学制度演变研究》，博士学位论文，复旦大学，2012年。

④ 王峻：《论抗战时期国民政府高等教育的方针与措施》，硕士学位论文，首都师范大学，2002年。

民教育部主要采取了这些措施：调整学区分布，对师生实施必要之救济；增加技能培训，开展战时服务；调整学科，加强实科教育；发展高等师范教育，统制留学工作；加强训导，严格思想控制，等等。这些措施在一定程度上取得了成效，但国民政府的阶级本质导致了抗战时期高等教育政策改革的局限性。①李罡的《略论政府初期的高等教育立法》一文主要选取了1927年国民党宁汉合流后形成的统一的国民政府至1937年全面抗日战争爆发前夕这段时间，探讨了国民党政府统治初期制定和颁布的各种有关高等教育立法的历史过程、基本内容和阶级实质；涉及了高等教育办学宗旨、管理体制、课程设置和教学管理、办学经费及设备的法律规定，并对其特点进行了总结。②

侧重于民国时期高校招生及入学考试的相关研究。高耀明将民国时期高校招生制度划分为三个阶段：1911—1932年、1933—1940年、1941—1949年，分别将其界定为高校独立自由招生阶段、政府计划与统一招生阶段，以及招生形式多样化阶段。③李涛在其博士学位论文《民国时期国立大学招生研究》中探讨了民国时期国立大学及其招生概况、招生的组织主体和选拔途径、招生考试、招生的录取、招生的照顾政策、招生中的失调与整顿、招生考试问题的争鸣、民国时期国立大学招生的特点、经验与启示等问题。④韩斌的硕士学位论文《民国时期大学入学数学考试研究》对比分析了"壬戌学制"颁布之后（1923—1937）与统一招生时期（1938—1949）的数学试题，并系统论述了民国各时期大学入学数学考试的整体特点。⑤艾乐的硕士学位论文《民国时期国立大学入学语文考试研究》

---

① 沈岚：《简论抗战时期国民政府的高等教育政策》，《民国档案》1998年第2期。
② 李罡：《略论政府初期的高等教育立法》，《清华大学教育研究》1997年第2期。
③ 高耀明：《民国时期高校招生制度述略》，《高等师范教育研究》1997年第4期。
④ 李涛：《民国时期国立大学招生研究》，博士学位论文，西南大学，2014年。
⑤ 韩斌：《民国时期大学入学数学考试研究》，硕士学位论文，内蒙古师范大学，2010年。

则从语文考试的视角考察了民国时期国立大学入学考试制度，并对大学入学语文试题的合理化、大学入学语文考试与语文教学的关系，及大学入学语文考试与学生的备考三个问题进行了讨论。①

  侧重于民国时期高校教师的相关研究。李艳莉的博士学位论文《崇高与平凡——民国时期大学教师日常生活研究（1912—1937）》按照大学教师的日常文化生活、经济生活、消费生活、交往生活，及爱情、婚姻、家庭生活模块描绘了民国这一时期大学教师日常生活的生动图景，并在此基础上进行了反思与探讨。②李海萍、上官剑的《物质牵制与精神自由：民国前期大学教师薪酬研究》一文"主要以民国前期的大学教师薪酬为研究对象，概述了这一时期大学教师的薪酬制度，并与其他社会阶层进行了比较与分析，探讨了这一时期的大学教师如何以经济自主超越'权'的羁绊和'钱'的束缚，从而真正实现'独立之人格'和'自由之思想'"③。陈育红对抗日战争爆发前我国大学教师薪俸制度及其实际状况进行了考察，认为各级各类高校教师薪俸差距巨大，存在诸多不合理之处，不能如实反映教师学历、学识与资历等。④吴仪轩从教师种类、教师等级、教师资格审查及教师薪酬福利等方面，全面解析了民国时期国立北京大学教师聘任制度。⑤邓小林的博士学位论文《民国时期国立大学教师聘任之研究》以时间为线索，梳理了北洋政府时期到国立大学教师聘任制度的形成与变迁，并讨论了其间国立大学教师聘任制度存在的问题。⑥陈育红、梁

---

  ① 艾乐：《民国时期国立大学入学语文考试研究》，硕士学位论文，杭州师范大学，2016年。

  ② 李艳莉：《崇高与平凡——民国时期大学教师日常生活研究（1912—1937）》，博士学位论文，华中师范大学，2015年。

  ③ 李海萍、上官剑：《物质牵制与精神自由：民国前期大学教师薪酬研究》，《教师教育研究》2012年第7期。

  ④ 陈育红：《战前中国大学教师薪俸制度及其实际状况的考察》，《民国档案》2009年第1期。

  ⑤ 吴仪轩：《浅析民国时期国立北京大学的教师聘任制度》，硕士学位论文，福建师范大学，2015年。

  ⑥ 邓小林：《民国时期国立大学教师聘任之研究》，博士学位论文，四川大学，2005年。

晨、商丽浩三位学者从不同视角出发对民国大学教师兼课现象进行研究。陈育红认为，整个民国时期大学教师兼课现象一直存在，经济压力是大学教师兼课的根源。① 梁晨则以北平大学与清华大学两所高校为例，探讨了民国时期大学教师兼课从违规到合法的转变过程。② 商丽浩认为，民国时期学界、大学与政府对大学教师兼职的限制，促成了民国大学学术职业专业化发展。③

侧重于民国时期高校经费的相关研究。如陈育红认为，民国时期国立大学经费同时受到国家财政状况、社会政治局势、校长自身影响力等因素的多重制约。④ 王彦才的《论民国时期政府对私立大学的资助》一文探讨了民国时期私立大学办学经费问题，其中，政府通过对私立大学的资助，一方面对优质私立大学进行奖励，另一方面也通过经费投入加大对私立大学的控制。⑤

侧重于民国时期高校课程的相关研究。吴静发表的《民国时期大学学位课程的特点与启示》一文总结了民国时期大学学位课程的三大特点，即学位课程设置相对滞后、在门类从单一趋向丰富，结构渐趋严谨、在内容上传统学科占据主导地位，应用性学科呈缓慢增长趋势等。⑥ 徐洁着重探讨了民国时期（1927—1949）我国大学课程发展过程及其特点，认为这一时期大学课程的突出特点表现在两个方面：中国大学课程体系的本土化过程，以及政府对大学课程的政治影响。⑦ 李瑞山、陈振、邹铁夫搜集整理了 20 世纪 30 年代辅仁大学、燕京大

---

① 陈育红：《民国大学教授兼课现象考察》，《民国档案》2013 年第 1 期。
② 梁晨：《民国国立大学教师兼课研究——以北京大学、清华大学为例》，《民国研究》2011 年第 3 期。
③ 商丽浩：《限制兼任教师与民国大学学术职业发展》，《浙江大学学报》（人文社会科学版）2010 年第 7 期。
④ 陈育红：《民国时期国立大学教育经费的影响因素》，《高等教育研究》2013 年第 5 期。
⑤ 王彦才：《论民国时期政府对私立大学的资助》，《教育评论》2006 年第 6 期。
⑥ 吴静：《民国时期大学学位课程的特点与启示》，《课程·教材·教法》2002 年第 1 期。
⑦ 徐洁：《民国时期（1927—1949）中国大学课程整理过程及发展特点》，《江苏高教》2007 年第 2 期。

学等校课程及教材、40年代部定《大学国文选目》，以及西南联大等校课程与教材，力求全面展现民国时期大学国文课程和教材的概貌。①张传敏的《民国时期的大学新文学课程》一文通过多方面搜集、发掘史料，真实地再现了民国时期大学新文学课程开设的状况。②党亭军通过研究民国时期知名大学课程建设路径，提出"民国时期各大学依据不同的利益需求设计课程理念，一方面促进了高校各类课程资源的有效整合，另一方面推动了各高校对本土化教材的探索与开发。"③

上述各类研究成果，看似指向民国时期高等教育各个方面，但无论是对高等教育政策法规、高校招生的研究，还是对高校教师、高校经费、高校课程的探讨，无一不与民国时期高等教育人才培养问题紧密相关。上述文献的系统梳理，为本研究的顺利展开提供了帮助与参考。

（二）民国时期西北高等教育人才培养的相关研究

1. 民国时期西北高等教育历史变迁的相关研究

关于民国时期西北高等教育人才培养的专著凤毛麟角，难以查找，但是在一些关于我国高等教育的宏观性论著中，依然可以看到有关这一问题的零散论述。比如，刘海峰、史静寰在其《高等教育史》一书第五章"中国近代高等教育的发展"第二节"抗战时期的高等教育政策与高校内迁"中提到："高等院校的内迁是抗战时期中国政治、经济、文化中心西渐运动的重要组成部分，它打破了西南、西北等边疆和内陆地区长期封闭、发展停滞的状态，从而加快了这些地区

---

① 李瑞山、陈振、邹铁夫：《民国大学国文教育课程教材概说》，《中国大学教学》2015年第8期。
② 张传敏：《民国时期的大学新文学课程》，《新文学史料》2008年第2期。
③ 党亭军：《民国时期知名大学课程建设路径的探索与启示》，《高等教育研究》（成都）2014年第3期。

现代化的进程。"①曲士培在其《中国大学教育发展史》第十一章"抗日战争时期的大学教育"中提到:"自 1938 年 10 月至 1941 年 12 月太平洋战争爆发以前,是大后方高等学校以恢复、调整为主的阶段。当时大部分高校已迁至后方,一边上课,一边进行院系调整。大约截至 1941 年上半年,大后方经过调整而设立的高等学校将近 20 所。"②

> 国立西北大学,由北平大学、北京师范大学和北洋工学院三校合成,原名西北联合大学,设在陕西城固,学生 800 人,1939 年 9 月,改组为国立西北大学;国立西北工学院,由平大、北洋等校工学院改并,设在城固,学生 820 人;国立西北农学院,由平大农学院与西北农林专科学校改并,设在陕西武功,学生 600 人;国立西北师范学院,由师大部分改成,设在城固,学生 500 人;国立西北医学院,由平大医学院改成,设在陕西南郑,学生 200 人;公立西北技艺专科学校,设在甘肃兰州,学生 210 人。③

特别是余子侠、冉春合著的《中国近代西部教育开发史——以抗日战争时期为中心》一书,对西部地区高等教育的论述比较详细。该书描述了国民政府前期西部地区教育的进展,认为"在国民政府前期,西部高等教育比较以往有了一定的发展,但这种发展只是一种布点式的开设,就整体成就来看,远远不能满足西部地区对人才的需求,更不用说与西部社会主体之间所形成的微弱比例。"④该书第三章论述了战时西部地区高等教育开发问题,包括战时国民政府发展西部高等教育的政策措施、抗战时期高校西迁运动、战时西部新设高校及

---

① 刘海峰、史静寰:《高等教育史》,高等教育出版社 2010 年版,第 141 页。
② 曲士培:《中国大学教育发展史》,北京大学出版社 2006 年版,第 342 页。
③ 曲士培:《中国大学教育发展史》,北京大学出版社 2006 年版,第 342 页。
④ 余子侠、冉春:《中国近代西部教育开发史——以抗日战争时期为中心》,人民教育出版社 2007 年版,第 110 页。

西部原有高校的发展、抗战时期西部地区的留学教育。余子侠、冉春在论述的基础上对战时西部高等教育开发的历史做了总结，认为抗战时期，国民政府对西部高等教育的开发推动了西部地区教育的整体发展，促进了西北地区社会教育、文化事业和经济的发展，也支持了中华民族的抗战救国大业。侯德础的《抗日战争时期中国高等学校内迁史略》一书系统研究了抗战时期高校内迁的缘起与经过、内迁院校在抗战岁月中艰难办学、国民政府的战时高教政策及其对内迁院校的影响、抗日战争时期高校内迁的意义与启示等问题。作者认为：

> 战时西北地区形成的高校集中区域不多。西安曾迁入院校6所，即一度合组为西安临时大学的北平大学、北平师范大学、天津北洋工学院和河北省立女子师范学院，以及东北大学、山西铭贤学院。但由于中原战事紧张，通关告急等因素，上述西安临时大学、东北大学、铭贤学院均先后迁离。西安并未成为大学云集之地。只有陕南的城固、汉中一带，曾有由西安临时大学演进而来的西北联大及其再度改组的西北工学院、西北大学、西北医学院、西北师范学院等校，还算得上是一个小小的内迁院校集中地。青海、新疆竟无一所院校迁驻，甘肃兰州，迁入院校据查只有原设陕南城固的国立西北师范学院1所。

通过内迁西北院校不断的合并、分解、改组，"西北地区没有一所永久综合性大学的历史得以改写，当地工、农实科类院校也得以增设。这些变化既有利于高等院校的合理分布，也有利于就地培植开发西北地区的人才资源"①。田正平、张建中发表的《近代西北地区高等教育发展探析——以1927—1949年为中心》一文，论述了在抗战救亡与西北开发两个重要背景下，西北地区高等教育获得了较大发

---

① 侯德础：《抗日战争时期中国高校内迁史略》，四川教育出版社2001年版，第74、186页。

展，高等学校数量增加、学校条件有所改善、办学整体水平得到提升。在学科设置方面，工、理、医、农等学科成为主体；在学校类型方面，国立高等学校成为主体；在高等学校布局方面，兰州、西安、迪化成为布局中心。在整体发展过程中全国高等教育布局状况有所改善，高等教育逐渐进入本土化阶段。①

从上述梳理中可以发现，关于民国时期西北高等教育研究的论著基本上是在抗日战争爆发的大背景下，围绕高校内迁运动展开撰写的。除此之外，季啸风主编的《中国高等学校变迁》一书对陕西、甘肃、新疆三省高等学校的建立、变更等有详细介绍。其中包括民国时期始建的高等院校，例如，对陕西省的西北大学从最初的1912年、1924年以及抗战时的三次设立发展到西北联合大学时期，再过渡到国立西北大学时期等都有说明。其内容囊括院系设置、师生人数、取得成效、历任校长、校风师德等方面。② 车如山的《甘肃高等教育近代化研究》从区域高等教育发展的视角，系统考察了晚清至民国时期甘肃地区新式高等教育产生、发展、演变的历史轨迹，分析了演变的动因、途径、特征及制约因素，结合个案研究，评价了甘肃教育近代化的成就、特征与历史启示。③ 这些探讨对继续深入研究民国时期西北高等教育人才培养问题大有裨益。

2. 以民国时期西北某高校为个案的研究

从2012年起，学术界掀起了一股以西北联大（1937.9.10—1945.8.14，具体包括西安临大时期、联大时期，以及联大分解后五校分立合作时期）为研究对象的学术热潮，纪念西北联大的学术会议先后于西北大学、陕西理工大学、西北师范大学、天津大学、北京师范大学召开，学者相继展开研究、撰写论文，揭开西北联大尘封的历

---

① 田正平、张建中：《近代西北地区高等教育发展探析——以1927—1949年为中心》，《高等教育研究》2007年第1期。
② 季啸风主编：《中国高等学校变迁》，华东师范大学出版社1992年版。
③ 车如山：《甘肃高等教育近代化研究》，科学出版社2014年版。

史，发扬联大精神，传承联大文化。其中，中国高等教育学会名誉会长、原教育部副部长周远清提出："西北联大在异常艰苦的条件下，培养出了一大批高质量的人才。从当时的课程设置、教材选用、教学方式、教学实践等各个方面西北联大都有独到之处。"① 西北大学名誉校长张岂之认为：西北联大在艰苦的办学实践过程中凝练了独特的办学理念，即爱国精神、扎根西北、开发西北。西北联大及其后分立的五校在短短的时间内为西北文化教育与社会经济建设做出了卓越的贡献。② 潘懋元也认为，西北联大开辟了西北高等教育体系，更重要的是联大为抗战培养了人才，也为抗战胜利后的西北建设培养了人才。在全面抗战的八年时间里，西北联大为西北社会培养了近万名各类人才，这些人才扎根西北，为西北社会开发贡献了力量。③ 潘懋元、张亚群在《薪火传承 文化中坚——西北联大的办学特色及其启示》一文中论述了西北联大"联合办学、扎根西北，在学科建设方面，强强联合，优势互补，形成了完整的高等教育办学体系；在育人特色上，通专并重，砥砺品性，培养了大量优秀人才"④。刘海峰的《西北联合大学的命运》一文，在回顾西北联大历史的基础上，揭示出西北联大鲜为人知的一面：联合建校母体不同；存在时间较短，与西南联大不同的是，抗战结束后西北联大除少部分回迁原址外，留下了西北工学院、西北医学院、西北农学院、西北大学、西北师范学院五所西北高校。从此种意义上讲，西北联大设立意义重大，中国高等教育区域分布由此开始由点、线向面的布局转变，西北五校的留续奠定了西北地区高等教育的基础，以传承与创新为己任的西北五校，培养了大批优秀人才，有力地推动了西北社会的全面进步。⑤ 周谷平、张强以西北联合大学建立为中心进行了历史考察，认为"西北联大的设立体现

---

① 方光华主编：《西北联大与中国高等教育》，西北大学出版社2013年版，第2—3页。
② 方光华主编：《西北联大与中国高等教育》，第4—9页。
③ 方光华主编：《西北联大与中国高等教育》，第10页。
④ 方光华主编：《西北联大与中国高等教育》，第41—50页。
⑤ 刘海峰：《西北联合大学的命运》，《中国教育报》2012年第5期。

了中国高等教育发展中区域分布的均衡化努力。"其文提到民国时期，高等教育分布不均衡成为当时亟须解决的问题。在民国初期，高等学校大部分集中于京津沪及东南沿海地区，西北地区地域广袤却仅有甘肃学院、西北农专及新疆学院三所高校，并无一所大学，西北开发也因人才短缺而几近空想。至抗日战争爆发，平津地区战火频仍，难以放下一张课桌，高校内迁拉开帷幕。西北联大的设立，几经分合后孕育出了西北五校，系统地建构了各类高等学校体系。西北联大在发展变迁中，不仅将西方高等教育制度根植于西北社会，还有力地促进、推动了西北地区政治经济文化等的进步，也为战后西北地区重建奠定了思想文化的基础。① 姚远也发表了《国立西北联合大学的分合及其历史意义》一文，该文梳理了国立西安临时大学——国立西北联合大学母体与其子体，即国立西北五校——国立西北工学院、国立西北农学院、国立西北大学、国立西北师范学院、国立西北医学院从1937年临大成立至1946年各自回迁复校分、合的历史。认为高校内迁及西北联大的设立，奠定了史、文、经、哲、社、法、天、理、数、地、化、工、生、医、农的学术体系，引领与变革西北文化，奉献与服务西北社会。不仅实现了我国高等教育由点、线布局向面布局的历史性转变，也保障了我国高等教育文脉不断，并有效激活了西北地区高等教育现代化进程，提高了西北地区教育的整体水平。② 梁严冰在其《西北联大与抗战时期的西北战略》一文中认为：相较西南联大内迁的临时性而言，西北联大的组建体现出更多的过渡性特征。显然，政府的核心意图在于借抗战高校内迁之机，运用与发挥平津高校之影响与实力，推动西北地区高等教育现代化起步与发展。③ 赵枫的《西北联大人才培养研究》一文，

---

① 周谷平、张强：《本土化与均衡化：以西北联合大学建立为中心的历史考察》，《浙江大学学报》（人文社会科学版）2013年第11期。
② 姚远：《国立西北联合大学的分合及其历史意义》，《西北大学学报》（哲学社会科学版）2012年第5期。
③ 梁严冰：《西北联大与抗战时期的西北战略》，《西北大学学报》（哲学社会科学版）2012年第9期。

分析了西北联大人才培养的概况与人才培养的途径，认为联大师资力量雄厚；招生严格，生源素质高；教学认真，考核严格，管理规范；学生学习刻苦，学风纯朴；注重学生实践能力培养等，这些都是联大人才培养的成功经验。① 尚季芳的《抗战时期内迁高校与西北地区现代化——以国立西北师范学院为中心的考察》一文爬梳了国立西北师范学院的历史，认为当时的国立西北师范学院着力社会工作，开启民智，服务社会；宣传爱国思想，倡导并参与请缨抗日；努力培养人才、开展边疆研究、建设西北社会，对促生西北地区尤其是甘肃省的现代化进程贡献很大。②

研究西北联大的论文数量较多，有学者侧重于联大精神研究，有学者侧重于联大与区域发展研究，有学者侧重于联大办学体制研究，有学者侧重于联大学术研究，有学者侧重于联大人物研究，也有学者侧重于联大历史研究。这些论文视角各异，从多方面诉说了西北联大的历史、诠释了西北联大的文化传统。此外，张克非梳理了兰州大学校史，对校史中的几个重要问题进行了详细的考辨。③ 马文华详细爬梳了民国时期新疆学院短短14年的历史沿革。④ 曾加、刘亮考察了陕西法政学堂与近代中国西部的法学高等教育。认为"陕西法政学堂一方面培养了近代陕西最早的地方官吏和法、政人才，另一方面为西北大学的政治与法律学科奠定了基础，为西北地区法学教育的后续发展创造了条件"⑤。

这些对民国时期西北地区高等学校个案的研究，切入角度各异，

---

① 何宁主编：《西北联大与中国高等教育：纪念西北联大汉中办学75周年》，世界图书出版西安有限公司2014年版，第288—295页。
② 尚季芳：《抗战时期内迁高校与西北地区现代化——以国立西北师范学院为中心的考察》，《西北师大学报》（社会科学版）2012年第9期。
③ 张克非：《兰州大学校史上几个重要问题的考辨》，《兰州大学学报》（社会科学版）2009年第7期。
④ 马文华：《民国时期的新疆学院》，《新疆大学学报》（哲学社会科学版）1991年第4期。
⑤ 曾加、刘亮：《陕西法政学堂与近代中国西部的法学高等教育》，《西北大学学报》（哲学社会科学版）2012年第5期。

内容较为翔实，加大了研究的深度，所涉及的高等教育布局演变，以及西北联大设立的价值与意义等观点为西北地区高等教育人才培养研究的展开提供了帮助。

3. 民国时期边疆高等教育的相关论述

张学强的《大学与边疆社会的地缘关系：以人才培养为中心的考察》一文所探讨的地缘关系是指反映在地域上的大学与边疆社会间相互联系、相互作用的关系，此外主要指向大学与边疆社会之间相互需求与服务以人才培养为中介形成的关系。

这种地缘关系既有显性的，也有隐性的，但却呈现出一种"后发式"和"外嵌式"的发展路径。针对这种局限性，张学强认为："边疆地区大学应积极回应边疆社会需求，优先培养边疆人才，并在人才培养过程中发挥好师资与科研方面的优势。"① 白婷的硕士学位论文《西北高等学校与边疆社会关系研究（1927—1949）》，分四部分对这一时期的西北高等学校与边疆社会的关系进行了分析，其中对西北高校面向边疆社会人才培养的研究尤为珍贵。作者以国立兰州大学、国立西北师范学院、新疆省立新疆学院、西北大学边政系为个案具体探讨了西北高校面向边疆社会招生及人才培养状况。② 张学强发表的《边疆少数民族高等教育招生政策分析》《大学面向边疆招生模式的变革及其影响（1927—1949）》两篇文章分析了我国高等教育少数民族招生政策的基本宗旨、框架结构，以及政策的实施对当时边疆少数民族高等教育的发展所产生的积极作用和局限性。张学强认为：随着时局的变化，政府更加清醒地认识到边疆高等教育发展的重要意义。"有无高等教育机会及实施何种性质之高等教育，不仅关乎边疆青年个体素养之高低及边疆开发与建设能力之强弱，也会对其个

---

① 张学强：《大学与边疆社会的地缘关系：以人才培养为中心的考察》，《高等教育研究》2013 年第 11 期。

② 白婷：《西北高等学校与边疆社会关系研究（1927—1949）》，硕士学位论文，西北师范大学，2014 年。

体身份认同与政治选择产生影响，并进而影响到边疆民族与中央政府关系之走向。"①政府颁布并不断修订相关政策法令，为边疆少数民族学生提供优惠政策，提高这些学生考入高等学校的比例。抗战时期高校内迁，西部边疆地区高等教育的发展，边疆地区相对平稳的环境条件，都为少数民族学生接受高等教育提供了便利，推动了这一时期边疆少数民族教育的发展。②张学强、燕慧的《大学的边疆问题研究及其影响》一文阐述了大学边疆研究的重要性——既是推动中国边疆研究从传统边疆史地研究向现代专门化学术研究转型的主导力量，也是大学参与边疆开发与建设的重要体现。该文提到国立西北联合大学是由西迁的北平师范大学、北平大学及北洋工学院等校合并组建的，1938年分解为西北农学院、西北工学院、西北师范学院、西北大学及西北医学院五校。

西北联大及分设之五校基本上实现了科学研究的西北转向，尤其重视西北边疆问题研究，在西北边疆民族学、历史学、地质学、教育学、地理学、生物学等方面成就突出，这种学术研究的传统一直延续至今。

其中如黎锦熙在对西北地方志的研究中提出了系统的现代方志学研究理论，其他如杨兆钧对青海撒拉族文化的研究，李式金对西藏、青海、川康喇嘛教的研究，殷祖英、黄国璋、王钧衡等人对边疆地理的研究等，在学术上都有开拓之功。1944年西北大学边政系设立，师生多次前往西北各地（特别是甘肃、新疆、青海少数民族聚居地区）进行调查研究，并与历史系及中国边疆研究会城固分会联合主办边疆问题十讲等学术讲座，极大地调动了师生边疆研究的热情，推动了边疆研究的深入。

---

① 张学强：《大学面向边疆招生模式的变革及其影响（1927—1949）》，《华东师范大学学报》（教育科学版）2014年第2期。
② 张学强：《边疆少数民族高等教育招生政策分析》，《高等教育研究》2013年第1期。

除此之外，该文还涉及了西北师范学院在国民政府的资助下，专门研究伊斯兰教问题，并设立西北边疆史地等科目；派遣陆懋德教授赴河西走廊考察；派王心正教授赴湟水谷地考察。[①] 王景、张学强的《国民政府时期边疆教育经费的筹措与使用》一文，分析了国民政府时期边疆教育经费筹措的渠道和使用的去向问题，认为这一时期国民政府为边疆教育提供了稳定的经费保障，形成了边疆地区从初等到高等较为完备的教育体系，传授文化知识、培育国家观念、提高专业技能，为边疆安全与稳定供给了一批批优秀人才。[②] 张学强、胡君的《大学边疆服务活动的开展及其影响》一文研究、解读了大学边疆服务的多元视角，分析了大学开展边疆服务的基本思路，总结了大学边疆服务活动的形式及内涵，也剖析了大学边疆服务活动的历史意义及局限性。该文关于大学开展边疆服务活动的多种途径分析以及大学边疆服务活动的历史意义及局限性的探索尤为重要。[③] 王景的博士学位论文《民国政府（1925—1949）少数民族教育政策研究》主要针对少数民族教育政策进行研究，但由于西北地区少数民族众多，许多区域就是少数民族地区，侧重于少数民族教育政策，从某种角度上讲也就是侧重于西北地区教育政策研究，而这其中也不乏对当时西北高等教育政策的论述。此外，该文在讨论边疆高等教育的学制与课程时，还涉及西北大学边政系的设立以及由兰州大学创办，隶属于该校文学院的蒙古、藏、维吾尔语文班的创设。在论述高校内迁时，该文涉及当时迁至西北的高校对西北所做出的贡献，也涉及了当时西北高校发展、变更情况的研究。[④] 燕慧的博士学位论文《西北开发中的民族教

[①] 张学强、燕慧：《大学的边疆问题研究及其影响》，《西北师大学报》（社会科学版）2014年第11期。

[②] 王景、张学强：《国民政府时期边疆教育经费的筹措与使用》，《华东师范大学学报》（教育科学版）2012年第6期。

[③] 张学强、胡君：《大学边疆服务活动的开展及其影响》，《高等教育研究》2015年第5期。

[④] 王景：《民国政府（1925—1949）少数民族教育政策研究》，博士学位论文，西北师范大学，2012年。

育研究》对西北少数民族高等教育问题也有讨论，认为西北少数民族高等教育获得了多途径、跨越式发展。高等教育的发展对当地民族文化、教育发展和西北开发具有导向作用，促进了各民族之间的文化交流，直接参与西北开发与建设，促进了西北社会整体的进步。①

在民国时期，特别是关于西北边疆高等教育的研究涉及高教招生、政策、经费、科研、社会服务等多个方面，特别是张学强、白婷等专门就边疆高教人才培养问题进行了深入的探讨，这些研究成果为本研究的开展奠定了基础。

（三）对已有研究的评价

1. 学术界对西北高等教育人才培养研究所取得的进展

在对民国时期西北高等教育人才培养相关研究的考察中，虽然直接研究此类问题的著作、论文相对较少，但通过对我国教育史、高等教育史、民国教育史以及民国时期其他专题研究的相关综述，发现其中存在许多有价值的整理、论述、分析。正是这些相关研究，为本研究的开展奠定了基础。从总体上看，学术界对民国时期高等教育人才培养的相关研究领域主要包括：民国时期高等教育理念、培养目标的设定与变化；各类大学、各个专业的人才培养模式、培养路径、培养特色等；民国高等教育发展概况、政策、制度、法规等；高校招生及入学考试；高校教师研究；民国高校经费研究；民国高校课程研究等。关于民国时期西北高等教育人才培养的研究，主要围绕抗战爆发、高校内迁展开论述，侧重于抗战时期西北地区高等教育发展情况，着重考察了西北高等学校的设立、变更等；涉及对民国时期西北高等教育发展整体情况的介绍；对民国时期西北高等学校的个案研究（包括西北联大、兰州大学、国立新疆学院、陕西法政学堂等）；民国时期边疆高等教育的研究，等等。研究领域的不断拓展、研究内容的

---

① 燕慧：《西北开发中的民族教育研究》，博士学位论文，西北师范大学，2015年。

不断深入、研究方法的不断创新、研究视角的不断变换等,对本研究都有借鉴价值,既有资料、内容的借鉴,也有方法、视角的借鉴。

2. 学术界对西北高等教育人才培养研究的局限性

首先是研究内容的局限。上述宏观研究有关民国时期高等教育人才培养、西北高等教育人才培养的讨论多半包含在整体教育史、各类专题史的梳理当中,不仅篇幅有限,而且内容空疏,流于形式,对当时高等教育人才培养状况,特别是西北高等教育人才培养问题缺乏深入、细致的分析。这种宏观性的研究,容易忽视西北地区高等教育发展的特点,更无法兼顾当时西北各高校人才培养的具体情况,在宏大叙事的遮蔽下,对具体问题的研究无法深入。在个案研究中,在横向上多侧重于西南联大、西北联大的研究,缺乏对西北其他高校人才培养问题的探讨;在纵向上缺少对这一时期西北高等教育人才培养流变的细致梳理,不能全方位、全时段地展现当时西北高等教育人才培养状况。总体来看,研究论著数量、篇幅有限,研究广度和深度不足,既没有在史料方面进行深层挖掘,又无法做到理论上的建构提升,缺少对西北高等教育人才培养问题系统、全面、深入的研究。

其次是研究方法论、研究方法上的局限。论著中关于民国高等教育人才培养问题的研究,多数采用历史文献梳理方法,追求的研究目的不外乎是:其一,尽可能客观地梳理历史发展脉络以显其原状;其二,在此基础上探索历史发展的客观规律以为今用。这类研究很少借鉴西方史学发展的成果,不能使用一些新的历史研究的方法,以新的历史研究方法论为指导,重新审视研究问题。西北高等教育人才培养问题的研究,虽然只是一个专题研究,但其中不仅涉及特殊的时代、社会大背景——西北地区,而且涉及民国政府统治整个时段内西北高等教育人才培养的变化,还涉及不同地区、不同类型高等学校具体人才培养问题。就社会大背景来说,社会动荡不安,对于西北高等教育发展而言,最重要的两个大背景就是抗日战争的爆发以及国民政府西北开发战略的实施。但是我们的研究不仅要看到时代、社会的大背景，还应关注高等学校所处地区的社会、经济、政治、文化、宗教等小背景，要具体问题具体分析，运用微观史学的方法，从不同地区不同的社会情况入手，从不同的社会经济发展状况、不同的民族文化传统、不同的宗教信仰习俗，以复杂性思维、多元化学术研究的视角立体地分析评价西北高等教育人才培养问题。

要推进西北高等教育人才培养问题研究的不断深入，首先就要多渠道、全方位地搜集一手资料，认真整理、分析史料，做到"去粗取精、去伪存真"。搜集整理的史料不仅包括教育年鉴、政府颁布的政策措施、西北边疆相关高校校史，而且要特别重视整理当时各种学术期刊、报纸及其他来源史料。希望在丰富多样、真实可靠的史料支持下从整体角度清晰把握在特殊的具体历史环境下高等教育人才培养问题。其次要借鉴、应用史学及社会学研究的新方法，微观史学、计量史学等研究方法的引入，复杂性思维理论的运用，有助于全面、真实地展现西北高等教育人才培养的全貌，也有助于深入、细致地挖掘不同地区、不同类型高校人才培养的不同路径与特色，为当今西北高等教育人才培养理论建立与实践应用提供借鉴。

四 研究的方法论基础

（一）微观史学

新史学对经济、历史地理等相关题材的过分关注，尤其是片面夸大"长时段结构"理论，忽视了对独立个体和突发性事件的分析。

"从本质上缩小观察规模、进行微观分析和细致研究文献资料为基础"，对历史结构框架进行配景式叙述。通过史学视野的不断拓展，突出那些接受了属于特定历史规则和信仰的社会个体或群体，以及他们在历史运动中的行为、心态、日常生活和命运细节，以期借此寻找合适的切入点对历史宏观层次进行解释。这股思潮最终于意大利被正式冠以微观史学之名，在代表人物乔万尼·列维（Giovanni Levi）、卡尔洛·金兹伯格（Carlo Ginsberg）、卡尔洛·伯尼（Carlo Pony）和爱德华·格伦迪（Eduardo Grendel）等人的努力下，其理论体系臻于完善。之后，在欧美史学界，诸如法国的"日常生活史"，德国的"日常史"，英国的"个案史"无不带有强烈的微观史学理论的影子。①

微观史学是指这样一种历史研究，从事这种研究的史学家，不把注意力集中在涵盖辽阔地域、长时段和大量民众的宏观过程，而是注意个别的、具体的事实，一个或几个事实，或地方性事件。这种研究取得的结果往往是局部的，不可能推广到围绕某个被研究的事实的各种历史现象的所有层面。但它却有可能对整个背景提供某种补充的说明。也就是说，微观史学家的结论记录的或确定的虽只是一个局部现象，但这个看似孤立的现象却可以为深入研究整体结构提供帮助。总之，微观史学的特点并不在于它的研究对象的微小和分析规模的狭窄或带有地方性。②

微观史学更关注个体、个别事件，但并不是主张"仅仅局限于对某个微观现象的孤立研究，而是主张尽可能地通过研究微观现象同时看到或折射出其他方面的现象。譬如，研究个人，既要研究某个个人的一切可能的具体方面，又要探讨该个人的变化与周围社会环境的关系"③。

微观史学家注重收集广大通俗文化底层的资料，从中筛选出有意义的、异常的细节，这些资料包括私人笔记、账簿、书信、法庭记录、契约等。民俗资料的收集对微观史学的研究具有举足

---

① 王堂堂、周采：《微观史学思想与美国新教育史学转向》，《中国人民大学教育学刊》2014年第6期。
② 陈启能：《略论微观史学》，《史学理论研究》2002年第1期。
③ 陈启能：《略论微观史学》，《史学理论研究》2002年第1期。

轻重的作用，该资料的丰富性、真实性和独特性的程度决定着研究课题的新颖性和创新性。微观史学所依靠的主要史料几乎都是事件发生时的当事人或旁观者留下的文字材料，由于微观史学要求其著作富有人文性的描述，因此，资料本身的情节性不可或缺。他们依靠的主要是法庭记录和私人笔记信件，在这些材料中包含大量的场景描述和当事人的对话。只有通过这些生动的材料，才有可能重构一种具有情节性的历史的场景。①

微观史学关注具体人物、具体事件的深层描述，叙述生动、立体，有血有肉，使得研究对象鲜活饱满。微观史学倡导最大限度地消除读者与历史的距离，运用传记、故事等叙述方式，在尊重历史的基础上，以活泼灵动的笔风细致地勾勒出油画般的历史景象，恢复了历史的生动、立体感。微观史学的这些特点和分析视角，对本书从深层次探讨西北各高等教育人才培养问题提供了方法、技术等可操作层面的支持。

（二）计量史学

计量史学是现代历史学的一个重要分支，也称历史计量研究或者历史数量研究，其主要特征在于通过运用一整套数理统计方法，把数据或可以计算的其他史料用作分析和解释历史的主要证据。

广义的"计量史学"源流久远，只要历史记录或分析的过程或结果中涉及计算、统计、数量，从正面或侧面反映出了各种简单或复杂的数量关系，都可以称为对这种方法的运用。狭义的"计量史学"通常特指萌芽于 19 世纪末，20 世纪中期以来在欧美史学界（尤其是经济史学界）蔚为一派的利用电子计算机，有

---

① 杨雪翠：《略论微观史学对教育史研究的启示》，《教育学报》2010 年第 10 期。

目的地运用统计手段，广泛分析大量的复杂数据，发现并积累历史规律的研究路径与方法。与之相近的概念有"历史统计学"、"历史数量分析"、"历史量化研究"等。"计量史学"使得史学这门远古的人文学科有了近代自然科学般的"数理"、"事实"、"精密"的全新探究模式，可谓对传统史学的一次全面的、深刻的革命。

在近代计量史学的发展进程中，经济史以及与之相关的人口史一直是统计的核心（以康拉德、迈耶对美国内战前奴隶制经济的研究为代表），之后其理论与方法逐渐扩散到诸如政治史、社会史、宗教史、家庭史、城市史、文化史等社会科学与史学的交叉领域，计量资料的不断扩充与发掘、计量方法的不断复杂与翻新、计量意义的不断被审视与被批判，促成了类似新经济史、新政治史、新社会史，甚至"新新某某史"等相关分支学科的大量涌现，也造就了社会科学各领域学科史上一次重要的学术更新。①

关于计量史学在教育史研究中的具体应用问题，有学者认为：

一是适用于历史上有关教育现象的规模、程度以及范围的研究。通过精确的统计所获得的关于教育规模、教育程度的数据会在一定程度上提升研究成果的说服力。二是适用于历史上有关教育结构的分析与研究，如教育层次结构、教育类型结构、办学形式结构和教育管理体制结构等。三是适用于历史上各现象之间的相关性研究。所谓相关性即两个现象之间的关系，主要是说明一个现象是否随着另一个现象的变化而变化。例如，研究某一学校教育质量的高低时，师资水平是值得关注的问题。有学者对二十世纪六七十年代英国公学的教育质量与师资条件的相关性做过调

---

① 许甜：《高等教育史研究的计量方法探讨：以区域分布史为例》，《清华大学教育研究》2011年第8期。

查。调查结果表明，高素质、高学历的师资队伍促进了英国公学教育质量的提升。总之，计量方法在教育史研究中的应用范围是较为宽泛的，意义也是极为重大的。通过实际计算所得出的数据提高了历史陈述和历史论断的精确性。①

在纷繁复杂的历史现象中，本来就存在着丰富的数量关系和数量内容，以往单一的描述性定性研究方式，不可避免地带有模糊性与不准确性。计量史学方法的应用有助于摆脱历史研究单一的定性分析，使定性分析与定量分析相互结合、相互补充，从而使历史事实的呈现更具客观性与准确性。计量史学方法的使用为整理和使用大量的数据资料提供了有力手段，有助于揭示普通群众的历史作用以及群体活动的特征。这也在一定程度上克服了传统史学中个别化研究的局限。

研究西北高等教育人才培养问题，也涉及计量史学方法的使用。涉及数据的统计与比较，如对抗战爆发前与抗战结束时，以及一直到新中国成立前西北高等教育学校数量、教师人数、学生人数、仪器设备等变迁情况的统计等；涉及相关关系的研究，如西北高等教育人才培养促进西北地区社会经济发展，带动西北地区科教文卫事业进步等。总之，计量方法的引入，用数量的形式客观再现历史事实，有助于提高历史研究的解释力。

教育史学科是一门教育学与历史学的交叉学科，既要遵循历史研究的性质，也要从历史研究中努力寻找教育的特点。或者说，教育史学科既要研究教育问题，也应运用史学方法。本书引入微观史学与计量史学的方法，是为了拓展研究的广度，推进研究的深度，力求最大限度以更加真实、更加生动、更加立体的方式展现西北高等教育人才培养状况。

---

① 侯艳：《浅谈计量史学法在教育史研究中的运用》，《教育探索》2011 年第 2 期。

(三) 复杂性思维理论

1. 复杂性思维理论概述

20世纪末兴起了一股倡导复杂性思维方式的理论热潮，以法国哲学家、社会学家埃德加·莫兰、比利时著名科学家普利高津，以及美国的圣菲研究所为代表。其中埃德加·莫兰是复杂性思维理论的主要代表者和倡导者，本书主要运用莫兰的复杂性思维理论进行研究。

莫兰认为，经典科学的思维方式是建立在"有序""分割"和"理性"三大支柱上的。虽然近代科学在诞生时将这三者作为依据，但随着科学的发展，又从根本上推翻了这些依据。

决定论和机械论的世界观推导出对"有序"世界的遵从，即便人们也观察到了明显的无序性，但仍然固执地坚持在无序背后一定能寻找到隐藏的有序性。但这个关于普遍有序性的观点很快被热力学、微观物理学、天文物理学和混沌物理学所动摇。莫兰坚持的并不是对"有序"的排斥和对"无序"的推崇，而是力求在"无序"与"有序"之间展开对话。

"分割"的观点来源于笛卡尔主客二元论的原则，首先表现为科学领域的专业化；其次是将观察者从观察活动中抽离出来，站在社会之外的穹顶，以不相关、分离的角度进行观察。而实际情况是，观察者不可能真正置身事外，观察者与观察活动之间是相互影响的。莫兰倡导的是承认可分割性，但要将这种分割性放置在不可分割的广泛联系中加以考察。

"理性"观点是建立在归纳法、演绎法和同一律基础上的。这三种形式逻辑的方法看似无懈可击，但其中早已暗含着潜在的危险。哥德尔不完全定理与塔尔斯基语义逻辑中的发现表明了一个形式化的演绎系统不可能在它本身找到关于它的有效性的绝对证明，也就是说，一个系统自身并不是自足的，只能依靠一个更加广泛的元系统才能提供它存在的背景和原因。莫兰提出元系统的观点，是在倡导理性应该是开放的,是可以反思的,随时都应该对自己的元系统开放,并从中汲取养分。据此,莫兰提倡"合理性",反对"合理化"。莫兰说:"真正的合理性知道逻辑、决定论、机械论的极限,它知道人类精神不可能是无所不知的存在,也知道现实包含神秘。它与非理性的东西、神秘的东西、不可理性化的东西谈判。它不仅是批评的,而且是自我批评的。"① 而"合理化自认为是合理的,因为它建立了一个建基于演绎或归纳之上的完美的逻辑系统;但事实上它是建立在残缺的或虚假的基础之上的,并且它拒绝表示异议的论证和经验的检验。"总之,"合理化是封闭的,合理性是开放的"②。

既然现有的思维方式的三大支柱——有序、分割和绝对的理性已经被现代科学的发展所动摇,取而代之的则是通向复杂性思维的三大理论,即信息论、控制论和系统论。这三种理论相互接近、相互影响,为复杂性思维的产生提供了理论上继承与超越的基础。

基于复杂性思维理论的三个理论基础,莫兰又提出了"三大原则",即两重性逻辑的原则、组织性的循环的原则和全息的原则。"两重性逻辑的原则是指把在表象上应该互相排斥的两个对立的原则或概念联结起来,它们实际上是不可分割的和对于理解同一实在不可缺一的。""组织性的循环的原则超过了反馈的原则——它超越了调节的概念而成为自我产生和自我组织的概念。第三个原则是'全息的'原则,它揭示某些系统所含有的这种明显的悖论:不仅部分处于整体之中,而且整体也处于部分之中。"③

复杂性不是一个概括词,不是一条规律,更不是一种简单的思维模式。复杂性不能简单地加以定义,也不是用一种简单的方式排斥简

---

① [法]埃德加·莫兰:《复杂性理论与教育问题》,陈一壮译,北京大学出版社2004年版,第15页。
② [法]埃德加·莫兰:《复杂性理论与教育问题》,陈一壮译,北京大学出版社2004年版,第14页。
③ [法]埃德加·莫兰:《论复杂性思维》,《江南大学学报》(人文社会科学版)2006年第10期。

单性的思维方式。正如莫兰所说:"简单性只是若干复杂性之间的一个环节、一个方面。""我们将试图前进,不是从简单性走向复杂性,而是从复杂性走向不断增长的复杂性。"①

2. 复杂性思维理论引入本研究的恰切性

历史是复杂的,这种复杂性来源于人的复杂性,也来源于环境的复杂性,是源于包括观察者在内的整个社会的复杂性。就如同莫兰所说的:"人类历史过去是、今后依然将是一个未知的探险。"②

第一,从寻找普遍规律到关注教育事件。

复杂性思维理论,关注世界的无序性,认为无序性也构成了世界的本质。"有序性是指世界的稳定性、规则性、必然性、确定性与其组成事物之间的相关性和统一性,等等;而无序性是指世界的变动性、不规则性、偶然性、不确定性与事物彼此之间的独立性与离散性,等等。""有序性维护现有有序事物的持续存在,并把人类活动限制在一种无创造性的机械运作之中;无序性会引起事物的衰退和干扰人类行动计划的实行,但是它会引起新质事物的产生和为人类实践活动提供罕见的有利机遇。"③ 复杂性思维理论不仅关注无序性,而且认为无序性为人类的发展提供了机遇,这种偶然性、不确定性、非决定性的变动,提供了人类社会前进的动力。

回到教育史的研究方面,学者一直致力于通过历史研究的进路,找寻教育发展的规律,试图通过规律的普世作用,对当今问题有所裨益。这种合理化的思维方式所带来的后果是局限与封闭,不仅无法深入探讨纷繁复杂的历史问题,而且这种将复杂问题简单化地归结为规律的做法,最终难免陷入了还原、分割的泥沼。借助莫兰的复杂性思

---

① [法]埃德加·莫兰:《复杂性思想导论》,陈一壮译,华东师范大学出版社2008年版,第33页。
② [法]埃德加·莫兰:《复杂性理论与教育问题》,陈一壮译,北京大学出版社2004年版,第62页。
③ 黄志成主编:《西方教育思想的轨迹:国际教育思潮纵览》,华东师范大学出版社2007年版,第436—437页。

维理论，教育史的研究应该更加关注偶然与无序，关注教育事件本身，侧重于具体情境下的整理与分析，这样书写的教育史才能生动、鲜活。

结合本研究而言，在探究西北高等教育人才培养问题的过程中，理应观察到在整体高等教育人才培养目标之下，西北各高校又有自身独特的人才培养目标及人才培养方式。因为不同教育事件的发生，使各高校自身的人才培养过程存在着许多变化。各层次人才培养目标的厘定，掺入了设计者的主观成分，是一种应然状态，但实际培养过程中的变动，造成了人才培养目标落实后的差距，这种应然与实然状态的考据，也体现了本研究的价值。而且，人才培养目标在实施过程中所遭遇的不同事件也在不断建构与生成，研究多元、生成、变动的人才培养目标才可能更贴近当时西北高等教育发展的历史真相。

重视有序性与无序性的统一，既要承认历史规律、教育规律的价值并继续加以合理应用，还应看到规律自身的局限与应用的边界，就如同莫兰一直强调的遵循合理性，反对合理化，以历史的无序填补有序的机械和局限，从而更真实、更生动地呈现历史。

第二，重建整体与部分之间的关系。

系统论是复杂性思维理论的基础之一，强调整体性、关联性、动态性和有序性，克服了还原论分割式思维方式的缺陷，但其中也存在着不足。莫兰说："一想到系统，整体观念就会占上风，甚至蒙住人眼，用整体论（眼中只看到整体）的盲目来代替还原论（眼中只看到部分）的盲目。人们常常强调整体大于部分之和，可却很少有人提到整体也会小于部分之和。据我所知，更未见人把这两个命题联系在一起。"[①]

其实，莫兰对系统论在批判还原论、推动科学方法论的进展方面是高度肯定的，但是也看到了系统论对部分、无序等的忽视。莫兰认

---

① 陈一壮：《怎样给复杂性研究作历史定位》，《自然辩证法研究》2004年第12期。

为:"'整体性'是个复杂概念,它具有两义性:从其优点来说,它叫'涌现',产生系统整体的优异新质;从其缺点来说,它叫'约束',压抑了系统要素的优良属性的发挥。"① 结合本研究来看,教育系统是社会整体系统的一个组成部分,高等教育系统又是教育系统的一个组成部分,研究高等学校的发展与变迁,一定会关联到与教育整体系统的关系,与教育系统内部其他组成部分,例如高等教育与基础教育之间的关系(主要探讨西北教育系统内部,高等教育发展对基础教育发展的影响)。再向外扩展,教育系统作为社会系统的组成部分,不仅会受到社会大系统的影响,而且,教育系统与社会系统其他组成部分之间也存在着千丝万缕的联系,如政治系统、文化系统、经济系统等。因此,研究西北高等教育,就一定要理清高等教育与其他层次教育之间的联系;理清高等教育与社会政治、经济、文化等之间的联系。这就需要将西北高等教育放置在社会大背景下进行观察,用整体性思维加以考察。

还有就是应考虑莫兰复杂性思维理论对系统论的超越,重视部分的力量。这指导我们在注重整体的同时,落脚在教育系统上,落脚在高等教育上,落脚在西北高等教育上,落脚在那个特殊时期的西北高等教育自身的发展上,不能为了宏观的整体性研究,而忘记了具体要研究的对象。

在构建整体与部分之间的关系时,莫兰还提出了"全息性"原则,简单地说,就是"部分不仅被包含在整体中,整体本身也以某种方式存在于它所包含的部分中"②。例如,"在人类如同在所有其他生物中一样,整体存在于各个部分的内部:每个细胞都包含一个多细胞集体的全部遗传信息;社会作为整体存在于每一个个人的内部,表现为他的语言、他的知识、他的责任、他的规范"③。

---

① 陈一壮:《怎样给复杂性研究作历史定位》,《自然辩证法研究》2004年第12期。
② [法]埃德加·莫兰:《方法:思想观念——生境、生命、习性与组织》,秦海鹰译,北京大学出版社2002年版,第85页。
③ [法]埃德加·莫兰:《复杂性理论与教育问题》,陈一壮译,北京大学出版社2004年版,第26页。

莫兰提出的"全息性"原则印证了我们在研究西北高等学校与地方社会关系时,使用微观史学方法的价值与意义。利用个案分析,有助于对研究问题的深入探讨,更重要的是,因为选择的个案,不管是具体高校的人才培养,还是具体专业的人才培养,都包含了当时西北高等教育人才培养的整体因素。对个别、部分的关注,正是因为它们身上包含了整体的全部意义,"麻雀虽小,五脏俱全"。运用微观史学的方法,可以以小见大,以更具体、生动的方式映射出总体历史的走向。

第三,"用双目观物"——元观点的方法。

莫兰指出:"任何一个概念系统必然包含一些只能在系统外给予回答的问题。因此,要考察一个系统,就必须参照一个元系统。"[①]

> 元系统是一个比系统在证明手段上更加有力、在内容上更为丰富的形式系统,它包含了系统成立的前提条件、根据。元系统代表着认识对象的更宽阔的视界,关于某种理论系统不应绝对封闭的,它应该随时准备向元系统开放。其元系统建立以后,它对对象的考察既应在原有系统的框架内进行,又应在元系统的框架内进行,这样就会既看到认识结论的效用又看到这一效用的条件或限度。[②]

这种方法就叫作"用双目观物"。

本书想要解释西北高等教育人才培养目标究竟如何形成与发展,西北高等教育人才培养过程中究竟有着怎样的特点,如何评价这一时期西北高等教育人才培养等问题,就必须还原历史事件本身。要做到

[①] [法]埃德加·莫兰:《方法:思想观念——生境、生命、习性与组织》,秦海鹰译,北京大学出版社2002年版,第206页。

[②] [法]埃德加·莫兰:《复杂思想:自觉的科学》,陈一壮译,北京大学出版社2001年版,第170—171页。

历史事件本身的还原，就不能简单地将事件从历史中抽离出来，做对象化的分析，而是必须将其放置在特定的情境、背景下才能加以真实还原。从一定意义上讲，背景、情境的分析就是找寻历史事件发生的原因。

总之，本研究借鉴复杂性思维理论，不仅有助于对整个西北地区高等教育发展中所存在的复杂情况进行梳理、分析，而且能从纵向上考察当时西北高等教育人才培养发展变迁的情况，考虑研究的两翼，即关注背景、情境的分析；从横向上理清社会政治、经济、文化因素与西北高等教育之间的互动关系，从而促进复杂性思维理论在本书中的全面应用。

五　研究思路与方法

（一）研究思路

本书探讨国民政府时期西北高等教育人才培养问题，在查阅相关文献、不断凝练研究问题的基础上，基于高等教育哲学理论、高等教育价值理论、微观史学、计量史学以及复杂性思维理论，依据高等学校类别划分，西北地区高等学校地域分布状况，以及史料丰富程度，选取西安临时大学、国立西北联合大学、国立西北大学、国立兰州大学、国立西北工学院、国立西北农学院、国立西北医学院、国立西北师范学院、国立西北技艺专科学校、国立西北农林专科学校、新疆省立新疆学院11所高等学校展开研究。

第一，细致梳理西北高等学校发展概况，将这一历史时期划分为全面抗战前、全面抗战时期、抗战结束后三个阶段，比较分析每个阶段西北高等教育演变发展的不同态势，以及西北地区各高校变迁中的基本状况。

第二，重点剖析西北高等教育人才培养目标形成的过程及其特点，探讨这一时期西北高等教育人才培养目标的顶层设计，具体考察西北地区各类高校人才培养目标的演变与形成，分析西北高等教育人才培养目标体系中全国高等教育人才培养目标、西北地区高等教育人才培养目标、西北地区各高等学校人才培养目标三级一体目标架构。

第三，讨论西北地区高等学校院系架构与学科设置情况。

第四，关注西北地区高等学校课程设置，首先考察这一时期西北地区高等学校课程设置的整体情况；其次探讨西北各高等学校课程设置的基本取向；最后选取西北大学边政学系、西北工学院土木工程系、西北农林专科学校畜牧兽医组，以及西北师范学院教育系为个案，具体深入研究各高校课程设置情况。

第五，从军事教育与坚强体魄、精神之锻炼，训育开展与人格、信仰之陶铸，科学研究与学术旨趣之养成，社会教育与服务观念之确立，实践教学与动手能力之提升五个视角切入，呈现西北地区高等学校教育教学活动开展状况。

第六，从办学经费、管理制度、师资队伍，以及学校硬件设置建设等方面考察西北地区高等学校人才培养的保障机制。

第七，总结评价西北地区高等学校人才培养的成效，认为这一时期西北地区高等学校为西北地区培养了大批社会急需的优秀人才，为维护西北地区边疆安全与稳定做出了巨大贡献，促进了西北地区社会经济发展，带动了西北地区科教文卫事业的整体进步，并为新中国成立时期西北地区社会政治、经济、文化发展储备了宝贵的人力资源。

第八，反思西北高等教育人才培养的过程及特点，对人才培养过程中政府与院校的关系、高等学校通才教育与专才教育的培养目标、区域性高校人才培养的指向，以及校长对高等学校人才培养的影响与作用等问题展开理论探讨，以期深入剖析与理解西北地区高等教育人才培养的贡献与不足，希望对当下我国西北地区乃至国内高等教育改革与发展提供宝贵借鉴。

（二）研究方法

本书主要采用的具体研究方法有如下几种。

1. 历史研究法

历史研究法是依据历史发展的时间线索,考察一定历史时段内事件发生、发展的全过程。本书主要运用历史研究方法,着重考察西北高等教育人才培养状况。通过特定的视角,重新组织史料,力求真实、生动地再现当时的历史。不仅如此,还要从历史中吸取教训、汲取营养,为当下西北高等教育改革以及探寻与建构西北各高校人才培养路径助力。

2. 文献法

文献研究法是指通过搜集、整理、鉴别文献资料,去粗取精、去伪存真,进而获取相关材料的方法。本书重点关注一手资料,拟通过互联网、图书馆、档案馆等途径,对教育年鉴、政府颁布的政策措施、西北地区相关高校校史、各种学术期刊、报纸、日记及其他史料进行全面搜集与系统梳理。

3. 比较研究法

比较研究法是指选取某种既定标准,对两个及两个以上的研究对象加以比较,发现其中异同,并做出正确、客观评价的研究方法。本书试图从纵向上比较西北高等教育人才培养的目标指向与实际效果之间的差距、比较抗日战争爆发前后西北高等教育人才培养情况的异同;从横向上比较西北地区,尤其是甘肃、陕西、新疆地区各高等学校人才培养目标以及人才培养过程与成效、比较当时西北各高校人才培养目标及培养方式的异同,等等。不仅如此,本书还通过宏观与微观、个案与整体、历史与现实等多维度比较,推动本研究走向深入。

4. 个案研究法

复杂性思维理论中的"全息"原则,认为部分中包含着整体的全部信息。微观史学理论也倡导关注部分、关注历史中的个别事件。个案研究方法是指选取有代表性的个案做深入、系统的分析,不仅可以克服宏观研究"只见森林,不见树木"的缺陷,还有助于增加研究内容的生动性。本书选取当时有代表性的不同高等学校作为研究对象,可以增加研究的深度，又可避免陷入大而全、全而空的研究泥沼。

六　核心概念界定

（一）高等教育与高等学校

对比将高等教育定义为"高中后教育""高等级教育"等提法，本书赞同张楚廷的观点，即"以研习高深学问为内容的培养专门人才的活动，称为高等教育"①。

高等学校是指以实施各级各类高等教育为主要职能的机构。主要由政府、各种社会团体、个人、私人团体、教会、国际组织等举办。有全日制、部分时间制、业余或远程学习等多种形式，为受教育者提供（或不能）获得某种学位、文凭、证书的各种类型、各种层次的专门（或非专门）教育。招收具备中等学校毕业或同等学力以上水平的人员（包括在职人员）。种类繁多，名称各异，主要有大学、学院、高等专科学校、多科技术学院、高等职业学校、社区学院、初级学院等。大学和学院是其主要组织形态。②

高等学校包括大学（独立学院）、专科学校与师范学院三种。在文、理、法、农、工、商、医、教育八个学院中，具备三个以上学院者被称为大学，不满三个学院者则称独立学院，修业年限除医学院为5年外，其余皆为4年。大学及独立学院得设研究院。研究院必须具备三个研究所。专科学校分工、农、商、医、音乐、艺术、体育等，修业年限为2—3年。③

---

① 张楚廷：《高等教育学导论》，人民教育出版社2010年版，第5页。
② 顾明远：《中国教育大百科全书》，上海教育出版社2012年版，第359页。
③ 张宪文、张玉法主编：《教育的变革与发展（中华民国专题史）》，南京大学出版社2015年版，第167—168页。

(二) 人才培养目标

"目标和目的此二者具有一致性,从哲学的角度来看,都是指被意识到了的人的需要,是主体对价值的自觉追求。"① 教育目的与教育目标既有区别又有联系:

> 教育目的是对教育事业来说的,而教育目标是对教育事业中的教育活动来说的;前者是指人们为什么要办教育事业,后者则指人们进行的教育活动要培养出什么样的人;前者是以社会为背景,以教育事业为对象,后者以社会和教育事业为背景,直接以人为对象;前者从宏观上着眼,后者则在宏观的基础上,从微观即从作为教育活动对象的人着眼。所以,二者之间存在着密切的联系。这就是说,教育活动的培养目标,要服务于总的教育目的的实现,而教育事业的目的也只有通过教育目标的具体落实才能得以实现。②

"人才培养目标是对把人塑造成什么样的人的一种预期和规定,体现着一系列思想观念,它规定着教育活动的性质和方向,且贯穿于整个教育活动过程的始终,是教育活动的出发点和归宿。"潘懋元将高等学校人才培养目标划分为三个层次,即国家层面、学校层面与专业层面。"国家层面的人才培养目标,是国家在宏观层面对高等学校人才培养目标的基本规定,一般通过高等教育立法来规定。""学校层面的人才培养目标是在遵循国家层面人才培养目标宏观规定的前提下,不同类型和不同层次的高校根据学校自身的办学定位、办学特色、办学条件,而对学校所要培养人才的比较具体的规定。""专业层面人才培养目标是学校人才培养目标在专业层面的具

---

① 胡德海:《教育学原理》,甘肃教育出版社2006年版,第372页。
② 胡德海:《教育学原理》,甘肃教育出版社2006年版,第411页。

体落实,最能直接指导人才培养活动。专业人才培养目标不仅要符合所在院校的整体人才培养目标定位,而且要体现学校的发展特色与专业特色。"①

(三) 西北地区

20世纪三四十年代学术界对西北地区地理范围的划分意见不同,大致有狭义与广义、近与远、内与外、大与小之说。本书综合上述观点,认为西北地区应包括陕西、甘肃、青海、宁夏、新疆、绥远六省。

沈灌群在其文章《论我国西北高等教育之建设》中说:"顾国人所称西北,其范围言人人殊,此属本国地理学分内事,吾人不欲置喙,今姑假定其范围包有陕西甘肃绥远宁夏青海新疆六省。"② 霍宝树在其《开发西北概论》中说道:"西北区域,从广义言之,则西、北二部悉在其内,从狭义言之,则仅指西北一隅。兹所言西北者,以陕西、甘肃、绥远、宁夏、青海、新疆等省区为范围,乃指西北一隅而言也。"③《西北研究》发刊词也主张:"西北是中华民国的领土的一部分,它有一千一百十万三千一百方里的土地,有二千四百八十九万的人口,——这还仅就陕、甘、宁、青、绥、新所谓'近西北'的六省而计算的。"④

(四) 高校西迁

"七七"事变后,政府为保存中华文脉,使我国高等教育不至于因战争原因中断而实施了高校迁徙运动,华北、华东、华南、华中各地多数高校相继辗转。

---

① 潘懋元主编:《应用型人才培养的理论与实践》,厦门大学出版社2011年版,第43—47页。
② 沈灌群:《论我国西北高等教育之建设》,《高等教育季刊》1942年第2期。
③ 霍宝树:《开发西北概论》,《建设》1931年第11期。
④ 西北研究编辑部:《发刊词》,《西北研究》(北平)1931年第1期。

本书采用余子侠等的观念，他认为：

> 应对高校迁移、高校内迁、高校西迁这几个概念作一番辨析。一般来说，它们是属于层层包容、层层递进的关系。首先，高校西迁乃是特指原在华北、华东、华南、华中等地的高校于战时向西南、西北地区的迁移，其主体应是迁定和曾经迁移到西部的高校，而非简单意义上的向西迁移的高校。高校内迁的主体除了西迁高校外，还包括战时在华东、华南、华中等地国统区内游移的高校。

"可以说西迁各高校都属于内迁范畴，但内迁高校未必都迁到了西部。""高校迁移的范围最广，其主体除内迁各校外，还有战时避入上海租界、香港等地的高校，也包括西部地方高校（含战前原设于西部、战时新设于西部两类）因战局影响而在战时的迁徙。"[①]

（五）西北开发

1927年国民政府就开始酝酿建设西北、开发西北的计划。1930年，国民政府制定了《西北建设计划》，1931年又通过了《开发西北办理工赈，以谋建设而救灾黎案》等。但这一阶段的西北开发基本上处在纸上谈兵的阶段，并未取得实际效果。

随着"九一八事变""七七事变"的爆发，国民政府面临着严重的边疆危机，西北地区成为重要的战略基地，关系着国家的安全和稳定。社会各界开始广泛关注西北问题，通过报刊大力宣传，掀起了西北考察、西北建设讨论的热潮。国民政府由此将西北开发战略正式提上日程，1938年，国民政府经济部长翁文灏强调大力调整经济建设布局，着重以西南、西北为基础。1939年，国民党决议指出：坚持抗战

---

① 余子侠、冉春：《中国近代西部教育开发史——以抗日战争时期为中心》，人民教育出版社2007年版，第205页。

有赖于西南、西北各省迅速开发。1942年，国民政府经济部组织专家21人，前往西北各省展开全面考察。在整个西北开发运动中，国民政府从国家战时需求出发，致力于西北工业建设、农林水利建设、移民西北与垦殖、交通建设、邮政通信建设等，采取了一系列有效措施，取得了显著成效，其中也包括推进西北地区教育，特别是高等教育的发展。

第一章 西北地区高等教育的发展

从 1927 年到 1949 年，西北高等教育发展经历了抗战全面爆发前、抗战中，以及抗战后三个历史阶段，大致呈现出缓慢发展到快速建设，再到恢复与调整的流变态势。在历史演变过程中，抗日战争的全面爆发成为一个拐点，西北地区战略地位凸显，政府开始调整建设重心，倡导开发西北。正是在这样的背景下高校西迁，国民政府利用京津优质高等教育资源重启西北高等教育发展历程，一方面，战前全国高等教育的畸形布局得到了改善，另一方面，随着西北联大的不断分组与调整，西北五校的成立基本上奠定了西北高等教育发展的格局。抗战结束后，西北各高校除国立西北师范学院少数师生回迁北平外，其余各校均留驻西北，为西北高等教育发展乃至社会的全面进步与转型做出了巨大贡献。

第一节 数量稀少，发展滞后（1927—1937 年）

一 全国高等教育布局不合理，西北高等学校数量稀少

1931 年，国民政府邀请国际联盟教育考察团来华考察，研究我国国家教育之现状，并对此做出评价与建议，辅助我国教育制度之改进。国联教育考察团通过实地考察，撰写报告书。报告书分上、下两册，上册讨论我国教育情形、国家教育与外来之影响、教学之精神、语言与文字、教育行政、财政及组织、教职员、全国学校之分布、学校之合理利用、学童与学生之社会选择、学制等问题；下册重点探讨我国小学教育、中等教育、大学教育，以及成人教育办理中所存在的问题，针砭时弊，给出积极建议。考察团认为，我国大学教育主要存在以下问题：大学地域分布不均衡且缺乏合作、课程设置存在问题、大学经费严重短缺、教师聘任不够规范、教学方法单一、高校招生缺乏统一标准，等等。关于我国高等教育布局问题，考察团报告书指出："中国大学在地理上之分布杂乱无章，在同一区域内常有多数大学，其所推行之工作几全相同。"① "1930—1931年中，十五国立大学，有十一校设于三个城市之中；省立大学十七校，有九校设于另外三个城市中；又有三个城市，除国立大学外，复有二十七个立案私立大学中之十九校。"由此可见当时高等学校设立的集中程度。从国联考察团给出的统计图表中，明显可以看出京津沪地区为高校云集之地，对比之下，西北地区高等教育资源尤为短缺。②

抗战全面爆发前的西北社会，由于经济、政治、历史等方面的原因，高等教育发展极为缓慢，青海、宁夏、绥远三省没有高等学校，甘肃、新疆、陕西虽有高校设立，但数量稀少，仅有国立西北农林专科学校、省立甘肃大学、省立新疆学院三所，且这三所高校在办学规模、师资力量、学生培养等各个方面都无法与京津沪等高等教育发达地区相比。

国民政府对国联教育考察团给出的报告非常重视，但苦于时局不稳、日军侵华、资源短缺等原因，迟迟没有出台发展西北高等教育的具体实施方案，仅于1936年颁布的《中华民国宪法草案》中提及高等学校设置应注重区域平衡，给予全国各地人民享有平等高等教育的机会。③

---

① 沈云龙主编：《近代中国史料丛刊三编第十一辑：国际联盟教育考察团报告书》，文海出版社1986年版，第160页。
② 沈云龙主编：《近代中国史料丛刊三编第十一辑：国际联盟教育考察团报告书》，第162—163页。
③ 中国第二历史档案馆编：《中华民国史档案资料汇编》（第5辑第1编政治1），凤凰出版社1994年版，第287页。

二 西北高等学校发展缓慢

1927年前后,甘肃省政府主席刘郁芬请示冯玉祥,提出建立省属大学事宜。6月2日,冯玉祥回电,决定建立兰州中山大学,命令甘肃省政府遵照办理。甘肃省教育厅召集教育界人士商议,决定将甘肃公立法政专门学校与兰州中山学院合并,共同组建兰州中山大学。1928年2月29日,兰州中山大学正式成立,1929年初,政府教育部令兰州中山大学更名为甘肃大学,1932年3月又更名为省立甘肃学院。兰州中山大学仅设立了法律系、国文专修科、艺术专修科,以及政治专门部、教育行政人员训练班,1933年学院设立医学专修科,1935年学院又增设农学专修科,1936年农学专修科因国立西北技艺专科学校的设立而取消。据统计,1929年兰州中山大学教职员共52人,其中教员仅35人。在这35人中,有三位毕业于国外知名大学,其余多毕业于北京、上海各大高校。[①] 由于不连续招生,加上开设专业的限制,在兰州中山大学及甘肃大学时期学生人数较少,1928年到1931年,在校学生总人数分别为145人、141人、102人、79人,四年中只有1930年招生90人。[②] 甘肃地处偏远,经济落后,教育经费常被拖欠、挪用,导致这一时期学校的办学经费常常入不敷出,与教育部公布的《大学规程》中所规定的经费标准相去甚远。[③]

辛亥革命之后,杨增新为了发展新疆经济,控制学生留学国外,于1924年创办新疆省立俄文法政专门学校,学制四年。据1927年决算,"学校全年经费36672两,折为法币52807.68元。俄文法政专门学校的经费,占全省教育经费的三分之一。"[④] 1928年,"双七事件"发生,杨增新被杀,金树仁上台当政,将"新疆省立俄文法政专门学

---

① 张克非主编:《兰州大学校史》(上编),兰州大学出版社2009年版,第61—63页。
② 张克非主编:《兰州大学校史》(上编),第65页。
③ 兰州大学档案,1-2-96(甘肃学院)。
④ 管守新、罗忆主编:《新疆大学建校80周年丛书:新疆大学校史(1924—2004)》,新疆大学出版社2004年版,第9页。

校"改称为"新疆省立俄文法政学院"。学校一切费用，仍然由地方开支，1931年1月1日，学校正式更名。"自1924年俄文法政专门学校建立到1933年金树仁下台，俄文法政专门学校（俄文法政学院）共招有学生4班（其中1924年第一班、1928年第二班、1931年第三班、1933年第四班），约150人；毕业学生3班，约100余人。"[①] 至1934年秋季止，在近十年间，全校有藏书1143册。[②] 1933年，"四一二政变"以后，盛世才总揽新疆军政大权。1934年7月，何语竹来到新疆，同年8月，盛世才委派其担任新疆俄文法政学院院长。何语竹到任后，着手整顿学校，改革教职员委任制为聘任制，实行财政公开。1935年1月1日，新疆俄文法政学院更名为新疆学院，新设法律系、政经系、税务专修科。"学院大专部的经费，每月14668元，包括薪俸、学生津贴和办公杂费等。"[③]

1924年3月，在军阀刘振华的支持下，国立西北大学正式成立，设有文学院、社会科学院、自然科学院、应用科学院。1927年1月18日，国民军联军驻陕总司令部发布"收束西北大学，筹建中山学院"的命令，将国立西北大学改建为西安中山学院，1928年又改称西安中山大学。[④] 西安中山大学存续时间较短，到1931年即宣告解体，校址用来改办陕西省立西安高级中学。

除西北大学之外，1932年秋，中央政治会议通过筹备建设西北专门教育初期计划议案，成立筹备委员会。1933年选定陕西武功张家岗为建校校址，1936年教育部任命辛树帜为校长，成立国立西北农林专

[①] 马文华：《民国时期的新疆学院》，《新疆大学学报》（哲学社会科学版）1991年第4期。
[②] 管守新、罗忆主编：《新疆大学建校80周年丛书：新疆大学校史（1924—2004）》，新疆大学出版社2004年版，第24页。
[③] 管守新、罗忆主编：《新疆大学建校80周年丛书：新疆大学校史（1924—2004）》，第28页。
[④] 姚远、董丁诚、熊晓芬等编：《图说西北大学110年历史》，西北大学出版社2012年版，第63、83页。

第一章 西北地区高等教育的发展

表1-1 全国各省省独立学院概况（1931年）

校别	校址	经费岁出（元）	经费岁入（元）	编制本科院	编制本科系	编制专科科	编制专科组	教职员教员	教职员职员	教职员互兼	在校生合计	在校生男	在校生女	毕业生合计	毕业生本科	毕业生专科	设备价值（元）	图书册数（册）
1. 江苏教育学院	无锡	175992	175992	1	2	1	2	32	85	11	257	239	18	90	90	—	13656	13608
2. 河北工程学院	天津	148656	148656	1	3	—	—	29	44	8	96	96	—	—	—	—	26316	11759
3. 河北女子师范学院	天津	132000	132000	1	6	—	—	39	30	7	225	—	225	61	—	61	42816	4107
4. 河北法商学院	天津	115135	122272	1	4	—	—	29	29	2	191	178	13	83	88	—	4785	1143
5. 河北医学院	保定	108000	108000	1	2	—	—	16	43	1	102	97	5	38	38	—	……	17701
6. 山西教育学院	太原	105900	105900	1	3	—	—	42	17	9	170	157	13	41	41	—	2040	19063
7. 山西法学院	太原	95000	82581	1	2	1	2	36	12	4	350	299	6	78	78	—	2602	17484
8. 甘肃学院*	兰州	90236	90236	1	3	2	2	43	23	7	79	79	—	15	15	—	8070	12810
9. 河北农学院	保定	76796	76796	1	1	—	—	18	20	2	28	28	—	3	3	—	21033	15254
10. 湖北教育学院	武昌	37952	105840	1	2	1	1	10	20	4	130	130	—	—	—	—	2469	4413
11. 新疆俄文法政学院*	迪化	……	……	1	1	—	—	13	8	2	81	81	—	34	34	—	……	……

说明：*表示处于西北地区的高等教育学校。

资料来源：中国第二历史档案馆编：《中华民国史档案资料汇编》（第5辑第1编教育1），凤凰出版社1994年版，第260—267页。

科学校，招收农艺、森林、园艺、畜牧、农业经济、水利六组新生。①

根据《教育部报告民国十九年度高等教育概况》的统计，到1931年1月止，"全国大学及专门学校总数计五十校，内大学三十四校，专门学校十六校。"② 发展到1936年，全国共有高等学校106所，其中大学42所，独立学院36所，专科学校30所。③ 相比之下，从1927年到1937年的10年间，西北高等学校数量稀少，甘肃一所、新疆一所、陕西仅有两所。

表1-1是1931年全国各省独立学院概况，甘肃学院经费收入为90236元，与江苏教育学院、河北工程学院等相差甚远。对比之下，甘肃学院与新疆俄文法政学院在校生与毕业生数量也明显较少。这只是与全国其他几所省立学校的比较，实际情况是，河北、江苏、湖北等省高校众多，除了省立独立学院之外，还有国立大学、省立大学、私立大学、国立各学院、私立各学院，以及各类专科学校，但甘肃、新疆仅各有高校一所，倾全省之力，仍然不能跟发达省份其他省立学院相较，可见西北各省经济、社会之落后，也能映衬出国民政府对西北高等教育的重视程度。这一时期，全国高等教育发展严重失衡的状况一目了然。

第二节　高校西迁，西北高等教育迎来发展的春天（1937—1945年）

一　抗日战争全面爆发与高等教育布局的战略调整

1937年7月7日，日本帝国主义悍然制造了"卢沟桥事变"，标

---

① 《国立西北农林专科学校一览》，1936年，第1—20页。
② 中国第二历史档案馆编：《中华民国史档案资料汇编》（第5辑第1编教育1），凤凰出版社1994年版，第274页。
③ 中国第二历史档案馆编：《中华民国史档案资料汇编》（第5辑第1编教育1），第296页。

志着日本法西斯全面侵华战争的开始。此后日军长驱直入,杀我同胞,侵我河山,中华民族陷入了空前的灾难之中。在这场浩劫中,日军蓄谋对我国高等教育学府实施破坏,给我国高等教育事业带来了严重的损失。清华大学、北京大学首先遭受搜查,日军在校园肆意横行。7月30日,日军轰炸南开大学,南开大学图书馆被毁,秀山堂、思源堂以及教授宿舍均被日军焚毁,大批珍贵书籍也被劫掠一空。①厦门大学损失图书及教学仪器价值达80907元,合并其他损失共计1443202元。山东大学多处校舍被毁,图书损失计181764元。广州中山大学多名师生死伤、失踪,损失总计达2万元。②

面对上述情况,国民政府行政院于1937年8月11日发布《总动员时督导教育工作办法纲领》,规定"比较安全区内之学校,尽可能范围内,设法扩充容量,收容战区学生"③。1937年8月19日,教育部检发《战区内学校处置办法》的密令,规定各省教育厅在其辖境内或辖境外择定比较安全之地区,选定若干原有学校,迅速扩充或布置简单临时校舍,以为必要时收容战区学生授课之用,不得延误。还规定战区内学校应尽量将学生成绩照片、重要账簿、册籍、学校贵重且易于移动之设备,预为移藏。④ 以上规定与措施,已经隐隐流露出国民政府意欲将战区高等学校内迁之意。1937年9月29日,战事发生前后教育部对各级学校之措置总说明中提及:"平津专科以上学校教职员学生为数极众,势非借读办法所可完全救济。本部为使优良教授得以继续服务,并使学生完成学业,且隐为内地高等教育扩大规模起见,业经呈奉蒋院长核准,先在长沙、西安等处设立临时大学各一

---

① 杨立德:《西南联大教育史》,成都出版社1995年版,第1—2页。
② 顾毓琇:《抗战以来我国教育文化之损失》,《时事月报》1938年第19卷第5期。
③ 中国第二历史档案馆编:《中华民国史档案资料汇编》(第5辑第2编教育1),凤凰出版社1994年版,第1页。
④ 中国第二历史档案馆编:《中华民国史档案资料汇编》(第5辑第2编教育1),第3页。

所，为平津沪高等学校西迁做好准备。"① 至此，全国战区高校相继内迁，除少数几所高校按照国民政府教育部指定地点迁移外，多数高校都自行成立选址委员会，自行选择新建校址。这次史无前例的高校大迁移，是国民政府在抗日战争局势不断恶化情况之下的无奈之举，为保存中华文脉，使得弦歌不辍，这次大迁移几乎贯穿了八年全面抗战岁月，涉及华北、华南、华中、华东各省多数高校。在这次迁移中，部分高校迁入上海租界及港澳地区，部分迁移到原省区内相对安全区域，多数高校则长途跋涉，几经周折迁往西南、西北各省。

二　高校数量与质量的双重提高：西北地区迁入及新设高校的发展

在全面抗战时期，全国其他地区高校相继涌入西北避难，由于战争的摧残，许多高校迁移后无处立足、教学设备匮乏、师资队伍不整、课程开设困难加上西北艰苦的自然条件与落后的经济状况，各高校处境举步维艰。在此种情形下，各迁入高校通过不断改组、合并，创造新的形式如开展联合办学等，竟在西北贫瘠的土地上获得了新生，并取得了较大的发展，实为我国高等教育史上的奇迹。

这一时期迁入西北地区的高校共计 8 所，分别是国立北平大学、国立北平师范大学、国立北洋工学院、省立河北女子师范学院、省立山西大学、私立川至医学专科学校、私立焦作工学院，以及省立河南大学（具体迁变情况详见附表 2）。其中国立北平大学、国立北平师范大学、国立北洋工学院于 1937 年 8 月迁至陕西西安，9 月组成西安临时大学，天津的河北省立女子师范学院大部并入其中，于 1938 年 4 月迁往陕西汉中后更名为西北联合大学（分文理学院、法商学院、教育学院、农学院、工学院、医学院六学院，共计 23 个系）。1938 年 7 月开始，国民政府教育部先是将其工、农两个学院分出，另设国立西北工学院、国立西北农学院，1939 年 8 月又将西北联大一分为三，设

---

① 中国第二历史档案馆编：《中华民国史档案资料汇编》（第 5 辑第 2 编教育 1），凤凰出版社 1994 年版，第 7—8 页。

立国立西北大学（分文、理、法商三个学院）、国立西北医学院，以及国立西北师范学院。西北联大在改组分解过程中还不断吸收兼并其他高校力量，如国立西北农学院由联大农学院与国立西北农林专科学校合并而成；国立西北工学院，不仅包括联大工学院（原国立北洋工学院与国立北平大学工学院），还兼并了国立东北大学工学院及私立焦作工学院；而国立西北师范学院也同时涵盖了原国立北平师范大学与河北省立女子师范学院。1942年国立西北师范学院迁往甘肃兰州、国立西北医学院兰州部分后并入国立甘肃学院，成立国立兰州大学，其余高校均留在陕西。省立山西大学于1939年12月迁入陕西三原，1941年迁往宜川，1943年2月返迁山西，4月改为国立，7月再次迁入宜川。私立川至医学专科学校也曾迁入陕西宜川，最后并入国立山西大学。省立河南大学，于1942年改为国立，1945年春迁入陕西宝鸡。①

抗日战争的全面爆发，高等教育的大举西迁为西北高等教育的发展提供了绝佳的机遇，迁入西北地区的各高校在比较平稳安定的环境下获得了较大程度的发展，以西安临大、西北联大与分解后的西北五校为例，西安临大在成立之初就拥有六大学院及23个学系，建制完整、实力雄厚。根据1937年12月10日的统计数据，全校共有学生1472人，教员223人，其中教授106人，接近总人数的二分之一。②

国立西北联合大学成立之初的院系设置基本上与西安临时大学时期相同，1938年12月1日，西北联大师范学院师范研究所正式成立，"以研究高深学术，训练教育学术专才，及协助师范学院所划区域内教育行政机关研究教育问题，并辅导改进其教育设施为目的"③，招收研究生，学习期限至少两年。

1938年7月，教育部命令将国立西北联合大学原有的北洋工学

---

① 余子侠：《中国近代西部教育开发史——以抗日战争时期为重心》，人民教育出版社2007年版，第218—219页。
② 《本校教职员录》，《西安临大校刊》1938年第4期，第9—14页。
③ 《本大学师范学院师范研究所章程》，《西北联大校刊》1939年第13期，第15—16页。

院、北平大学工学院，与东北大学工学院，及私立焦作工学院合并改组为国立西北工学院，学校下设土木工程、机械工程、电机工程、化学工程、纺织工程、水利工程、航空工程等八系。1939年8月，学校举行第一届毕业生典礼，毕业学生共144人。1930年6月10日，教育部部长陈立夫参加学校第二届毕业典礼，毕业学生共计143人。① 学校学生逐年增加，筹备期间共有学生600余人，1938年底共有学生773人，1939年有828人，1940年学生总数达到1000余人。在筹备阶段，聘请教师85人，其中教授62人，副教授4人。② 至1939年6月，共有教职员159人。学校除设八系之外，还设有工程学术推广部及工科研究所。工程学术推广部协助推进西北一切生产事业。工科研究所于1939年秋奉教育部命令成立矿冶研究部，教育部每年补助其图书仪器设备约3000元。③ 1940年的统计结果是，学校共有图书15177册，其中国文书籍11370册，外文书籍3807册。

1938年7月，教育部国立西北农林专科学校与国立西北联合大学农学院合并，设立国立西北农学院，下设农艺学、森林学、农业化学、植物病虫害学、畜牧兽医学、农田水利学等系。④ 学校积极回应国家与社会需求，加强合作研究开展各类实验。1939年10月，学校与军政部兵工署公营国防林；1940年4月，与经济部中央农业试验所合作，举行田间肥料实验；5月，又与经济部水工试验所合设武功水工试验室；1942年，与陕西省防疫处合办血清制造厂。1940年8月，学校农艺、农业经济、植物病虫害三组改系，畜牧兽医系分畜牧、兽医两组。1941年9月，农科研究所、农田水利研究部成立，招收研究生，修业期限两年。⑤

---

① 《国立西北工学院概要》，1929年，第2—3页。
② 陶秉礼主编：《西北工业大学校史》，西北工业大学出版社1995年版，第15页。
③ 《国立西北工学院概要》，1929年，第5页。
④ 沈云龙主编：《第二次中国教育年鉴》（第5编），文海出版社1995年版，第211页。
⑤ 中国第二历史档案馆编：《中华民国史档案资料汇编》（第5辑第3编教育1），凤凰出版社1994年版，第262—263页。

1939年9月，国立西北联合大学奉教育部命令改组为国立西北大学，同时师范学院、医学院也独立设置，成为国立西北师范学院以及国立西北医学院。"该校原分六院二十三系，自联大、西大时农、工、师、医四学院先后独立，仅留两院。嗣部令文理学院分为文学院，及理学院，合法商学院共为三学院。"① 后又奉教育部令，改地理学系为地质地理学系，将政经系分为政治、经济两个学系，而国文系则更名为中国文学系。1943年8月，于法律学系内增设司法组，从1944年起，又于文学院内增设边政学系，到1945年，复增设教育系。② 1940年，教育部选定西安，作为国立西北大学永久校址。据统计，1944年11月，该校共有学生1089人，共有五届学生毕业，毕业生人数从1940年第一届的186人增加到1944年第五届的298人，增幅达60.2%。在1945年抗战结束时，学校共有教员146人，其中教授67人，副教授25人，讲师24人，助教30人。③

1939年8月8日，西北联大医学院独立，成立国立西北医学院，下设"解剖、生理、生物、化学、药理、病理、热带病、寄生虫、细菌、公共卫生、内科、外科、妇产科、小儿科、耳鼻喉科、眼科、皮花科、理疗教室等"④。根据1942年1月学校训导处制作的"国立西北医学院三十年度学生省籍"统计数据，全院共设八个班，学生总数206人。⑤ 1939年学校成立之初的情况是：

> 图书所存无几，计有西文书籍九十八册，中文书籍三百二十九册，日文书籍五十五册，西文杂志四十种，及中文杂志数种，嗣即筹拨专款，从事采购。先后订购得西文书籍五百五十二册，

---

① 沈云龙主编：《第二次中国教育年鉴》（第5编），文海出版社1995年版，第114页。
② 《国立西北大学概况》，1947年，第3页。
③ 《学校概况》，《西北联大校刊》复刊第17期，1944年，第12页。
④ 《本院组织大纲》，《国立西北医学院院刊》1940年第1期，第3页。
⑤ 《国立西北医学院三十年度学生省籍统计表》，《国立西北医学院院刊》（第14、15期合刊），1942年第1期，第23页。

中文书籍一千六百八十册，中西文杂志数十种及中文新开报章十数种。此外，各教师自制各学科挂图计一千五百六十幅，又通过各种途径订购图书，至三十一年度，所存中文书籍合计二千一百零九册，外文书籍七百五十三册。①

1939年8月，西北联大再次改组，师范学院独立设置，称为国立西北师范学院。城固时期的国立西北师院下设国文系、英语系、史地系、数学系、理化系、公民训育系、博物系、教育系、体育系、家政系十个系，以及劳作专修科和研究所。1940年，学校共有在校生521人②，发展到1944年，在校学生总计1010人，增长近一倍。1944年，学校共有教职员225人，其中教员159人，职员66人。教员中有教授51人，副教授26人。③ 1940年4月，国立西北师范学院再次西迁，选择甘肃兰州作为校址，直到1944年底，西北师范学院全部迁兰。学校除原有设置的十系、劳作专修科以及研究所外，还增设了史地、国文、国语、理化、体育五个专修科和优良小学教师训练班，以及劳作师资训练班。据统计，自1939年以来，学校师范研究所连续招收学生，到1944年为止，共录取33名研究生。1942年毕业研究生4名，1943年毕业研究生3名。④

通过西北联大的建立与西北五校的分设，政府为西北高等教育奠定了基础，也在一定程度上平衡了全国高等教育布局。当时著名的教育学家姜琦认为：在很长一段时间内，我国的高等学校都是"点的大学"，政府未曾考虑高等教育的全面设置问题。西安临时大学建立，从"临时"二字便可得知，此时的政府还没有真的要在西北设立此一

---

① 《图书概况》，《国立西北医学院院刊》（第14、15期合刊）1942年第1期，第27—28页。
② 《国立西北师范学院院务概况》，1940年，第45页。
③ 刘基、王嘉毅、丁虎生主编：《西北师范大学校史》，教育科学出版社2012年版，第142页。
④ 刘基、王嘉毅、丁虎生主编：《西北师范大学校史》，第150页。

大学。直到西北联大化为五校，并皆贯之西北某大学学院之名，方可证明国民政府确有发展西北高教之意，这五所高校也就成为西北自身所有，永久存于西北的高教机关。于是，我国的高等教育布局实现了由点到面的跨越。①

从1937年7月到1945年8月的8年内，除去上述国立西北工学院、国立西北农学院、国立西北大学、国立西北师范学院、国立西北医学院五所高校外，西北地区还有其他新设高校，分别是陕西省立医学专科学校、私立西北药学专科学校、陕西省立商业专科学校、陕西省立师范专科学校、私立知行农业专科学校、国立西北技艺专科学校、新疆省立女子学院、绥远省立绥蒙法政专科学校，这些新设高校在这一时期也获得了较大发展，以国立西北技艺专科学校为例。1939年，学校正式成立，1940年9月25日，学校招收农业经济科50人，农学、森林、畜牧、兽医四科各40人，共计210人，并于1940年6月，在临时校舍开课。② 至1942年，该校下设三年制农业经济科一、二、三年级各一班，共三班。三年制农田水利科一、二年级各一班，共二班。三年制农业、森林、畜牧、兽医四科二年级各一班，共四班。五年制农艺、森林、畜牧、兽医四科一、二、三、四年级各一班，共16班。共有教授13人，副教授7人，讲师23人，助教15人。学生总数为408人，对比1941年第一学期学生人数259人③，增幅高达36.5%。④

从整体来看，这一时期迁入西北地区的高校共八所（国立北平大学、国立北平师范大学、国立北洋工学院、省立河北女子师范学院、省立山西大学、私立川至医学专科学校、私立焦作工学院，以及省立河南大学），新增高校共13所（国立西北工学院、国立西北农学院、

---

① 姜琦：《祝贺西北学会成立》，《西北学报》1941年第1期，第1—2页。
② 《本校之过去与现在》，《国立西北技艺专科学校校刊》1942年第1期，第2页。
③ 《三十年度第一学期校务概况》，《国立西北技艺专科学校校刊》1942年第1期，第4—6页。
④ 《三年来之校务概况》，《国立西北技艺专科学校校刊》1942年第10期，第3页。

国立西北大学、国立西北师范学院、国立西北医学院、陕西省立医学专科学校、私立西北药学专科学校、陕西省立商业专科学校、陕西省立师范专科学校、私立知行农业专科学校、国立西北技艺专科学校、新疆省立女子学院、绥远省立绥蒙法政专科学校）。虽然其中又有许多高校不断合并、重组、分解，但这一时期西北高等学校数量明显增多是不争的事实。同时，这一时期西北高校质量也取得了显著的提升，体现在办学规模、院系设置、课程安排、招生就业、教学管理等方面都有不同程度的改善与发展上。

在1937—1945年八年全面抗战的烽火中，我国高等教育依旧在逆境中发展。一方面，环境艰苦、生活艰辛，时常遭受敌机轰炸，并没有阻碍千万莘莘学子求学的热情。西北高等教育更是在这一特殊时期发展迅速，高等学校大举西迁在一定程度上平衡了全国高等教育布局，更重要的是为西北高等教育的发展注入了新的力量，奠定了西北高等教育发展的基础。另一方面，抗战全面爆发促使国民政府战略转移，着手实施西北开发，正是在这种政策、资源中心转移的形势下，西北各省新增高校如雨后春笋般破土而出。

三　西北各高校发展不均衡：西北地区两所原有高校的差异

要全面分析这一时期西北高等教育发展的脉络，一方面应探究迁入西北地区及这一地区新增高校的发展状况，另一方面还须考察西北各省原有高校的发展状况。

在全面抗战时期，西北地区原有高校两所，分别是甘肃省立甘肃学院、新疆省立新疆学院。

从1937年至1945年，甘肃学院分别由朱铭心、王自治、宋恪任院长。1942年，甘肃省政府向教育部提出申请，意将甘肃学院改办为国立甘肃大学。1943年，甘肃省政府再度向教育部提出申请，愿早日改甘肃学院为国立学院。时任甘肃学院院长的宋恪也呈请教育部将甘肃学院由省立改为国立。"1944年3月20日，国民政府行政院批准自当年7

月 1 日起，将省立甘肃学院改为国立。"① 至此，甘肃学院由国民政府教育部直接管理，院长由教育部任命，办学经费也改由国民政府下拨。

1939 年 8 月，学院设立银行会计专修班，分别招收初级班、高级班学生。1940 年 7 月，该专修班学生毕业后，改设银行会计专修科，学制两年。1943 年 3 月 22 日，学院呈请教育部，要求将银行会计专修科改办为银行会计系本科专业。4 月 17 日，教育部批复同意。7 月，甘肃学院银行会计系正式招生，学制 4 年。1941 年 8 月，学院又创办了政治经济系，学制 4 年。1942 年，学院还创办了人事管理专修科，学制 2 年。②

1942 年，教育部为培养医学专门人才计，选址兰州，建立国立西北医学专科学校，甘肃学院原医学专修科师生、设备并入国立西北医学专科学校，原医学专修科被取消。截至 1942 年，学院自成立以来，前后所设科系，计有预科、国文专修科、艺术专修科、农学专修科、政治专修科、医学专修科、文史系、中文系、法律系、教育系、政治经济系、银行会计系。③（1941 年 4 月，其中又加入 1941 年到 1942 年成立的政治经济系、银行会计系。）这一时期，甘肃学院教职工以及学生人数大致呈现出上升趋势，表 1-2 为 1937—1945 年甘肃学院教职员、学生数量统计。

表 1-2　　　　1937—1945 年甘肃学院教职员、学生数量统计　　　　（人）

年份	教员数（括号内为兼职）	职员数	在校生数
1937	21		92
1938	21（5）		53

---

① 张克非主编：《兰州大学校史》（上编），兰州大学出版社 2009 年版，第 78 页。
② 张克非主编：《兰州大学校史》（上编），第 84 页。
③ 宋恪：《甘肃学院之后顾与前瞻》，《甘肃学院月刊》1941 年第 1 期，第 3 页。

续表

年份	教员数（括号内为兼职）	职员数	在校生数
1939	26（5）	21	35
1940	24（9）		54
1941	32（20）	17	79
1942	34（16）		160
1943	45		240
1944	42（8）		318
1945	38		331

资料来源：张克非主编《兰州大学校史》（上编），兰州大学出版社2009年版，第84页。

甘肃学院由省立改为国立后发展较快，但由于政府划拨经费不足，加上严重的通货膨胀，学院的发展不论是专业设置、招生数量，还是图书设备、教师聘任等都受到了限制。据统计，1942年学院岁入332646元，相比之下，国立西北工学院的经费是其4倍，国立西北大学、国立西北农学院、国立西北师范学院岁入经费均为其三倍之多，而国立西北医学院全年经费也比省立甘肃学院多出138278元。①

再看这一时期省立新疆学院的发展状况。省立新疆学院的发展与新疆政局变幻关系异常密切。1937年"七七"事变发生后，盛世才与中国共产党建立了抗日民族统一战线，共产党员林基路担任新疆学院教务长，实际领导学院各项工作。到1938年初，学院有政治经济系学生一班29人，教育系学生一班33人，语文系学生一班28人，另有税务科短训班，加上当年暑假第一届政经系学生毕业，学院招收第二届政经系新生一班47人，全院学生总数达到了108人。② 学院藏书总量为2675册，其中哲学类85册，社会科学类912册，宗教类5册，自然社会科学类160册，自然科学类144册，文艺类345册，语

---

① 张克非主编：《兰州大学校史》（上编），兰州大学出版社2009年版，第98页。
② 管守新、罗忆主编：《新疆大学建校80周年丛书：新疆大学校史（1924—2004）》，新疆大学出版社2004年版，第44页。

言学类 154 册，史地类 362 册，技术知识类 288 册。相比俄文法政学院时期，藏书量增加一倍以上。① 但由于盛世才的多疑善变，林基路终被捕入狱，惨遭杀害。接下来的一任院长杜重远励精图治，远赴内地聘请著名翻译家张仲实、著名作家茅盾等来校任教。1939 年，全校共有学生 109 人。到 1940 年，学院招收第三届政经系学生一班，理工系学生一班，维吾尔文教育系一班，加上第二届政经系学生一班，全校共四班，学生总数 188 人。1940 年底，学院招收第一届农艺专修科、畜牧兽医专修科、水利组各一班，学生人数明显增多。② 正当新疆学院发展蒸蒸日上之时，1939 年 9 月，盛世才炮制了"杜重远阴谋暴动案"，软禁了杜重远，看到法西斯势力疯狂侵略苏联，盛世才决定投靠国民党，在新疆学院大肆搜捕、迫害亲共教师、学生。1941 年，继任校长姜作周被捕入狱，李一鸥任院长，继续招收政经系第四班，及高中文理各一班。建设厅主办之农业学校被合并于新疆学院，改设专科，分为农艺两班，学生 50 余名；畜牧一班，学生十余名；兽医两班，学生 60 名；水利一班，学生 30 余名。1942 年，李一鸥被捕，院长由盛世才兼任。1943 年，学院成立土木工程系、机械工程系及文史系三系。1945 年暑期，学院第二届畜牧兽医两班毕业，招收语文专修科国语班。同年 8 月，新疆军事吃紧，省府将新疆学院土木三年级学生送至边疆学校；文史系两班学生一部分入中央边疆学校，一部分入中央测量学校附设之测量训练班肄业；国语二年级维吾尔族、哈萨克族学生被送往中央训练团本省分团受训；机械工程系大部分学生被送往中央政治学校。学院当时仅存土木工程系一年级，及国语一年级共两班学生。③

西北原有的两所高等学校——甘肃学院及省立新疆学院在这一时期虽然都有不同程度的发展，但两校情况却有很大差别，甘肃学院由

---

① 管守新、罗忆主编：《新疆大学建校 80 周年丛书：新疆大学校史（1924—2004）》，新疆大学出版社 2004 年版，第 46 页。
② 管守新、罗忆主编：《新疆大学建校 80 周年丛书：新疆大学校史（1924—2004）》，第 62 页。
③ 释维摩：《新疆学院沿革史略》，《瀚海潮》1947 年第 1 卷第 2、3 期合刊，第 44 页。

省立改为国立，在学院院系设置、课程体系、师资设备、招生规模等方面都得到了大幅度改善，但囿于经费拮据，学院发展也受到了一定程度的局限。而省立新疆学院发展畸形，完全受制于新疆的政治影响，加之这一时期新疆政局不稳，统治者盛世才阴诡多变，学院院长屡遭牢狱。虽然学院也出现过短暂的繁荣时期，但从整体情况来看，这一时期新疆学院发展仍显缓慢，且命途多舛。

四　抓住机遇实现跨越式发展：全面抗战时期西北高等教育发展的整体分析

在抗日战争全面爆发后，国民政府秉持"抗战"与"建国"并行的理念，坚持"战时须作平时看"的教育总方针动员高校大举迁移，在国民政府与教育界人士的共同努力之下，在全面抗战八年的艰难困苦之中，我国高等教育事业仍能坚忍奋发，踔厉前行。据统计，在1937年7月抗日战争全面爆发之前，全国共有专科以上学校108所，其中，大学42所，独立学院34所，专科学校32所。截至1945年8月，全国共有专科以上学校141所，增幅为30.6%，其中，大学38所，独立学院51所，专科学校25所。1936年度，全国专科以上学校共有教员7560人。1945年度，全国专科以上学校共有教员10901人，增幅为44.2%。1936年度，全国专科以上学校共有学生41922人。1945年度，全国专科以上学校共有学生80646人，增幅达92.4%。1936年度，全国专科以上学校共有研究所22个，学院数189个，学系数619个，专科及专修科数194个。1945年度，全国专科以上学校共有研究所49个，学院数192个，学系数741个，专科及专修科数241个。[①] 从总体上讲，在全面抗战八年期间，我国高等教育不论从数量还是质量上都有所提升。难能可贵的是，在敌机轰炸、条件异常艰苦、教学设备奇缺、经费紧张等多种不利因素的影响

---

① 中国第二历史档案馆编：《中华民国史档案资料汇编》（第5辑第2编教育1），凤凰出版社1994年版，第790—795页。

下，高等教育事业还是取得了这样的进步与发展。

在全国高等教育发展的大趋势下，西北地区高等教育也呈现出快速发展态势。1936年的统计结果显示，全国当时共有高校108所，其中，西部地区有10所，而西北地区只有3所，即甘肃学院、新疆省立新疆学院、国立西北农林专科学校。[1] 从学校层次上看，没有大学，只有两所独立学院和一所专科学校。从地域分布上看，甘肃、新疆、陕西各一所，宁夏、绥远、青海均无高等学校。从所属性质上看，国立高校一所，其余两所均属省立。到1944年，全国专科以上学校共有145所，其中西北地区有12所，分别是国立西北大学、国立西北师范学院、国立西北工学院、国立西北农学院、国立甘肃学院、新疆省立新疆学院、新疆省立女子学院、国立西北技艺专科学校、国立西北医学专科学校、陕西省立医学专科学校、私立西北药学专科学校、陕西省立商业专科学校。[2] 从办学层次上看，此时西北地区共有大学1所，独立学院6所，专科学校5所。从地域分布情况来看，陕西省共6所，其中，大学1所，独立学院2所，专科学校3所。甘肃省共4所，其中，独立学院2所，专科学校2所。新疆省共2所，均为独立学院。从所属性质来看，西北地区共有国立高校7所，省立高校4所，私立高校1所。[3] 对比战前情况，在全面抗战八年期间，西北高

---

[1] 《全国高教最近校数及其分布》，《申报》1937年7月25日。
[2] 中国第二历史档案馆编：《中华民国史档案资料汇编》（第5辑第2编教育1），凤凰出版社1994年版，第767—778页。
[3] 在1941年《全国专科以上学校内迁及其分布统计表》后说明中注："省立专科以上学校未据将办理情形呈报者一校：绥远省立绥蒙法政专科学校。"［中国第二历史档案馆编：《中华民国史档案资料汇编》（第5辑第2编教育1），凤凰出版社1994年版，第749页］在1939年10月《教育部为国民党六中全会撰写的教育报告书》中提及绥远省设立绥远省立绥蒙法政专科学校（中国第二历史档案馆编：《中华民国史档案资料汇编》（第5辑第2编教育1），第234页）。说明绥远省立绥蒙法政专科学校也是全面抗战时期西北地区新建学校之一。上述1944年的统计结果，还应包括绥远省立绥蒙法政专科学校，当年，西北地区高校总数应为13所，且于地域分布上看，绥远省也有省立高校一所。1944年7月陕西省成立陕西省立师范专科学校。1945年8月陕西省成立私立知行农业专科学校（余子侠：《中国近代西部教育开发史——以抗日战争时期为重心》，人民教育出版社2007年版，第231页）。这两所学校也应包括在全面抗战期间西北新设立的高校之列。

等教育获得了较大发展。在总体数量增长的情况下，西北地区拥有了1所综合性质的大学，7所国立高校，增设了工科类、农科类、师范类独立学院，还建立了医学、药学等专科学校，为西北高等教育的起步奠定了基础，从不同性质高校的分设、高等学校内部的系所设置、学科建设到课程规划，西北高等教育发展的基本格局初现端倪。不同类型高等教育人才的培养，也为西北地区建设，以及抗战建国做出了巨大贡献。此外，在地域分布上突破了原有陕西、甘肃、新疆三足鼎立的局限，绥远省建立了第一所高等学校，即绥远省立绥蒙法政专科学校①，实现了绥远地区高等教育零的突破。

在全面抗战时期，借助战时高校西迁的历史机遇，西北地区高等教育由小而大逐渐成长，学校数量明显增多，学校类型逐渐完备，学校分布渐趋合理，学校人才培养质量显著提升。可以说，这一时期的西北高等教育实现了跨越式的发展，但与此同时，我们也不得不承认西北高等教育发展与全国其他地区高等教育发展水平尚有差距，对比高等教育发达地区，西北高教发展仍然存在诸多问题。

根据1943年10月《国立各高等学校教职员工人数表》的统计，国立西北大学共有学生1219人，在表中所列29所国立大学中排名第十一；教职员251人，排名第十五。国立西北师范学院、国立西北工学院、国立西北农学院、国立西北医学院及国立甘肃学院学生数分别为1127人、1110人、901人、266人、235人，在该表中所列20所国立独立学院中排名第二、第三、第五、第十三、第十五；教职员数分别为330人、258人、242人、102人、90人，在该表中所列20所国立独立学院中排名第一、第三、第五、第十三、第十七。国立西北技艺专科学校与国立西北医学专科学校学生人数分别为328人、175

---

① 这所学校存续时间应较短，1947年，教育部黄问岐赴绥远省视察，其教育视察报告中并没有列出这所学校，并认为绥远省尚未建立专科以上学校（中国第二历史档案馆编：《中华民国史档案资料汇编》（第5辑第3编教育1），凤凰出版社1994年版，第114—116页）。

人，在该表中所列 21 所国立专科学校中排名第四、第十一；教职员数分别为 108 人、59 人，在该表中所列 21 所国立专科学校中排名第六、第十二。① 以 1943 年 10 月国立各高校学生及教职员数衡量，西北地区仅有的一所综合性质的大学——国立西北大学，排名中间，虽然不能与中央大学、西南联大等相提并论，但水平基本上与同济大学、四川大学、河南大学一致。国立西北师范学院、国立西北工学院、国立西北农学院、国立西北医学院，及国立甘肃学院这五所高校，水平参差不齐，呈现出两端态势，其中，国立西北师范学院、国立西北工学院、国立西北农学院三所高校排名靠前，而国立西北医学院与国立甘肃学院则排名靠后。西北地区的两所专科学校——国立西北技艺专科学校与国立西北医学专科学校，前一所排名靠前，后一所排名中间。可见，当时西北地区高等学校较全国其他同类高校相比多数水平良好，但国立西北医学院及国立甘肃学院相对落后。虽然这种统计分析仅以教师、学生人数为例，无法展现整体情况，但在一定程度上也反映了此时西北各国立高校与全国其他高校之间的比较状况。根据沈灌群先生 1941 年的统计结果：

> 就专攻科别而论，西北各校之 4271 人中，工科学生最多，计 897 人，仅当全国工科学生总数百分之七；农科学生次之，计 877 人，当全国农科学生总数百分之十九；法科师范科学生又次之，各约 630 人，前者当全国总数百分之五点四七，后者当全国总数百分之十八点七一；医药科又次之，计为 497 人，当全国医药科学生总数百分之一零点九八；文理二科最少，各约 230 人，当全国总数百分之四而弱。②

---

① 中国第二历史档案馆编：《中华民国史档案资料汇编》（第 5 辑第 2 编教育 1），凤凰出版社 1994 年版，第 761—766 页。
② 沈灌群：《论我国西北高等教育之建设》，《高等教育季刊》1942 年第 2 卷第 2 期，第 33 页。

当时，西北六省区域面积约占全国总面积之三分之一，虽在战时由于高校西迁，高等教育有所发展，但总体水平仍显落后，西北高等教育相对薄弱。

对比根据《西北地区国立高等学校学生、教职员、工人数统计简表》《西北地区专科以上学校教员人数统计表》《西北地区国立专科以上学校院系设置概况表》统计数据的分析，全面抗战时期的西北高等学校主要集中在陕西、甘肃两省。两省高等教育状况比较而言，陕西省高等学校不论从学校院系设置、学校规模、教师人数、学生人数、师资力量等各方面都远远超过甘肃省高校，直到国立西北师范学院陆续迁兰、甘肃学院由省立改为国立后，甘肃省高等教育发展水平才有了新的提高。

从总体上说，在全面抗日战争期间，高等学校向西北的迁移，为西北高等教育的发展带来了契机。因为此次迁移，在一定程度上平衡了全国高等教育布局，极大地刺激了西北地区高等教育的发展，也为西北高等教育的后续发展奠定了基础。西迁、新设高等学校在西北地区蓬勃发展，加上西北原有的高校也取得了一定程度的进步，这一时期西北高等教育发展呈现上升态势，但是，这一阶段的西北高等教育发展仍存在许多问题。首先，西北高校数量太少，规模有限。其次，区域布局仍不均衡，青海、宁夏两省仍无一所高校，绥远设立的唯一一所高校存续时间也未能长久。最后，各高校质量参差不齐。就新疆、陕西、甘肃三省高等教育发展情况而言，陕西省高校发展快，甘肃、新疆较为滞后。而所有西北高校之中又有少数发展尤为缓慢，或发展畸形者。

第三节　扎根西北，继续前行（1945—1949 年）

一　留驻西北高校的决心：西北高校战后复原问题

1945 年 8 月 15 日，日本帝国主义宣告投降，长达 14 年之久的抗日战争终于结束了。次日，教育部长朱家骅要求沦陷区各教育机关"暂维现状，听候接收"，战后教育复员工作正式拉开帷幕。朱家骅认为：教育复员不是教育复原，故教育部对战后专科以上学校之布局及其院系设计，必先有全盘打算。在教育善后会议中，做出如此之决定："国立专科以上学校，一部分迁回收复区，一部分留设后方，另则有一部分因战事停顿者予以恢复。"① 国民政府对于战后高校复员工作的确有所考虑，不仅照顾到战时被迫内迁高校师生之情绪、社会各界之舆论，还特别关注了高等教育公平问题，以及全国高等教育地理分布均衡问题。1945 年 9 月 20 日，国民政府教育部在重庆召开了"全国教育善后复员会议"，此次会议指出：

> 专科以上学校之分布，战前躲在沿江沿海各都市，因之内地文化水准不易提高，军兴以后，各院校除停顿或合并外，大都迁移内地，情形为之一变。胜利既临，各校院停顿合并者，因多谋归复，而已迁内地者亦纷纷准备迁回，势之所至，必将重返旧昔畸形之弊，善后复原会议有鉴于此，为谋全国教育文化相当平衡发展起见，特拟定九大原则。

其中，第二、三条原则规定："全国专科以上学校及研究机关，应依据各地人口、经济、交通、文化等条件，一面注重全国教育文化重心之建立，一面顾及地理上之平衡发展，酌予调整，作合理之分布。""抗战期内公私立专科学校，凡已归并而其历史悠久成绩卓越有恢复设置之必要者，得予恢复。"此次会议也强调西北地区建设之重要意义，认为首先应大力充实西北、西南之高等学校，提高西北、西南之文化建设。除确有历史关系应回迁高校外，实应留续宝贵之高教资源，作为发展西北、西南文化之基础。② 由此可见，政府对西北高

---

① 朱家骅：《教育复员工作检讨》，《教育部公报》1947 年第 19 卷第 1 期，第 2 页。
② 沈云龙主编：《第二次中国教育年鉴》（第 1 编），文海出版社 1995 年版，第 13 页。

等教育问题已有打算。

  国民政府欲将各高校永驻西北,不予复原的打算,很快遭到了西北师范学院师生的强烈反对。1945 年 8 月 16 日,《大公报》发表消息称:"教育复员为大学之迁回。据悉中央大学、武汉大学、浙江大学、复旦大学、金陵大学、大夏大学、光华大学、齐鲁大学、燕京大学、湘雅医学院、上海医学院均将迁回原址。西南联大仍将分清华大学、北京大学、南开大学分别迁回。"① 此消息一经公布,西北师院师生一片哗然。8 月 29 日,师院全体学生发表《为拥护恢复国立北平师范大学敬告社会人士书》,在得知"北平师大撤销在案"之后,师院师生群情激愤。9 月 11 日、12 日,复校代表李建勋、易价两位教授先后乘飞机赴渝,商肯教育部予以复校,奔走数十日,结果虽未允复校,决定新建国立北平师范学院于石家庄。然教育部仍坚持此一新建与西北师院师生无关。得此消息,师院师生异常愤怒,决定于 18 日起开始罢课。② 1945 年 11 月 30 日,教育部长朱家骅召开记者招待会时谈及北平师大复校一事,表示:"因该校院迁陕西,为西北联合大学之一院,后西北联大改制,师范学院迁兰州,改为西北师范学院。该院将留于西北,然为求保持北平师大之历史传统起见,将另改称国立师范学院,暂在北平原址复校,将来该校如增设为三院,也可改称大学,其永久校址将设于石家庄。"③ 1945 年 12 月 17 日,在西北师院中山堂举行学校 43 周年纪念会上,易价先生发表演讲,提出"我们复校工作根据'原名称、原地址、原任校长复职及本院师生全体返平'"三原则进行,不达目的决不罢休。④ 经过师院师生不懈的努

---

  ① 刘基、王嘉毅、丁虎生主编:《西北师范大学校史》,教育科学出版社 2012 年版,第 172 页。
  ② 刘基、王嘉毅、丁虎生主编:《西北师范大学校史》,第 172—173 页。
  ③ 中央社:《西北师院永设兰州 北平师大将移石家庄》,《西北日报》1945 年 12 月 3 日。
  ④ 刘基、王嘉毅、丁虎生主编:《西北师范大学校史》,教育科学出版社 2012 年版,第 174 页。

力，1946年，教育部准许在北平师大原址上设立北平师范学院，任命西北师院体育系教授袁敦礼为院长，西北师院学生，不分地域，可无条件转入北平师院。至此，复校运动结束，西北师院有部分教师以及300多名学生转入北平师院。[①] 在此次复校运动中，教育部于多种场合多次表示西北师院须永久留驻西北，但迫于师院师生复校的决心，最终以折中的方式，保留了西北师院，最大限度地保留了师院力量，从中不难看出国民政府留驻西北各高校的决心。

由于国民政府对全国高等教育建设发展的整体考虑和对西北高等教育后续发展的特别关注，西北各高校除西北师范学院部分师生不顾阻拦回迁北平外，其余均留驻西北、扎根西北，作为西北高等教育建设之基础，继续为西北社会建设发展服务。

二　稳步提升的大趋势：西北高等教育发展状况

在抗战结束后，国民政府在高校复员工作中对西部地区格外关照，将大多数高等学校永留西北，从战后到1948年这段时间内[②]，西北高等教育继续向前发展，各省陆续有新增高校，各省原有高校也在一定程度上有所发展与提高。

首先来看战后陕西省（包括西安市）高等教育发展状况。据统计，1947年陕西省包括西安市共有高校8所，其中大学1所，独立学院2所，专科学校5所。[③] 这八所高等学校分别是国立西北大学、国立西北工学院、国立西北农学院、陕西省立商业专科学校、陕西省立师范专科学校、陕西省立医学专科学校、私立西北药学专科学校，以

---

① 刘基、王嘉毅、丁虎生主编：《西北师范大学校史》，第176—177页。
② 1948年以后，国民政府忙于内战，无暇顾及教育发展，加上政局混乱、经济崩溃，通货膨胀异常严重，货币贬值、物价飞涨，各大高校经费拮据，无法继续发展，只能艰难维持。据统计，"1948年8月20日到1949年3月31日，兰州的粮食价格上涨约3000倍，肉类价格上涨约4000倍，布匹价格上涨约5000倍，物价平均每月上涨400倍至700倍。"（刘基、王嘉毅、丁虎生主编：《西北师范大学校史》，第150页。）
③ 中国第二历史档案馆编：《中华民国史档案资料汇编》（第5辑第3编教育1），凤凰出版社1994年版，第624页。

及知行农业专科学校。在这八所高校中，国立3所，省立3所，私立2所，除西北农学院与私立知行农业专科学校以外，其余6所高校校址都在西安。这一时期陕西省（包括西安市）高等学校不仅数量有所增加，各高校建设质量也有所提升。以国立西北大学及国立西北工学院为例。1947年国立西北大学下设文、理、法商、医四学院并附设先修班（1946年，国立西北医学院并回国立西北大学，为西北大学医学院），与1944年统计结果比较，因原国立西北医学院并入国立西北大学，学校增设医学院。除此之外，文学院增设教育学系、理学院原地质地理学系分设地质学系与地理学系、医学院在南郑时不分系，1947年拟分解剖学、生理学、病理学、内科学、妇产科等系科，并附设教学医院。教职员数如不计兼职人员，1947年学校共有教员184人，其中教授87人，副教授32人，讲师28人，助教37人。对比1945年统计结果，教员总数增加38人，教授人数增加20人，副教授增加7人，讲师增加4人，助教增加7人。从学生总数情况来看，1947年比1944年增加447人。[①] 根据《1939—1946年度国立西北大学经常费预算决算比较》（详见附表9）统计分析，1939年到1946年学校经费开支不断增长，一方面说明学校规模日益扩大，但另一方面也反映了当时尤其是内战时期，通货膨胀、物价飞涨、货币贬值的严重程度。1939年，国立西北工学院下设土木工程、机械工程、电机工程、化学工程、纺织工程、水利工程、航空工程等八系，及工程学术推广部和工科研究所，到1947年，学院增设了工业管理学系。1938年学校共有学生773人，1939年有828人，1940年学生总数达到1000余人，到1947年，学院共有学生1094人。1939年6月，学校共有教职员159人，到1947年发展到259人。1940年统计学校共有图书15177册，1947年共有图书16700余册。

再看战后甘肃省高等教育发展状况。根据1947年统计结果，这

[①] 《国立西北大学概况》，1947年，第5—9页。

一时期甘肃省共有高等学校 4 所，其中大学 1 所，独立学院 2 所，专科学校 1 所。① 这四所高等学校分别是国立甘肃学院（后为国立兰州大学）、国立西北师范学院、国立兽医学院，及国立西北农业专科学校。抗战结束后，甘肃省原有高校进一步改组合并。1946 年 8 月，国立西北医学院之兰州部分与国立甘肃学院合并，原国立甘肃学院升级为国立兰州大学。战后西北师范学院师生发动复校运动，1946 年教育部于北平设立北平师范学院，任命原西北师范学院体育系教授袁敦礼为院长，西北师范学院部分教职员与 300 多名学生转入北平师范学院工作、学习，其余教师、学生继续留在西北师范学院。1945 年 8 月，西北技艺专科学校更名为国立西北农业专科学校，1947 年国立兽医学院成立后，西北农业专科学校兽医科奉命合于该院，另改设牧草一科。除上述原有高校外，这一时期教育部于甘肃省又新设高校一所，即国立兽医学院，该院前身为国立兰州大学兽医学院。

在抗日战争结束后，西北高等教育整体上呈现出稳步提升的趋势，但由于各省环境，特别是政治因素的影响情况也不完全相同，其中新疆省立新疆学院就是一个特例。据 1947 年的统计结果，新疆省当时仅有省立新疆学院一所高校。② 1945 年 11 月 21 日《新疆日报》载："新疆学院与新疆女子学院现有八个系十个专修科，人数不满百，且因师资缺乏，设备简陋，质量数量双感不足。"③ 1945 年，战时创办的新疆女子师范学院因新疆时局紧张，加之教学主楼失火，学校停办。中国文学系四年级学生 2 人，一年级学生 5 人；教育系四年级学生 8 人，共 15 名学生转入新疆学院。④ 新疆学院此时的发展也是步

---

① 中国第二历史档案馆编：《中华民国史档案资料汇编》（第 5 辑第 3 编教育 1），凤凰出版社 1994 年版，第 624 页。
② 中国第二历史档案馆编：《中华民国史档案资料汇编》（第 5 辑第 3 编教育 1），第 625 页。
③ 《本省教育工作昨日、今日与明日》，《新疆日报》1945 年 10 月 21 日。
④ 管守新、罗忆主编：《新疆大学建校 80 周年丛书：新疆大学校史（1924—2004）》，新疆大学出版社 2004 年版，第 109 页。

履维艰，1946 年全校仅有学生（大学部和中学部）80 余人。到 1947 年，"学院设文学、土木、教育三系，共五个年级，教育系二年级 3 人，文学系一二年级 5 人，土木系一二年级 13 人，均为汉族，殆为全国规模最小的高等教育机构。该校缺少教授，教育系无教授，数、理、化师资虚悬已久。校内无图书馆与实验室，该院校址原在迪化南梁，高楼大厦，颇为壮观，现为省参议会及省立第三中学、第二师范借用，鹊巢鸠占，新疆学院只得迁驻于狭侷之参议院原址。"

新疆学院学生的程度可以卅五年十一月八日《新疆日报》的社论《改善本省教育现状》为例："省城迪化有一个堂皇其表的新疆学院，总共还不到三十个学生，教授们也是可怜的，而且够得上有教授资格也就有晨星寥落之感了，学校里没有设备，没有经费，他们是在办教育吗？学生们学得了什么呢？连出师表都说是孔子所作，这未免不成话了。"①

当时新疆学院的教师的确少得可怜，1947 年 2 月，学院仅有教授 2 人，副教授 3 人，专任讲师 5 人，兼任讲师 1 人。② 1947 年 4 月，新疆省政府正式任命包尔汉兼任院长，对新疆学院进行整改。在包尔汉、涂治等人的努力下，新疆学院的状况有所好转。1947 年 9 月，学院迁回迪化南梁大楼旧址，下设中国文学、教育、土木工程三系，及大学先修班一班，教职员数增至 73 人，学生数增至 140 余名，仪器及各种设备略有增加，图书共 14459 册。③

---

① 梁欧第：《新疆教育鸟瞰》，《边政公论》1947 年第 6 卷第 2 期，第 45—46 页。
② 管守新、罗忆主编：《新疆大学建校 80 周年丛书：新疆大学校史（1924—2004）》，新疆大学出版社 2004 年版，第 112 页。
③ 沈云龙主编：《第二次中国教育年鉴》（第五编），文海出版社 1995 年版，第 228 页。

三 抗战结束后至新中国成立前西北高等教育的整体分析

抗战结束后到1948年①之前，全国高等教育继续向前发展。1947年全国共有专科以上高等学校210所，其中大学56所，独立学院79所，专科学校75所。国立高校共74所，省市立高校56所，私立高校80所②，与1945年8月的统计结果相比，总体增幅为49%。纵观这一时期，西北地区共有14所高校，分别是国立西北大学、国立甘肃学院（后为国立兰州大学）、国立西北师范学院、国立西北工学院、国立西北农学院、国立兽医学院、国立西北农业专科学校、新疆省立新疆学院、宁夏省立师范专科学校（1948年8月设立）、陕西省立商业专科学校、陕西省立师范专科学校、陕西省立医学专科学校、私立西北药学专科学校，以及知行农业专科学校。从办学层次来看，此时西北地区共有大学2所，独立学院5所，专科学校7所。从地域分布情况来看，陕西省（包括西安市）共有8所高等学校，其中大学1所，独立学院2所，专科学校5所。甘肃省共有4所高等学校，其中大学1所，独立学院2所，专科学校1所。新疆省共有1所高等学校，为独立学院。宁夏省有1所高等学校，为专科学校。从所属性质来看，西北地区共有国立高校7所，省立高校5所，私立高校2所。就这一时期西北高等教育具体情况而言，高校数量基本与战时持平；学校层次有所提升，综合性大学由一所增加为两所；办学规模及质量有所提高。以国立兰州大学为例。1946年8月，国立西北医学院之兰州部分与国立甘肃学院合并，原国立甘肃学院升格为国立兰州大学。当年，学校下设文理、法学、医学、兽医4个学院。物理、化学、动物、植物、地理、数学、中文、历史、俄文九个系均成立于1946年

---

① 1948年后政府军费开支消耗巨大，国内经济危机严重，货币贬值物价飞涨，此时的国民政府无暇也无力顾及高等教育发展，西北各高校经费异常紧张，多数已无法维持正常教学，各高校领导只能竭尽所能勉力支持，高校建设与发展成为泡影。

② 中国第二历史档案馆编：《中华民国史档案资料汇编》（第5辑第3编教育1），凤凰出版社1994年版，第624—625页。

秋,边疆语文系、英国语言文学系成立于1947年秋。新增设的兽医学院,下设解剖、生物化学、畜牧等11个专业。1947年10月,教育部令其兽医学院独立为"国立西北兽医学院"。此后兰州大学设有文、理、法、医4个学院,下设18个系、科,学校还设有普通、医学、俄文3个先修班,附设高中、小学及附属医院。对比1942年甘肃学院下设6个系、5个专修科及预科的情况,国立兰州大学发展迅速。1945年,甘肃学院共有教员38人,1946年12月,国立兰州大学共有教员139人,到1947年学校共有教员196人,不仅数量明显增加,师资队伍建设质量也有显著提升,如国内著名专家学者顾颉刚、冯国瑞、水天同、沐允中、李镜湖、吴文瀚、段子美、张怀朴、常麟定、董爽秋、孔宪武、王德基、于光远、盛彤笙等云集一校,名家荟萃。

  1946年,兰大通过考试录取本科新生282名、先修班新生196名,共计478名。还有教育部命令转来的新生135名,合计该年度有新生613名。再加上原国立甘肃学院学生266名,原国立西北医学院兰州分院下属140名,甘院附中学生368名,当年,学校各类在校学生达到了1387人,数倍于原甘肃学院学生规模。①

  加上不断增建校舍、大量购买扩充图书设备,这一时期兰州大学各个方面都有很大发展,学校整体水平得到了提升。此外,1948年8月,宁夏省立师范专科学校的成立改变了宁夏省没有高校设立的局面,标志着该省高等教育发展的起步。

  上述是西北高等教育在这一时期所取得的进步,但西北高等教育发展也存在着许多问题。根据"全国专科以上学校校数三十六年度第二学期"的统计,在各省、直辖市中,上海35所,广州15所,四川

---

① 张克非主编:《兰州大学校史》(上编),兰州大学出版社2009年版,第142—143页。

14 所，北平 13 所，江苏 11 所，南京 11 所……排在前列。对比之下，陕西省（包括西安市）共有高校 8 所，排名居中；甘肃省 4 所高校，与山东、河南、浙江、辽宁、台湾情况一般；新疆 1 所，相较战时，已有倒退。[①] 根据 1946 年编制的"全国独立学院概况表"的统计，西北师范学院、西北工学院、西北农学院三所学校系科设置、学生数、教职员数在 23 所国立独立学院中均排在前列，仅比北平师范学院稍为逊色。在 20 所全国省立独立学院中，新疆女子学院排名居中，而新疆学院则落在最后，教员仅 12 人，学生只有 15 人。[②] 根据"1947 年全国专科学校概况简表"的统计，在 20 所国立专科学校中，西北农业专科学校设 27 个班，共有学生 256 人，教职员 101 人，排名靠前。在 30 所省立专科学校中，陕西师范专科学校设 16 个班，共有学生 653 人，教职员 133 人，排名靠前；陕西商业专科学校设 7 个班，共有学生 281 人，教职员 59 人，排名居中；陕西医学专科学校设 4 个班，共有学生 176 人，教职员 86 人，排名靠后。在 24 所私立专科学校中，西北药学专科学校设 2 个班，共有学生 78 人，教职员 40 人，排名靠后。这一时期西北高等教育比较全国其他省市，发展仍略显落后，所存在的问题主要为：第一，高校数量不足，西北地区包括陕西、青海、甘肃、新疆、宁夏、绥远六省，如此广袤之地域，14 所高等学校仍显太少。第二，西北高等教育区域布局仍不合理，高等学校主要集中在陕西、甘肃两省，其中，西安市就有高校 6 所，而新疆、宁夏仅各有高校一所，绥远、青海仍无高等学校设立。第三，这一时期西北各省高等教育发展水平差距很大，陕西、甘肃高等学校发展较快、质量较高，而新疆高校发展严重滞后，且有倒退之势，其他省份除宁夏创设一所高校外，其余皆为空白。第四，西北各高校之间

[①] 中国第二历史档案馆编：《中华民国史档案资料汇编》（第 5 辑第 3 编教育 1），凤凰出版社 1994 年版，第 624—625 页。

[②] 中国第二历史档案馆编：《中华民国史档案资料汇编》（第 5 辑第 3 编教育 1），第 595—597 页。

发展悬殊，从横向上比较，如新疆省立新疆学院与西北其他专科学校都不能相比，且被《新疆日报》评论为徒有其名，实为全国最落后之高校。从纵向上比较，国立兰州大学在这一时期发展迅速，办学规模不断扩大、招生数量激增、师资水平提升很快、系科不断增多，而新疆省立女子学院却因时局动荡、校舍失火而草草停办。

1927—1949年，在民国政府统治的22年间，中国大地发生了翻天覆地的变化，经历了14年抗战烽火的洗礼，又陷入了内战的泥沼，高等学校作为国家、社会培养硕学闳才的神圣殿堂，饱受战火摧残，但是在这种情况下，中国高等教育却在艰难困苦中茁壮成长，一面是战火连天，一面是书声琅琅，中国高等教育的发展成为一面旗帜，树立起了国人的脊梁，也坚定了国人保家卫国的信念。战火一起，举国上下思忖救国良策，开发西北、建设西北呼声日高，此时西北社会，经济落后、政局混乱、教育文化薄弱，国民政府意识到，要开发西北，就必须注重西北教育发展，对于尤其薄弱的西北高等教育更应大力支持。鉴于全面抗战爆发前全国高等教育布局严重失衡的情况，加上战争对高等学府的破坏日益严重，全国战区高校陆续迁移，随着高等学校西迁，西北高等教育迎来了发展的春天。1937年8月，国立北平大学、国立北平师范大学、国立北洋工学院迁至陕西西安，9月组成西安临时大学，1938年4月迁往陕西汉中，更名为西北联合大学。后国立西北联合大学又陆续分解为国立西北工学院、国立西北农学院、国立西北大学、国立西北医学院，以及国立西北师范学院。西北联大的建立为西北高等教育发展注入了新的活力，加上联大分解后设立的五所高校，基本上奠定了西北高等教育发展的格局。在抗战时期，一所所省立独立学院，省立、私立专科学校在西北大地上如雨后春笋般破土而出，陕西省立医学专科学校、私立西北药学专科学校、陕西省立商业专科学校、陕西省立师范专科学校、私立知行农业专科学校、国立西北技艺专科学校、新疆省立女子学院、绥远省立绥蒙法政专科学校等高校相继创建，以培养专门人才，服务西北社会，支持抗战建国为宗旨，为西北建设、支援抗战，培养了大批专业人才。抗战结束后，西北高等教育继续向前发展，新设立高校两所，即国立兽医学院与宁夏省立师范专科学校，其余大部分高校通过改组、合并，办学规模不断扩大、质量不断提升。

在1927—1949年国民政府统治的22年间，西北高等教育发展由小而大，逐渐成长，到1949年为止，西北地区拥有两所大学、五所独立学院，以及七所专科学校。不仅有国立高校，还包括省立、私立高校。不仅有综合性质的高校，还包括工科类、农科类、医科类、师范类、药学类以及商业各类高校。在西北高等学校建制不断扩充的同时，高等学校质量也不断提升，各高校在校舍建设、系科设置、师资队伍、招生规模、图书设备等各个方面都不断扩大。但是，西北高等教育发展依然存在许多问题，诸如上文提到的高等学校数量较少、区域布局不均衡、各省高等教育发展水平差距大、各高校之间发展悬殊等。从深层次上看，这些问题的产生与西北政治生态、经济发展、社会文化等各个方面不无关联，乃至与全国局势、国民政府发展战略、制定的政策息息相关。西北高等教育上的这些问题，一方面出于历史原因，源自西北社会地处偏远、经济落后、交通不便、文化闭塞、政治动荡；另一方面出于现实因素，举国上下，战火不断、政局不稳，高等教育缺失平稳、安定的发展大环境。战争导致的经济发展滞后，通货膨胀严重，国家教育投入不足，加上教育经费常被挪用，高等教育建设经费拮据，发展难以持续；政局不稳、社会动荡，高等教育疲于应对国家、社会战时之需求，发展畸形，无法以内生之力量变革自身，发展自身。这些原因都限制了西北高等教育的发展，再加上历史原因的制约，西北高等教育可谓先天不足，后天发展必然遭遇更多坎坷。

第二章　西北地区高等教育人才培养目标的形成

人才培养是高等教育的首要职能，也是内在的根本性的职能。高等教育要培养怎样的人才？这就是人才培养目标问题。人才培养目标处于人才培养体系的顶层，关系到人才培养的方向与规制，指导着人才培养各个环节的具体设定，决定着高等学校怎样培养人才。可以说，有怎样的人才培养目标就有怎样的人才培养体系，人才培养的方方面面都是围绕培养目标而展开的，都是为培养目标服务的，人才培养效果的评价也首先要考察培养过程是否符合人才培养目标的需要，要检验效果与目标的契合度。所以说人才培养目标就是高校人才培养的灵魂，研究高校人才培养问题必须从培养目标着手。

第一节　西北高等教育人才培养的特殊意义

西北高等教育发展有其特殊的社会时代背景，为回应国家与社会的需求，西北高等教育人才培养具有特殊的指向与价值。抗日战争爆发后，西北地区国防安全地位凸显，要团结西北各民族、推动西北文化进步，进而维护西北边疆安全与稳定，必须依靠高等教育的发展；开发西北，促进西北社会现代化转型也必须依靠高等教育培养各类人才，充实西北各行业建设。国家与社会的特殊需求，决定了西北高等教育从一开始就必须为巩固西北边疆安全稳定、推动西北建设发展服务。

一　西北边疆安全与稳定的需要

"九一八"事变后,东北战火连天,津京形势危急,西北地区作为战略后方的重要地位逐渐凸显,特别是"七七"事变的发生,标志着抗日战争的全面爆发,东北沦陷、华北吃紧、东南沿海屡遭敌机轰炸,在万分危急的形势下,政府开始实施战略转移,欲将西北地区作为抗战的根据地。国民政府一要员在其1931年发表的《开发西北的重要与其下手一文》中指出:"环顾全国的情况,尤以西北建设为最重,实际关系到国民革命的前途。"[①] 但当时的西北社会经济落后、交通不便、政治混乱、文化教育事业凋敝,加上西北社会地域广袤、民族与宗教构成十分复杂,"西北人民,蒙缠回汉,种族复杂,信仰分歧……各种族因生活接触,利害时有冲突,益以信仰上之偏狭思想,种族问题时时发生"[②],这严重影响了西北边疆的安全与稳定。

民族问题、宗教问题以及其他所有问题的根源都在于西北边疆文化的落后,"西北危机与西北衰落的总原因,应该是一个文化问题"[③]。"西北已非繁盛之都,而今文化落伍,思想简陋,饮食男女而外仅知有家,不知有国,更无所谓世界也。"[④] 在此种情况下,西北民众尤其是少数民族民众多无国家观念,民族观念极其狭隘,各民族之间缺乏交流,互不了解,隔阂严重。西方列强更是乘虚而入,借机拉拢诱骗少数民族无知群众,以传教、行医等名义展开文化侵略,大肆宣传民族分裂,严重破坏了西北地区的民族团结。

要改善西北落后的社会面貌,推动西北文化的进步,首先要发展西北教育。就教育系统的构成来看,应着力发展高等教育,正如著名

[①] 戴季陶:《开发西北的重要与其下手一文》,《新亚细亚》1931年第2卷第4期,第1页。
[②] 马鸿逵:《西北两大问题——回汉纠纷与禁烟问题》,秦孝仪:《革命文献》第88辑《抗战前国家建设史料》,文海出版社1981年版,第107—108页。
[③] 《西北文化发刊词》,《西北文化》1947年第1期(创刊号)。
[④] 马鸿亮:《国防线上之西北》,上海经纬书局1936年版,第30页。

人类学家、社会学家卫惠林所言:"我认为边疆教育的政策与办法应一反从前的做法,从大学办起,以大学为中心去发展一切文化教育运动。"要推进边疆文化进步,需要培育大量人才,而这种人才只有依靠当地教育培养才能符合需要。不论是一个初级师范学校,还是训练班,以它们的设备与师资,以它们的教育效力来看,都无法完成这一使命。① 发展西北高等教育,要以从上到下的方式,从根本上改变西北教育的整体状况,推动西北文化的进步。

发展高等教育更有巩固西北精神与文化之国防,维护西北边疆之安定的特殊意义。

> 精神国防运动,乃是一种加强自信,痛除惰性,集中力量,创造物质的运动。我们明知现在对日战争是完全要用整个国家人力物力和侵略拼的战争,及明知我们物质方面的国防种种不及人,但我们始终深信着,只要我全民族有团结一致牺牲到底的精神,则人力固然不愁少,物力也未尝不可以作长期的支撑。故唯其物质国防有缺陷,更觉得必须有精神上的国防来补充他来加强他。②

要坚定精神国防,"非提高集中全国国民坚强不屈之精神,实不足克服目前之困难,而打破敌人精神制胜之毒计。现代民族战争之基础,完全建筑在全民之精神团结。精神国防的建设应以抗战之目标、救国之道德、建国之信仰、精神之改造几方面入手。"③ "西北地区,民族宗教错综复杂,敌人经常利用民族自决、扶助弱小等欺骗手段实行民族分化与吞并,如何建立精神的国防、文化的国防,实为重要非常,应将西北的文化与中国本位的文化打成一片,如此才可切实掌握

---

① 卫惠林:《论边疆学术与边疆大学设置问题》,《边政公论》1948年第3期,第20页。
② 潘公展:《精神国防的重要性》,《抗战半月刊》1937年第1卷第3期,第8—11页。
③ 轶名:《如何树立精神国防》,《黄埔》1939年第2卷第2期,第1—12页。

西北的领土。"① 发展西北高等教育，通过高等教育培育社会精英，着重公民意识养成，首先实现学生对国民政府之国家认同与对中华民族之民族认同。借助高校毕业学生服务社会，开展社会实践以行动直接影响社会，发挥"精英效应"，扩大个体影响，洗涤社会陋习，改造社会风气。在高等教育人才培养过程中通过开展科学研究与社会服务，包括自然地理风貌、矿产蕴藏分布情况、西北少数民族之宗教信仰与民风民俗等调查研究，深入了解西北自然生态与社会构成，从而为改造西北社会奠定基础。此外，高等学校作为精神文化之堡垒，传递社会基本价值观念，传播社会主流文化，对西北地区文化改造与建设具有直接的辐射与影响作用。西北高等教育发展通过上述几种方式的共同作用，为西北边疆安全与稳定提供了重要保障。

二 西北边疆开发与建设的需要

抗战爆发后，举国上下的爱国人士纷纷思寻应对之策，各种对策之中"开发西北"的呼声很高，时人所言"开发西北之呼声，向为少数人所呐喊者，今则举国上下，几成为人人之口头禅矣"②。"吾人就事论事，深觉开发西北，有刻不容缓之势，尤其榆关不守之后，此项计划，更有从速实现之必要。"③当时国内著名的杂志报纸，如《中央日报》《大公报》《国闻周报》《申报》等都大量刊载有关开发西北的评论、建议，为开发西北营造了强大的舆论声势。西北开发问题成为众多学者热烈探讨的焦点，如马鹤天认为，开发西北是解决中国社会民生问题的根本方法，鼓舞那些有志于做新事业的人们到西北去。④民生提出，西北在中国建设上之重要性体现在地理、文化、国防、经济等多个方面，在开发西北之前，应从心理建设、机关组织、科学研

---

① 殷祖英：《论西北文化国防问题》，《西北学术》1943年第4期，第1页。
② 马鹤天：《开发西北之两大问题》，《新西北》1932年第3—4期，第4页。
③ 逸飞：《对于开发西北的讨论》，《北辰杂志》1933年第34期，第13页。
④ 马鹤天：《开发西北是解决中国社会民生问题的根本方法》，《新亚细亚》1931年第1卷第1期，第37页。

究、经费筹措、人才技术等方面做好准备。①李培基以为："今国家得以统一，宜速为国民谋出路，开发西北，诚为急务。就管见所及，按之地方形式，度国家力量所能办者，不涉空想，期能实施，分为五项二十二事，拟做简要计划书，陈请国民政府采择实施。"②李培基所做计划书，分别从交通、边防、农牧、工业、治蒙五个方面对开发西北提出了具体的建议及实施举措。这些探讨与建议，不仅表现了时人爱国救国的热情，也从一定程度上说明了当时开发西北的重要意义。

基于时局紧迫和社会各界日益高涨的呼声，国民政府也对西北开发给予了高度的重视。

政府意欲巩固西北边防，着手开发西北，必先发展经济、改造文化，促进西北社会整体转型。1932年12月19日，国民党中央执行委员会召开四届三次会议，通过了《开发西北之计划大纲》，此后又相继出台《西北开发计划》，决定西北建设以十年为限分三期进行，首先以西北地区基础设施为重点，涉及西北交通、矿产、农业、水利、文化、教育、医疗、卫生等方面。③ 1934年6月，国民政府制定《西北建设实施计划及进行程序》，入手道路、水利、农村建设、卫生兽疫四大方面，大力支持西北建设事业。

开发西北建设西北，大规模的经济建设、社会转型、文化发展运动中急需大量专业人才，正如沈灌群所论：

> 西北各省资源之富厚，前已略言之。国人诚能出全力为谋建设，前途绝难限量。首与水利使可溉之地广得可引之水，并因科学技术之精进，水电工业之创设，实施电气灌溉，则农产可以增益，水运可期改善，水利兴而后可语足食，水运便而后教化易

---

① 民生：《西北在中国建设上之重要性及其开发之方略》，《求实月刊》1931年第1卷第11—12期，第51—74页。
② 李培基：《开发西北计划书》，《新北方月刊》1932年第1期，第1—9页。
③ 秦孝仪主编：《革命文献》（第89辑），台北文物供应社1981年版，第27页。

施,故水利工程暨农田水利人才之培养,当为要图之一。西北为林木宝库,我国此半壁河山,既属辽阔之畜牧区域,其于足衣足食,宜有重大之贡献。西北高原之崇山峻岭如祁连山脉一带,长林茂草,久为著名林区,苟造伐有道,则材木不可胜用。故在西北各区,于兴复农业外,尤当致力于林垦牧垦诸事业,从而农艺森林畜牧人才之作育,尤当三致意焉。基于西北农牧事业之倡导,经营棉作物与精制皮毛,今后当有大量之发展,应运而生之轻工业如棉纺毛纺工业,亦当有较大之前途,论者谓我国兰州有成为最大羊毛业中心之希望,制革纺织技术人才之作育,有助于此。西北矿藏丰富……故论西北建设,地理地质之调查研究及勘测工作,最为要图,从而地质学及矿冶工程专家之作育,实应齐头并进,而不可偏废焉。在发展农工开掘资源之同时,尚有不容忽视者,是即商业之提倡。西北甘青宁诸省,地居黄河上流,在商业上俨然自成系统,而以兰州为最大焦点,出其天然资源及工业产品,以内与国内各地贸迁有关,外对欧亚诸国经济国际贸易,故商业及管理人才之训练,又属急务。因人口之加多与,商业之发展,医药卫生人才,须谋所以供应之计。西北偏壤,民智未开,教育文化水准,尚有待于积极提高,是则师资之训练,亦刻不容缓。[1]

辛树帜也说:"大西北之开拓为当前举国瞩目一大事。教育本培蓄人才莞论;高等教育,则专才所自出,风气所自开,文化所自始。关系弥深且重。"[2]

高等教育作为文化传承与创新的主体,其发展状况决定了西北高等专业人才培育的质量,也在很大程度上影响着开发西北、建设西北

---

[1] 沈灌群:《论我国西北高等教育之建设》,《高等教育季刊》1942 年第 2 卷第 2 期,第 30—35 页。

[2] 辛树帜:《西北之高等教育》,《新甘肃》1947 年第 1 卷第 1 期,第 2—3 页。

的进展。积极回应开发西北过程中对大量不同类型专业人才的需求，西北地区各高等学校必须承担使命，因地制宜确立人才培养目标，架构院系设置与学科建设，完善课程体系，开展教育教学活动，完善各类保障制度，培养大批各类专业人才，为西北地区经济建设以及科教文卫事业的全面进步做出贡献。

总体来看，西北高等教育担负着维护西北边疆安全稳定与推动西北开发建设的双重使命，陶冶国民人格，奠定复兴民族之基础；倡导改良社会风气，提高社会文化水准；提倡科学教育，推动西北经济建设，高等教育通过人才培养作用于西北社会，影响于西北社会，也改变着西北社会。

第二节　西北高等教育人才培养目标的顶层设计

西北高等教育人才培养目标的顶层设计，是从国民政府的角度考虑的，着眼于国民政府、教育部以及相关国民政府上层领导面对时局变幻，如何规划发展西北高等教育，如何以全国高等教育人才培养目标为蓝本，设计适合国家政治需求、西北社会需求，以及高等教育自身发展需求等的人才培养目标。

一　共同期盼与分类设定：政策演变中高等教育人才培养目标的确立

在高等教育人才培养过程中，国民政府一方面着重养成人才之专门技能，奠定为国家服务的基础；另一方面关注人才健全品格的养成，培养正确的国家与民族观念，塑造中华民国之优秀公民。

1929年3月15日，国民党于南京召开第三次全国代表大会，提出中华民国"教育方针及其实施原则"。教育方针为：

> 三民主义之教育，必以充实人民生活，扶植社会之生存，发

展国民之生计，延续民族之生命，为最大目标。一方面使一切个人身心皆得健全，以各遂其生，同时联结全国民族之各个成员为一体，俾各自发挥相当之力量，贡献于全体之利益，以共遂其生，务达民族独立、民权普遍、民生发展之目的。

中华民国教育宗旨为："中华民国之教育，根据三民主义，以充实人民生活，扶植社会生存，发展国民生计，延续民族生命为目的，务期民族独立、民权普遍、民生发展，以促进世界大同。"教育方针实施原则中关于高等教育规定如下："大学及专门教育必须注重适用科学，充实学科内容，养成专门知识技能，并切实陶融为国家社会服务之健全品格。"[1]

1931年9月3日，国民党第三届中央执行委员会第一五七次常务会议通过了"三民主义实施原则"，规定高等教育学生"应切实理解三民主义的真谛，并具有实用科学的智能，俾克实现三民主义之使命"[2]。

1936年5月5日，政府公布的《中华民国宪法草案》（简称"五五宪草"）第一三一条规定："中华民国之教育宗旨，在发扬民族精神，培养国民道德，训练自治能力，增进生活知能，以造成健全国民。"后经讨论提出《中华民国宪法草案修正案》第一百五十八条规定："教育文化，应发展国民之民族精神、自治精神、国民道德、健全体格、科学及生活智能。"[3] 其中"民族精神"本于三民主义之民族主义，"自治精神"本于三民主义之民权主义，"科学及生活智能"本于三民主义之民生主义。

培养国民观念巩固精神国防；提升专业技能服务民生建设。政府教育宗旨中三民主义的指向，以及宪法中"发展国民之民族精神、自治精神、国民道德、健全体格、科学及生活智能"对于教育促进三民

---

[1] 沈云龙主编：《第二次中国教育年鉴》（第1编），文海出版社1995年版，第4页。
[2] 沈云龙主编：《第二次中国教育年鉴》（第1编），第6页。
[3] 沈云龙主编：《第二次中国教育年鉴》（第1编），第21页。

主义的深层阐释，廓清了教育的使命与责任。高等教育作为教育的高级形态，处于教育系统最顶层，其人才培养目标设定遵从中华民国教育宗旨的要求。此外，高等教育还担负着更高的使命：不仅致力于培养集专业知识与技能、高尚品德与修养于一身的高级人才；希望发展科学技术提升学生科研能力，作用于国家与区域经济建设，科学救国经济强国；也希望通过高等教育人才培养之效果辐射，改变民风化育民俗，从文化层面从深层次积极影响社会走向，为国家铸造精神、巩固国防建设。

这一时期教育宗旨及其实施原则的规定为高等教育人才培养目标的设定指明了方向。此外，政府通过颁布若干高等教育法令法规，进一步严格高等学校分类标准，对各类高校人才培养目标做出了明确的规定。

1929年7月26日，国民政府公布了《大学组织法》《专科学校组织法》，规定"大学应遵照中华民国教育宗旨及其实施方针，以研究高深学术养成专门人才"为目标；"专科学校应遵照中华民国教育宗旨及其实施方针，以教授应用科学养成技术人才"为目标。[①]

1938年4月，国民政府根据战时各级教育实施方案纲要，规定九大方针，十七要点。九大方针注重教育服务于政治需求、爱国精神之培养、实用学科之发展、教育地域之均衡，强调教育为国家、为抗战服务。教育部根据九大方针确定了各级教育实施之目标，其中关于高等教育规定如下："中等学校师资，设立师范学院予以专业训练。""专科学校教育应为培养各业专门技术人才之教育，应由省市视需要在企业之附近地区，设立各种专科学校以造就各项事业应用之专门人才。""大学教育应为研究高深学术培养能治学治事治人创业之通才与专才之教育。其学院之设施，应以国家之需要为对象。"[②]

---

① 宋恩荣、章咸编：《中华民国教育法规选编》，江苏教育出版社2005年版，第385、395页。

② 沈云龙主编：《第二次中国教育年鉴》（第1编），文海出版社1995年版，第10页。

1942年8月17日，国民政府教育部公布了《师范学院规程》，规定"师范学院以养成中等学校健全师资为目的"①。

国民政府将高等学校划分为三种类型，即大学及独立学院、专科学校、高等师范学院。根据这种划分，国民政府针对不同类型高校设定了不同的人才培养目标：大学（包括独立学院）以"学"为主，致力于培养研究高深学术之通才与专才，着重专业基础扎实，具有较高的文化素养与科学研究的能力；专科学校以"术"为主，在于培养实用型技术人才，重视应用知识传授以及实践能力的训练与提升；高等师范学院人才培养目标更为明确，围绕培养中等学校师资设定专门的规范与要求。

政府在制定高等教育人才培养目标过程中既有共同指向，又有类型区分：一方面强调高等教育培养德才兼备人才，实现三民主义的使命与责任；另一方面对高等学校进行细致分类，依据类别突出人才培养目标的差异。在政策演变过程中国家的教育宗旨几经衍变，下落为高等教育的培养目标，国民政府高等教育人才培养目标的制定在各类别、各区域高等教育发展进程中发挥着很强的指导作用。

二　西北高等教育人才培养目标的设定

在1937年之前，西北高等教育发展严重滞后，随着抗日战争的全面爆发，西北地区战略地位迅速提升，国防建设与经济开发成为西北地区发展的核心价值，国防安全尤其是精神与文化国防的建设需要高等教育的介入；在开发西北进程中各行业专业人才与技术的严重匮乏也需要高等教育发挥作用；改造西北社会文化生态，促进文化融合与进步同样需要高等教育的参与。抗日战争的全面爆发与西北开发战略的实施是西北高等教育发展的时代背景，而西北落后的经济、政治、文化状况，西北社会纷乱复杂的民族关系，西北地区各省之间的

---

① 宋恩荣、章咸编：《中华民国教育法规选编》，江苏教育出版社2005年版，第483页。

差异等又构成了西北高等教育发展的社会背景。如此复杂特殊的社会现实,对西北高等教育人才培养提出了非常具体的要求:希望西北高等教育培育之人才具有正确的民族与国家观念,爱国报国复兴民族的精神;希望西北高等教育着重培养各行业高级专业人才,推动开发西北战略实施;希望西北高等教育孕育人才、发展科学技术,促进西北科技水平的全面提升;希望西北高等教育熏陶影响社会风气,改良社会文化环境;希望西北高等教育为边疆治理培养专门人才,巩固西北边疆安全稳定;希望西北高等教育培养之人才甘于扎根西北、服务西北、奉献西北。

特殊的时代与社会背景对西北高等教育人才培养的特殊要求必须通过政府的政策回应与具体实施才能切实加以转化。但政府发展西北高等教育的各项规划以及对西北高等教育人才培养目标的设计并非一日之功,而是在时局变化中经历了从被动应对逐渐转化为主动建构的过程。

在抗战全面爆发前,国联调查报告的出台、国内各界人士针对高等教育布局的批评与争议,国民政府自知全国高等教育布局畸形,西北地区高等教育发展尤为缓慢,但囿于经费紧张以及京津沪等地区高等学校反对西迁等原因,此时提出平衡高教资源、发展西北高教只能是纸上谈兵。1937 年,抗日战争全面爆发,原来的高等学校云集之地竟无法平稳地安放一张课桌,在日军残酷的毁灭性打击下,高等学校只能被迫西迁,京津地区高校的迁入为西北地区高等教育的发展注入了新的、强大的力量。此时的国民政府借机利用京津优质高教资源重新规划发展西北高等教育,西安临时大学更名为国立西北联合大学,西北联大常委徐诵明、陈剑翛向教育部请示工作,教育部明确表示:"西北联合大学,系经最高会议通过,尤负西北文化重责,均以为非在万不得已时,总以不离开西北为佳。陈部长亦希望本校不离西北。"① 按照教育部长陈立夫的指示,西北联大的设立是平衡全国高等

---

① 《本校城固本部举行开学典礼志盛》,《西北联大校刊》1938 年第 1 期,第 7 页。

教育布局的重要战略，设置西北联大的目的，就是要其立足西北，建设西北。西北联大两次改组分设，不论联大师生如何反对，西北五校独立已成定局，1940年5月出版的《国立西北师范学院院务汇报》第11—12期记载了教育部对西北各校院永久校址的规划：

> 查本部前为奠定西北高等教育之基础，于二十七年、二十八年度先后将国立西北联合大学、西北农林专科学校及私立焦作工学院等校，分别改组为国立西北大学、西北工学院、西北农学院、西北师范学院及西北医学院在案，唯各该校改组后，仍多集中于南郑、城固一带，不足以应西北广大社会之需要，而谋学校本身之发展。兹经本部通盘筹计，决定：西北大学迁设西安，西北工学院迁设宝鸡，西北农学院仍设武功，西北师范学院迁设兰州，西北医学院迁设平凉。西北大学与西北工学院本年暑假暂缓迁移。西北师范学院迁移兰州后，原有甘肃省立甘肃学院之文史、教育两系即并入办理，并以其院址作为该院之院址。西北医学院移设平凉，应另觅适当校址，并将甘肃学院之医学专修科并入办理。[①]

从此训令中明显可以看出国民政府教育部对西北高校设置与西北高等教育发展已不似战争之初的毫无考虑见招拆招，而是通过一步步对西北联大的改组与分设，对西北高等教育布局已有全盘打算，成竹在胸。西北联大分设五校、五校重新选址，国民政府此时不仅考虑到西北高等学校的类型分布，也考虑到西北各高校在区域内的合理布局，为西北高等教育奠定了基础。

国民政府制定西北高等教育人才培养目标首先遵从国家教育宗旨与高等学校分类教育目标的规定，其次依据特殊时代背景与西北社会

---

① 《规定西北各校院永久校址教育部训令》，《国立西北师范学院院务汇报》1940年第11—12期，第7页。

实际需要，突出以下特点：

第一，国民政府希望通过西北高等教育培养人才，切实为西北各类建设服务，发展西北经济，推动西北社会现代化进程。

政府创立与发展西北地区各高等学校的初衷均为回应国家与社会需求，为推动西北经济建设、巩固西北边疆稳定、发展西北教育、改良西北文化服务。国立西北联合大学组建之意义在于"发展西北高等教育，提高边省文化"①；设立国立西北工学院是"确立西北农工教育基础之计"②，为推动西北工农业发展；国立西北师范学院的单独设立也是为了更好地培养中等学校师资，推动西北基础教育进步与西北文化之兴盛；国立甘肃学院更名为国立兰州大学，"取名兰州大学，意思是一个大学设在兰州，并不是专门为甘肃设立的，西北各省如甘、青、宁、新的人都可以进"③，可见，国民政府设此大学有专为西北培养人才之用意；"西北纯为农业社会，则农业之改进，尤为治本之图，农业受地域限制甚大，改进之道，在乎培植当地人才；以改造当地环境，则开辟资源，庶可发展而收事半功倍之效。是故中央创办国立西北农林专科学校于陕西武功"④。教育部长陈立夫对西北技艺专科学校的训词说："甘肃有塞北江南之称，西北实民族发祥之地，抗战资源，既亟须于开发；边陲重镇，亦有待于繁荣。天施之来，地更当牧，牛羊必苗，责在桑田。将求地尽其利，必先人尽其才。所愿全体师生，共体时艰，同负责任，树西北农教之基础，为民族复兴而努力，本部长有厚望焉！"⑤ 显示了国民政府期望该校培育人才，为西北农业教育奠定基础，为西北农业开发做出贡献。

---

① 中国第二历史档案馆编：《中华民国史档案资料汇编》（第5辑第2编教育1），凤凰出版社1994年版，第11页。
② 《教育部致国立北平大学教授会电》（1938.7.10），国立西北大学档案，67/5/306：10。
③ 张克非主编：《兰州大学校史》（上编），兰州大学出版社2009年版，第120页。
④ 李自发、安汉编：《西北农业考察》，国立西北农林专科学校，1936年，第1页。
⑤ 《陈部长对本校之训词》，《国立西北技艺专科学校校刊》1942年第10期，第20页。

第二，西北高等教育人才培养应将三民主义作为最高准则，侧重学生爱国意识与民族精神熏陶，通过高校人才培养服务社会，化育民众，建立起牢固的精神与文化国防。

1939年3月，教育部于重庆召开了第三次全国教育会议，明确将三民主义作为"教育的最高准则"。何为三民主义？三民主义其实是一种精神、一种道德、一种意志、一种人生之信仰。

在西北高等教育人才培养目标的设定上，以三民主义为准则，尤其注重学生道德水平、爱国意识与民族精神的养成。1939年国民政府颁布《训育纲要》，要求西北专科以上学校严格执行，通令各校制定实施纲要并设立训导机构，从各方面入手全面加强学生的品德培养，强化对中华民国国家之认同，对中国民族之认同，着重学生爱国主义、民族精神之养成。

考察国民政府西北高等教育人才培养目标生成的过程，必须将其放置在特殊的时代与社会背景之下，运用复杂性思维理论，还原真实情境，参照一个元系统寻找系统形成的前提条件与依据。复杂多变的时代与社会背景以时空经纬的方式决定了政府发展西北高等教育、确定其人才培养目标的理念与方法，在教育宗旨与全国高等教育人才培养目标的指导下，最终形成了西北高等教育人才培养目标，这是一个层层下落的过程，从教育宗旨到高等教育培养目标（其中包括共同的指向与类别的区分），再下落为西北高等教育人才培养目标，既包含着对普遍的遵循，也考虑了西北特殊的具体，区域特色非常明显，为关照西北边疆国防安全与稳定，高等教育人才培养目标必须强调国家与民族之认同；为开发西北，推动经济、社会、文化等的全面进步，高等教育人才培养目标须突出为西北区域建设培育各类专业人才。总体来看，国民政府对西北高等教育人才培养目标的设定是比较科学合理的，不仅从政治国防需求出发，还同时关注西北社会的需求，更是从高等教育的根本属性出发，突出了高等教育文化传承与创新的作用。

第三节　西北高等学校人才培养目标的演变与形成

纵观这一时期，西北高等教育发展并不是一个自发的过程，国民政府一直处在主导地位，掌握着西北高等教育变革与发展的命运，西北高等学校人才培养目标的演变与生成同样也近乎严格地遵从了政府的规定与指导。但是由于各高校性质、历史承继，以及高校校长个人倾向等原因，这一时期西北各高等学校人才培养目标也有所差别，显示出独特性与丰富性，在体现共性的同时，形成了各高校人才培养目标的独特气质。

一　西北高校人才培养目标的共同关照

这一时期，西北地区各高等学校大体遵循国民政府设定的西北高等教育人才培养目标，按照国民政府对高等学校的分类，大学（包括独立学院）、高等师范学院，以及高等专科学校制定了相应的培养目标，共同关注学生的国家民族意识以及建设服务西北责任的养成，基本上回应了政府对西北高等教育人才培养的期望与要求。

其一，关注学生国家意识、民族意识之养成，着眼于培育人格健全之国民。

西北各高校在人才培养目标设定过程中非常重视对学生品格的陶冶，西北大学校长赖琏认为：

> 大学教育是以阐扬学术为目的。可是，我们在追求真理的过程中，绝不可丝毫忽视人格的修养；因为做人是比求学更加重要的。大学教育如果只灌输一个青年的知识，而没有培养他的品格，陶冶他的性情，这种教育就是彻底失败。况且没有道德的人，有了学问，学问适足以济其奸恶，甚至贻害国家。

赖琎寄语学生"希望学生人人具有高尚之理想，坚定之意志，健全之人格，进取之精神，以期报答国家之深恩厚泽，完成建设新中国之任务。"①

在学生品格陶冶中尤其重视以三民主义为宗旨，培养学生爱国精神与民族意识。西安临时大学成立之初抗战日紧，临大师生对战争的摧残有着深刻的体会，民族自尊心与复兴国家的使命意识早已深深镌刻在师生心中，《西安临大校刊》第一期发刊词写道：

> 风雨如晦，鸡鸣不已！今日吾国抗敌战争不兢至此。大多数同事同学之故乡父老，已被荑夷虔刘一空，试问此时此日，成何现象？岂非吾辈最高学府中人所当泣血锥心，锻炼磨砺，以与暴敌相周旋耶？……愿吾人戮力同心，难危共济，尽瘁词临时教育事业，以挽救当前民族之大危机。②

在《国立西北大学校刊》中处处可见"三民主义"之宣传言论，校长赖琎在首次对学生发表的演讲中说："中华民国的教育方针，就是我的办学方针。我们在国家至上民族至上的大原则下，笃信三民主义，拥护政府国策，争取最后胜利。而教育最高目的，乃在培养有人格有学识之健全国民。""当这国家民族存亡绝续危机四伏的时候，我愿大声疾呼，要求同学们提高理想，确立向前奔向上进的志愿，坚定三民主义的信仰，建立服务的创造的进取的奋斗的人生观。"③西北大学举行第三届毕业典礼时，校长赖琎鼓励学生应担负起"继往开来的使命！做顶天立地的国民！"他说：

---

① 赖琎：《继往开来的使命！做顶天立地的国民！》，《国立西北大学校刊》1942年第3期，第2—4页。
② 《发刊词》，《西安临大校刊》1937年第1期，第1页。
③ 赖琎：《安定第一 纪律至上》，《国立西北大学校刊》1942年第1期，第2—3页。

> 有志气有热血的青年，应该提高理想，把救国家，救民族，救世界，当作我们的终身事业。我们要以三民主义的信仰为至高无上的规范，同时还要有浓厚的民族观念，和强烈的国家思想，以及服务的，向上的，创造的，奋斗的，牺牲的人生观。古圣先贤的坚忍不拔，成仁取义的信念，临难不苟的气节，就是我们的坚持并且还要身体力行，发扬光大。①

国立西北工学院要求学生坚定其三民主义之信念，为国家、民族贡献力量，该校训导宗旨规定：

> 在使学生之德智体三育，作平衡发展，并培育学生之军事知识与技术，以适应政府文武合一之教育方针，及抗战建国策之迫切需要。于学生思想方面，使其确立三民主义的革命人生观，实践总理以服务为目的之遗训，坚定国家至上、民族至上之信念，及工程人员对国家民族所应有之责任与决心；并启发其对近代国际之正确认识，与我国在国际上所居之地位及使命。于学生生活方面，严厉督促实践青年守则，俾成为优秀健全有为有守之国民，以为他日担任企业各部门艰苦工作之准备。②

西北地区各高校人才培养目标首先指向培养优秀国民，除上述西安临大、西北大学、西北工学院外，其余西北各高校也注重教导学生遵从三民主义，关注学生人格塑造，希望学生皆能养成高尚之理想，坚定之意志，健全之人格，进取之精神，引导学生形成正确的价值观念，坚定学生爱国精神与民族意识，培养顶天立地的国民。

其二，牢固树立学生学为西北、建设西北、服务西北的责任

---

① 赖琏：《继往开来的使命！做顶天立地的国民！》，《国立西北大学校刊》1942 年第 3 期，第 2—4 页。
② 《国立西北工学院概要》，1940 年，第 5—6 页。

意识。

西北地区各高校对区域性高校的使命与责任始终保持着清醒的认识,扎根西北、服务西北,人才培养目标设定紧紧围绕西北社会诉求,为西北开发与建设培养各类专业人才。

1946年国立兰州大学成立,《兰州大学校训》第1卷第1期发刊词写道:

> 兰州大学的各种活动情形,在骨子里,实在是有关于国家之政治经济文化与国防的。我们兰州大学设立在西北要冲的兰州,因此,我们兰州大学便是中国西北部的一个文化堡垒。谈国防,我们不仅是要注意到军事的国防,政治的国防,经济的国防,而尤其要注意到文化的国防!我们兰州大学便是站在文化国防的最前线。就政治上说,西北的纠纷历来就很严重,我们如果要解除这种纠纷,我们必须先研究这种纠纷之由来。研究西北实际问题,了解西北人民生活状况,也是我们兰州大学的一种重要任务。谈到经济方面:西北有亟待开掘的宝藏,而建设西北,又绝不是空喊所能奏效的。调查西北的宝藏,认识西北的真相,正是我们兰州大学对于国家应尽的天职。此外,如同提高西北文化之水准,培育建设西北之专门人才,均为兰州大学应负之使命。[①]

可见,兰州大学从其新建伊始,就承载着国民政府的厚望,即肩负着保障西北地区安全、稳定、开发与文化发展的巨大使命。

《兰大学声》刊载的一篇社论写道:

> "内战第一"的痛苦时代里,人们谁还能再来顾及这边远的西北,然而负有开发与建设大西北的兰大师生,却对其责任日夜

---

① 《发刊词》,《兰州大学校训》1941年第1卷第1期,第1页。

萦绕心头,未敢为之少懈。西北五省土地占全国的三分之一,人口有两千三百余万,种族有十四种之多,陕甘石油煤矿,天山南北麓金锑钨铅等矿产之蕴藏尤为丰富,加之毗接强邻,为我国之大门,故其在国防上、政治上、经济上之地位早为有识之士者所重视。再者,西北民族性忠贞尚武,在我国民族发展史上实为重要一环……民族发祥在西北,民族复兴亦在西北。抗日战争结束后,政府即在兰州设立大学,俾便训练人才,专以开发建设大西北为职命,缘此,国立兰州大学乃设立,我们从这里可以看出政府寄托于兰大的职责是如何重大,神圣!政府对兰大寄托既大,则兰大之于西北实有休戚相关密不可分之关系,易言之,富强中国必先开发西北,开发西北首当充实兰大。①

既如此,国立兰州大学人才培养目标的设定更偏向于为西北稳定与建设服务,着重培养"通语言""娴风俗",能够适应西北民族地区工作、研究的专业人才。

1938年7月,教育部令西北联大工学院与国立东北大学工学院及私立焦作工学院合并,改组为国立西北工学院。院长赖琏为《国立西北工学院概要》作序,指出:"本院合四大工院组成,弹指迭更寒暑,其时代使命,在树立西北工程教育之基础,与推进西北工业之建设。琏承乏斯院,对于幅员辽阔,蕴藏丰富,世称我国文化发祥地之西北,心期发扬而光大之。"② 随后赖琏再次强调:"建设西北是建国的核心,全国人民都负有建设西北的使命。西北的人民,不用说,更要担起建设西北的责任。我们工程师当在国策指导与政府监督之下,贡献一切知识,竭尽一切能力,站在自己的岗位上,积极推进西北的建设。"③ 西北工学院始终秉承这一办学目标,大力培养西北工程人才,

---

① 社论:《兰大与大西北》,《兰大学声》1947年12月1日。
② 《国立西北工学院概要》,1940年,第1页。
③ 赖琏:《动员工程师建设大西北》,《西工友声》1943年第2卷第4期,第1页。

奠定西北工程教育基础，为西北开发、西北建设服务。

1938年7月，国立西北联合大学之农学院与西北农林专科学校合并，改组为国立西北农学院。设立国立西北农学院之目的，在于培养农业、水利之专业人才，精研学术、发展农业、复兴农村，为西北开发与建设服务。

> 西北原为吾中华民族之发祥地，徒以其地处边僻，国人多漠视之，自九一八事变以后，东北失陷，强敌压境，囊者认为荒凉不堪之西北，今乃成为中华民族之一大生命线。于是开发之高潮，沸腾海内，举凡政治，经济，文化种种事业，经纬万端，靡不各抒言论急待改建，而西北纯为农业社会，则农业之改进，尤为治本之图，农业受地域限制甚大，改进之道，在乎培植当地人才；以改造当地环境，则开辟资源，庶可发展而收事半功倍之效。是故中央创办国立西北农林专科学校于陕西武功，校长于右任更提倡推广设甘青宁三省农业试验场之旨趣，俱在乎斯。陕西校本部尤为开发西北之大本营。[1]

这一叙述阐明了西北农林专科学校设立之目的，突出了人才培养目标专门为西北社会培育专业人才，改造西北农业环境，开辟资源推进西北开发。

国立西北大学自建校之日起，就肩负着发展西北高等教育、建设西北社会的重任。校长赖琏认为：

> 西北大学的神圣使命，应使成为名副其实的西北最高学府，既有循循善诱优良教师，复有好学不倦的有志学生。环视西北区域之雄伟，人人应以复旧的光荣，建设新的文化为己任，为最高

---

[1] 李自发、安汉编：《西北农业考察》，国立西北农林专科学校，1936年，第1页。

理想。所以我们要深刻警觉，健全自身，一定要树立严整校风，注重人格训练，倡导学术精神，加强读书空气。①

继任校长刘季洪说："大学之使命，不仅在教育青年始知研究之门径，尤须本身能致力高深学术之研究，俾有创获，造福人群。""今后吾校毕业同学之散布西北各地者，自当与日俱增，而建设西北，改造西北，自亦吾毕业同学责无旁贷之使命。"② 次年，刘季洪在为毕业生致辞中再次强调："本校设在我国的西北，因为这一带完整大学稀少，所以在这广大的地区，甚至在西北各省，本校皆占相当重要之地位。'建设西北'是我们义不容辞的责任。一个学校价值的高低，不仅系于学校内办学是否完善，措施是否合理，还要视毕业校友服务成绩的长远。"③ 由上可见，西北大学两位校长希望于学生之思想意识中牢固树立以西北建设为己任，为西北开发服务奉献的使命感与责任感。

国立西北大学秉承此教育宗旨，为国家建设，西北开发培养人才，《国立西北大学概况》载：西北大学文学院边政系致力于培植"畅晓蒙维藏各族文字之边疆专门人才"为己任；理学院创建之目的，"一为培养科学人才，以推进各地之科学建设；一为解决西北区域内所发生之科学问题并与各地科学家取得密切之联系，以便共同研究"；法商学院之共同目的在于"造就各种法学人才，系内另设司法组，专门培养司法实务人才"；医学院之目标，遵照政府之教育方针，"以造就医学专才及其从业人员，并研究高深学术及发展西北医疗事业为宗旨。对人才之造就，质量并重"④。

二 西北高校人才培养目标的类别区分

西北各高校依据属类不同，大学（包括独立学院）、专科学校，以

---

① 赖琏：《安定第一 纪律至上》，《国立西北大学校刊》1942年第1期，第2—3页。
② 刘季洪：《校庆献辞》，《国立西北大学校刊》1944年复刊第4期，第2—3页。
③ 刘季洪：《致本届毕业同学》，《国立西北大学校刊》1945年复刊第14期，第2页。
④ 《国立西北大学概况》，1947年，第5—9页。

及高等师范学院三类高等学校人才培养目标设定存在着区别与差异。

其一，在综合性质的大学（包括独立学院）的培养目标中更强调研究高深学术、培养能治学治事之人之通才。

西安临时大学、国立西北联合大学、国立西北大学、国立兰州大学以及西北各国立省立之独立学院培养人才以"学"为主，倾向通才教育，以研究高深学术、陶铸健全品格、培养专门人才为宗旨。针对大学（包括独立学院）研究高深学术的重要使命，西北各大学（包括独立学院）在科研方面不仅希望培养学生的兴趣与能力，还希望将大学之科学研究与西北社会需求紧密结合在一起，注重培养学生服务西北社会的使命意识，以便其毕业后继续进行科学研究，奉献西北社会。

基于科技救国的考虑，临大与联大注重培养学生的科研能力，这种科研并非纯粹象牙塔内的学术研究，而是与抗战需要、西北建设需要相结合之科研。学校遵照教育部长陈立夫之训令：

> 专科以上学校，设院分系，延聘专门学者，分科讲习，除纯粹学问之探讨外，应随时研究实际问题，以应社会国家之需要。过去各校教授，研究成绩，虽有足多，但对于社会国家需解决之问题，尚未能充分注意，以致学术研究与国防生产等事，缺乏相当之联系，而高等教育遂未能充分发挥其应有之功能。现值抗战建国期间，全国及各地方有关政治经济国防生产交通军事以及民族文化等亟待解决之问题，所在皆是。各该校所属院系，应各就讲习之所近，选择此项问题，由各教师，领导学生，作继续不断之研究，以期得有解决方案，贡献国家；庶几学用相合，教学均增兴趣，而国家社会亦得实受利益。[1]

结合抗战及西北实际情况，研究实际问题，解决实际困难，为抗

---

[1] 国民政府教育部训令：《研究实际问题》，《国立西北联大校刊》1938年第7期，第6页。

战与西北建设服务。西安联大常委李书田教授认为:"我国脆弱幼稚之轻重工业与些许矿业,几乎全在东北、华北、华东交通便利之区,九一八后,既失辽、吉、黑、热东省特区,冀东、察北;七七后,又失平、津、冀、察、绥、晋;八一三后,沪、苏、京复相继沦陷。""西北、西南后方高校应主动适应战时需要,调整并加强其工程教育。以培养工程人才服务抗战需求,以输出科学技术应国家所急需。"[①]

国立西北大学也十分重视科学研究,曾任西北大学文学院院长的萧一山教授,曾作名为"大学需养成学术研究风气"的演讲,提出:"学术二字本来是一体的两面:在原则上是一致的,在作用上是分开的。大学系研究'学'之体,所以大学的主要宗旨为创造发明,探求真理……希望大学应该切实负起领导文化创造文化的责任"[②]。校长刘季洪说:

> 本校原来是规模庞大的大学。后来农工医师范各院先后单独设立,现在只剩下文理法商三院。我们的特殊使命就现有的三院设立便不难想知,就是提高西北文化的水准。领导西北学术的研究。我们每系都应尽到这个责任,要侧重西北问题的研究。比如历史系除研究一般史学外,要注意西北边疆史中中俄外交史的研究;地质地理系除一般地理地质科目外,也要特别研究西北的地质地理,这样才能负起我们特殊的使命。[③]

西北大学法商学院教授郭文鹤也认为:"今建设西北,已成国策,如何建设,尚少切实可行之方针。我大学设在西北,原负有建设西北

---

① 李书田:《适应抗战期间之生产建制与工程教育》,《西安临大校刊》1937年第2期,第1页。
② 萧一山:《大学需养成学术研究风气》,《国立西北大学校刊》1944年复刊第11期,第1页。
③ 刘季洪:《刘校长在九月二十五日开学典礼上讲话》,《国立西北大学校刊》1944年复刊第1期,第3—5页。

之重任，则研究西北如何建设，实本大学所责无旁贷也。"① 西北大学地处西北，基于建设西北的使命，学术研究也更倾向于西北问题的探究。

这一时期，西北各综合性质的大学包括独立学院都期望培养品德端正、学识深厚的高级人才，同样是专业人才培养，大学与独立学院的专业人才应有较为完善与合理的知识体系，对历史与现实有更深刻的认识，具备科学研究的能力与后劲，有更加宽广的眼光与态度；有较高的品德修养和社会责任感，能够总揽大局、组织民众、改良社会风气。

其二，专科学校注重理论联系实际，培养学生动手能力与实践技能，重点培育应用型人才。

对比大学（包括独立学院），西北各专科学校人才培养目标更加聚焦，就是要培养各类专业技术人才，突出学生动手实践能力的提升，为西北经济发展解决实际问题。

《西北农林专科学校章程》第三条规定："本校根据中华民国教育宗旨及其实施方针并参照西北地方之实际需要，以教授应用农林科学养成农林技术专才，改进农林水利事业为宗旨。"② 根据这一规定，森林组以"培植各级适于西北造林之技术人才"为培养目标③；园艺组以造就"园艺专门人才为主旨"④；畜牧兽医组以"造就发展西北畜牧兽医事业之人才为主旨"⑤；农业经济组以"适应西北环境需要，培植乡村建设及各种农业经济人才"为己任⑥；水利组为"造就农业上应用之高级水利人才为主旨"⑦。

早在国立西北农林专科学校建立之前，民国著名的农业作物学专

---

① 《发刊词》，《西北学术》1943年第11期，第1页。
② 《国立西北农林专科学校一览》，1936年，第7页。
③ 《国立西北农林专科学校一览》，1936年，第22页。
④ 《国立西北农林专科学校一览》，1936年，第30页。
⑤ 《国立西北农林专科学校一览》，1936年，第36页。
⑥ 《国立西北农林专科学校一览》，1936年，第44页。
⑦ 《国立西北农林专科学校一览》，1936年，第49—52页。

家汪呈因教授曾撰文《国立西北农林专科学校计划书》，不仅说明了西北农林专科学校设立之目的，而且为该校人才培养目标的设定廓清了方向："查西北数省，地大物博，宜开发久矣！而开发之道，首在振兴农业，增加生产，方可改善农村，推进文化，整理边疆，巩固国防，此国民政府在国难期中，亟须创立西北农林专科学校之本旨也。"

西北农林专科学校创办之宗旨为：1. 养成开发西北之垦殖人才。须严格训练，养成劳心与劳力、理论与实际相结合的人才，养成手脑兼用、吃苦耐劳之人才，方能实地创业。2. 养成改革农村之领导人才。西北之农村之上古式农业技术亟须改进，而所需有创造精神，有毅力，有决心，有学识，有计划之能耐劳人才，待特种教育养成。3. 养成农业实习学校之师资。4. 救济贫寒之优秀青年。总之，中国现有之农业教育，办理不善，如放任学生，高谈学理，基本科学，应用知识，遗弃不顾，农业技术，田野工作，概不学习。甚至终年放荡，考试废弛，一旦出校，乃是四体不勤，五谷不分，而犹望其改进农业，岂非缘木求鱼？西北农校为开发西北之先锋，正宜力除此种颓风，涤去历来恶习，严格实行半日工作，半日读书，将书本中科学知识，实验室知识，田野间工作，三者冶为一炉，养成思想纯正，意志坚强，有刻苦耐劳之精神，有牺牲奋斗之愿望之手脑双全人才。①

国立西北农林专科学校人才培养重在养成开发西北之垦殖人才、改革农村之领导人才、农业实习学校之师资，振兴农业，增加生产，方可改善农村，推进文化，整理边疆，巩固国防。学校侧重应用型人才的培育，将书本中科学知识，实验室知识，田野间工作熔于一炉，养成思想纯正，意志坚强，有刻苦耐劳之精神，有牺牲奋斗之愿望之

---

① 汪呈因：《国立西北农林专科学校计划书》，《新农通讯》1933 年第 15 期，第 1—5 页。

手脑双全人才。

国立西北技艺专科学校校长曾继宽提出:"国立西北技专是在抗战建国进展时期中而创立,它的目的是在于开发西北生产而培植建国基干人才,它的教育方针是注重实践而不尚空谈,它的施教方法尤其注重以身教代替言教,以人格的修养,补助智识的传授。"① 在学校第一届学生毕业典礼上,周秘书代表司令训词,也认为:

> 西北技专,是抗战中教育制度革新推进的产物,过去的农工教育,虽有悠久的历史,以教学方法,偏重于书本知识的传授,未能获相当的效果,西北在过去的风气较为闭塞,未经开发,所以更需要技艺专门人才,去负责开发的使命……诸生应不忘自己特殊的使命,把整个实业开发起来,推动起来,抱继续不断贯彻始终的精神。②

这两段论述同时强调西北技专人才培养从社会实际需要出发,理论联系实际,着重培养学生的实践能力,希望学生通过所学,切实推动西北实业发展与进步。

其三,高等师范学院着重培植中等学校合格师资。

国立西北师范学院是当时西北唯一一所高等师范学院,西北师院按照政府《师范学院规程》第一条之规定——"以遵照中华民国教育宗旨及实施方针,养成中等学校之健全师资为目的",培养目标较为单纯,专为训练中等学校健全师资。由于师范教育的特殊性,中等学校师资培养也有相关要求。

原西北联大常委胡庶华在师范学院纪念周上发表演讲:

---

① 曾继宽:《力行与宣扬》,《国立西北技艺专科学校校刊》1942年第1期,第1页。
② 《司令长官代表周主任秘书训词》,《国立西北技艺专科学校校刊》1942年第6期,第4页。

师范教育是一切教育的基础,师范学校是各种师资的源泉,师范学生是一般青年的模范。政府早认识师范教育的重要,对于各级师范学校,特别重视,对于师范学生比较优待,本年又添设六个师范学院,以造就师范专门人才,树立师范教育高深的基础,故师范学院所负的使命极其重大,师范学院的学生,亦应当有特殊的认识和特别的努力。

胡委员提出加强师范生培养,宜从以下方面努力:

1. 学问渊博:师范既系专业,则所学必有专长,然除专长之外,必须多才多艺,与常识丰富,方能应对裕如。2. 乐育为怀:和易近人、诲人不倦,为师范教育家应有之精神,孟子曰:"得天下英才而教育之"为三乐之一,凡习师范者须有此心理。3. 哲学素养:习师范者须有一种革命的人生观,有远识,知树人之效在百年以后;有定力,知终身从事教育之可贵;有牺牲精神,知教育生涯确系清苦而报酬又极微薄;有责任心,知师范关系国家前途极巨,不敢松懈与放任。4. 以身作则:现在的师范生每一个人都要负以身作则转移风气的责任,对社会有现身说法之精神。

总之师范教育为一切教育之基础,凡从事此者必须有决心有毅力有勇气,方能负此重任。今当民族抗战之际,如何使将来之国民人人有国家意识,民族观念,与夫抗战建国的能力,诸生皆有共责。[①]

在国立西北师范学院四十四周年校庆纪念会上,兰大校长辛树帜说:"贵校四四周年,在全国各大学中,为历史最悠久者;在师范学

[①] 胡庶华:《师范学生应有的认识和努力》,《国立西北联大校刊》1939 年第 10 期,第 32 页。

院中，尤为历史最悠久者，师范学院，负培养中等师资之责，在西北极为重要……师范学院与普通大学不同，师范生不但注重人格陶冶，且须常识丰富，始能担当教育重责。"①

李蒸院长领导下的西北师范学院在人才培养目标上要求学生同时具备教师修养、服务精神、丰富学识与健全体格。"学高为师，身正为范"一直都是社会对于师范教育人才培养的期望与要求，言教与身教并重作为西北师范学院人才培养目标的重要内容传承至今。

从整体上看，西北各高等学校人才培养目标既有共同指向，又有类别区分，各校按照国民政府的期望与要求，共同指向培养学生优秀品德与国家民族意识，指向为开发与建设西北服务，同时西北各高校类型不同，根据大学（包括独立学院）、专科学校与高等师范学院的区分，人才培养目标更有通才与专才培养的不同倾向。

三 西北各高校人才培养目标的个性化设计

在政府主导下，西北地区各高等学校人才培养目标呈现出许多重合与共性，但是，当政府的期望落实为西北各类高等学校具体的实施措施时，在这一过程中一定存在着张力与变化，西北各高等学校人才培养目标中大的指向遵循了国民政府的引导，但实际情况是每所高校的性质不同、历史沿革与高校传统不同、学校领导者个人的经历与价值取向不同，这些原因造成了这一时期西北各高校人才培养目标彼此之间的区别与差异，这种区别与差异不仅是高校类别的不同，同时也彰显出每所高校办学的特色与个性。这里主要探讨高校性质的差异对人才培养目标所产生的不同影响。

依据高等学校学科类型差异划分，西北地区高校包括综合性质的大学、工科类高校、农科类高校、师范类高校、医学类高校等。为说明同类型高校因其性质不同，其人才培养目标也存在差异，本书选取

---

① 《兰大校长辛树帜先生讲词》，《国立西北师范学院校务汇报》1946年第84期，第2页。

国立西北农学院、国立西北医学院两所国立独立学院为案例，对比两校人才培养目标之不同。

西北农学院院长唐得源提出：

> 农业大学教育，不但为树人之百年大计，且为经国利民之建设事业。以本院所处之地位及所具之条件实应负领导西北农业建设之责任，确应成为全国最完善之农业学府。诸位同学要以读书第一为手段，以实现科学救国为目的……以发扬农业学术，增加农业生产，开发西北富源，复兴农村经济为职志。习勤习劳，爱人爱物，以拓荒为己任，为农民做导师，在校努力研究，毕业忠诚服务。①

国立西北农学院熊教务长在其演讲"学校风格与秩序"中着重探讨了什么是农业专门人才，他说：

> 培养专门的建国青年，我们现在是国内最完全的一个农学院。原有九系组，一个专修科，一个水力学部，今年又新添两系，农业制造系及农业机械系，毕业同学每年一百余人，分布西北及国内各地。专门人才，不是普通的旧式读书人，不是毫无专长的空洞读书人，他要有高深的学识，具体的担当，专门的技能。麦种不好，我们能改良；作物病虫害，我们能治理；土地制度不合理，我们能改革；木材不够能造林；肥料不足能制造；水利不够能造渠，这就是专门人才。②

陈宗和也说：

---

① 唐得源：《为纪念十三周校庆献言》，《国立西北农学院院刊》1947年第7期，第1—2页。
② 《学校风格与秩序》，《国立西北农学院院刊》1947年第6期，第1—2页。

我们农学院对西北就负着重大的责任：西北各宗作物品种的改良，实验及肥料的改良是农艺系化学系同学的责任，病虫害系负了扑灭农业病虫的专责，西北农田水利系的建设是水利系唯一责任，他们都有坚强的意志要改良西北水利，农村经济的建设及复兴是经济系的任务，全校师生均知责任之重大，自早至晚在探讨学术的原理推进技术的训练，加紧身体的锻炼，武功以西的中国疆域是农院同学为国贡献身心的场所，是许多青年科学家为国立功之处，我们的责任不仅是建设，而且要将西北自然现象加以精细的研究，造成中国科学独立基础，如果武功以西有一个农村没有繁荣，我们的责任就一日尚未离开肩上，科学不发达不足以立国，我们的脑汁在西北要造成国家富强的因素，本校将来的发展是在政府领导之下实现三民主义，造成理想的乐土。[1]

可见，国立西北农学院培养的人才，要负起科学救国、领导西北农业建设之使命，崇尚科学研究，紧密联系实际，有高深的学识，具体的担当，专门的技能。

国立西北农学院作为当时西北地区农业教育的最高学府，担负着为开发西北农村、提高农业科学技术、推动西北农业发展的重任，培养目标以通才教育为主，同时要求学生需有专业技术能力，能够胜任改造西北农村、发展西北农业之责任，能够运用专门知识、解决实际问题。

相比之下，同样是国立独立学院，国立西北医学院人才培养目标与西北农学院存在很大差别。《国立西北医学院组织大纲》规定："本院遵照中华民国教育宗旨及其实施方针以造就医学专才并研究医学高深学术及发展西北医疗卫生事业为宗旨。"[2]

院长徐佐夏在《告本院三十年度毕业学生书》中，全面表述了对学院人才培养的要求：

---

[1] 陈宗和：《国立西北农学院简介》，《陇铎》1940年第10期，第23—26页。
[2] 《本院组织大纲》，《国立西北医学院院刊》1940年第1期，第3页。

本院学生要将所学知识施诸社会，贡献国家。于此之外，尚有数端：一曰立志：欲展吾所学，为国贡献，自须有悲天悯人之心意，医人医国之抱负，立此志愿，坚忍不拔。二曰服务：医药卫生人员尤应当有济世活人为大众服务之决心，尽吾之所能，报效一切。三曰求进步：在校所学，终属有限，入于社会，更应随时随地留心研讨，加意精求，使学问日臻充实，功用日益恢宏。四曰负责任：本个人之岗位职守，做事切实负责，认真执行。五曰习勤劳：医药卫生人员必须养成孜孜为善，吃苦耐劳之习惯。六曰应征调：奉命应征兵役工役，凡属国民，均应尽其任已，自应踊跃应征。此外，医药卫生事业，尤有其特殊性，服务于此业者，待人接物，须有仁爱之精神，持身处世，要有和平之态度。①

医药卫生人才要有坚忍不拔的意志，救死扶伤、悲天悯人的心理，这正是西北医学院人才培养目标与其他高校的区别，也是西北医学院人才培养目标的独特之处。

就本书所选取的西北地区11所高等学校来看，学校性质不同导致人才培养目标存在差异的情况主要集中在国立西北工学院、国立西北农学院、国立西北医学院三所国立独立学院，这三所高校虽为独立学院，分属大学（包括独立学院）高校类别，但其人才培养目标与当时西北地区之综合性质大学稍有不同，以通才教育为主，各自侧重工科、农科、医科类人才培养，更强调学生须有专业技能和实践能力。

除高等学校的性质对人才培养目标的影响外，高校校长的个人影响也是非常重要的因素之一，高校校长对于高等教育的理解以及每个人不同的学术生活经历都会影响高校的发展走向，影响高校培养怎样的人才，如何培养人才的抉择。

总之，西北高等教育人才培养目标通过层层落实，建构了完整的

---

① 徐佐夏：《告本院三十年度毕业学生书》，《国立西北医学院院刊》1942年第20、21合期刊，第1—2页。

人才培养目标体系。第一层是政府全国高等教育人才培养目标，第二层是政府西北高等教育人才培养目标，第三层是西北地区高等学校人才培养目标。层层递进、层层展开，从国家高等教育人才培养目标到区域高等教育人才培养目标，再到各个高校人才培养目标的演绎，政府一步步落实西北高等教育人才培养的规划与设定，也一步步实现了对西北高等教育建设与发展的期待。在这个体系中，既有国家政府的宏观设计，也有具体高校的微观生成；既存在共性，也不乏特色。纵观这一时期，西北地区各高校正是通过不断适应国家时局变更，回应西北社会发展需求，针对自身类型与性质，生成了既有共同指向，又有各自特点的人才培养目标，也正是在这样的人才培养目标的指导下，西北地区各高校完成了自身的使命，化育人才，建设西北、服务国家。

第三章 西北地区高等学校院系架构与学科建设

院系与学科设置在高等教育人才培养过程中的地位十分重要，"高等教育的本质就是建立在普通基础教育之上的专业教育"①。在高校人才培养目标的指引下，院系与学科设置决定着高等教育、高等学校如何传递与创新文化，如何分配教育资源，如何引导人力资源构成及流向，还影响着高等教育、高等学校如何适应社会需求和国家高教目的培养人才的规制，影响着学习者成长的方向与空间。

第一节 西北地区各类高校院系与学科设置状况

一 大学院系与学科设置

这一时期西北地区大学包括西安临时大学、国立西北联合大学、国立西北大学，以及政府后期更名的国立兰州大学。

西安临时大学由国立北平大学、国立北平师范大学、国立北洋工学院组成，河北省立女子学院之后也并入其中。

西安临时大学学科设置门类齐全，设有文理学院、法商学院、教育学院、农学院、工学院、医学院六大学院。文理学院下设国文系、历史系、外国语文系、数学系、物理系、化学系、生物系、地理系。法商学院下设商学系、法律系、政治经济系。教育学院下设教育系、

---

① 顾明远主编：《教育大辞典》，上海教育出版社1988年版。

家政系、体育系。农学院下设农学系、林学系、农业化学系。工学院下设土木工程系、机械工程系、矿冶工程系、化学工程系、电机工程系、纺织工程系。医学院不分系。

1938年7月，西安临时大学更名为国立西北联合大学。根据《西北联大组织系统说明》，学校被划分为6大学院，23个学系，基本设置情况与西安临时大学相同。

1939年9月，国立西北联合大学最后一次改组，师范学院、医学院分出独立，其余部分组建国立西北大学。从1939年9月到1949年5月西安解放，国立西北大学的发展可大致划分为城固时期与复员西安时期两个阶段，在这两阶段中西北大学院系与学科设置由于政治时局变更、社会需求不同而有所变化与区别。从1939年9月到1946年6月为城固时期，这一时期国立西北大学下设文学院、理学院、法商学院及先修班。文学院设有中国文学系、外国语文系、历史学系；理学院设有数学、物理、化学、生物及地质地理学系；法商学院设有法律系、政治系、经济系、商学系。[1] 1943年，法商学院法律系增设司法组，分为司法、法理两组。[2] 1944年，文学院增设边政学系，设有维吾尔文组与藏文组，专门培养边政人才，推行边疆政策。1945年，文学院增设教育学系。[3] 1946年9月，国立西北大学迁回西安，院系设置除原来的文学院、理学院、法商学院外，又增加医学院，全校共计15个系，文学院下附设西北文物研究室。各学院规模与原来相仿，只有少数系科划分与归属略有变动。例如，理学院之地质地理系，1947年划分为地质与地理两系。原隶属于文学院之边政学系，于1947年底改属法商学院。在城固时期与西北工学院、西北农学院合办的大学先修班，在迁校后也改为单独办理，仍分文法、理工、医农

---

[1] 李永森、姚远主编：《西北大学史稿》（上卷），西北大学出版社2002年版，第272页。
[2] 李永森、姚远主编：《西北大学史稿》（上卷），第305页。
[3] 李永森、姚远主编：《西北大学史稿》（上卷），第297—298页。

三组。①

  1946年，原国立甘肃学院合并国立西北医学院之兰州部分，组建了国立兰州大学。在建校之初，国立兰州大学下设文理、法学、医学、兽医四个学院。其中，文理学院下设文科和理科。文科包括中国文学、历史学、俄文三个系；理科包括物理学、数学、化学、植物学、动物学、地理学六个系。法学院下设政治学、法律系、经济学、银行会计学、政治经济学。医学院、兽医学院不分系。② 1947年秋，文学院增设英文系与边疆语文系。1947年10月，政府教育部命令兰州大学兽医学院独立为"国立西北兽医学院"。1948年5月，兰州大学呈文教育部，希望将学校文理学院分开办理，以便组织管理。"本校文理学院共有十系，管理既属难周，办事复感不便，文科方面有中文、历史、边语、俄文四学系；理科方面有物理、化学、动物、植物、地理、数学六学系。遵照三系构成一院之规定，本校文理学院已具备划分之条件，有分立之必要。"③ 1948年7月，兰州大学文理学院正式划分为文学院与理学院。至此，国立兰州大学共下设文、理、法、医四个学院，18个系、科。此外，学校还设有普通、医学、俄文三个先修班。④

二　独立学院系科设置

  西北地区设立的独立学院分为国立、省立两种，包括国立西北工学院、国立西北农学院、国立西北医学院、新疆省立新疆学院、新疆省立女子学院等，本书主要讨论前四所学院。

  国立西北工学院成立于1938年，由北平大学工学院、北洋工学院及东北大学工学院、私立焦作工学院合并改组而成。

---

① 李永森、姚远主编：《西北大学史稿》（上卷），第370—371页。
② 张克非主编：《兰州大学校史》（上编），兰州大学出版社2009年版，第126页。
③ 兰州大学档案，1-1-248（国立兰州大学）。
④ 《文理学院概况》，《兰州大学校讯》1947年第1卷第3期，第3页。

国立西北工学院分设水利工程、电机工程、纺织工程、化学工程、航空工程、机械工程、矿冶工程、土木工程八个系，工科研究所下设矿业研究部及工程学术推广部。其中，矿冶工程系下设采矿组与冶金组；电机工程系下设电力组与电讯组。"土木系以平工北洋焦工之土木系合组；矿冶系以北洋焦工之矿冶系合组；机械系以平工北洋之机械系合组；电机系以平工东工北洋之电机系合组；化工纺织一系则系平工原有学系；水利系由北洋土木系水利组分出组成；航空系由北洋机械系航空机械组分出组成。"① 国立西北工学院还设有电信实习室、机械系实习机厂、水利系水工实验室、纺织系纺织工厂等。

1938年，国立西北农林专科学校与国立西北联合大学农学院合并为国立西北农学院。学院下设：

  1. 农艺学系；2. 植物病虫害学系；3. 农业经济学系；4. 森林学系；5. 园艺学系；6. 畜牧兽医学系畜牧组；7. 畜牧兽医学系兽医组；8. 农业化学系；9. 农业水利学系；10. 农产制造学系；11. 农业机械学系；12. 牧草学系；13. 特设农业经济专修科；14. 农科研究所、农田水力学部，共九系两组及一所一部。②

此外，国立西北农学院建立之初就附设了各农、林、园试验场，并于1939年与军政部兵工属合营国防林，1940年与经济部水工实验所合设武功水厂实验室，1941年与农林部合作设置陕西改良作物品种繁殖场，1942年与陕西省防疫处合办血清制造厂。③

1939年8月，医学院从西北联大母体分出，成立国立西北医学院。据1940年统计，学院分设解剖、生物、生理、化学、病理、药理、寄生虫、热带病、公共卫生、细菌、外科、内科、小儿科、妇产

---

① 《国立西北工学院概要》，1940年，第2页。
② 沈云龙主编：《第二次中国教育年鉴》（第5编），文海出版社1995年版，第212页。
③ 沈云龙主编：《第二次中国教育年鉴》（第5编），第212页。

科、耳鼻喉科、皮花科、眼科、理疗科,并兼设附属医院及医科公共卫生教学区办事处研究所。①附属医院设有检查室、图书室、事务部、医务部、看护部、手术室、调剂室。医务部又分设内科、外科、妇产科、小儿科、眼科、皮花科、耳鼻喉科、理疗科等。附属医院设置配套学院系科,通过附属医院实习推进,不仅有助于学生积累临床经验,拓展所学知识,而且有助于培养实践能力。

1935年新疆学院成立到1949年新疆解放,在25年中其发展坎坷,屡遭变革,系科设置在新疆社会几经沉浮的大环境中也不断更改。1935年1月学院下设法律系、经济系、税务专修科。1935年8月增设政治经济系。1939年8月增设教育系。1939年9月,根据《新疆学院组织大纲草案》,学院下设政治经济系、语文系、土木工程系、教育系及高中部,共四系一部。1939年10月,学院增设农科系、工科系。1940年秋,于教育系下增设维吾尔语一班。1941年2月,农业系改为农业系预科,并分为四组,即水利组、畜牧组、农艺组与兽医组。1944年,学院增设文史系、机械工程系,加上原有的政治经济系、土木工程系、教育系、农业专修科,共五系一科。1945年,学院只剩国语组与土木工程系各一班学生。1947年,学院颁布《新疆省立新疆学院组织大纲》,规定下设文科3个系:教育学系、文史学系、政经系;工科2个系:机械工程学系、土木工程学系;农科2个科:畜牧兽医专修科与农田水利专修科。②25年间,新疆省立新疆学院系科不断增加,学院不断发展。但究其具体情形,由于新疆政局混乱,学院经常遭遇白色恐怖,正常教学秩序尚无法维持,发展壮大更是无从谈起。

三 专科学校学科设置

根据1944年统计,西北地区共有五所专科学校,即国立西北技

---

① 《本院组织大纲》,《国立西北医学院院刊》1940年第1期,第5页。
② 马文华:《民国时期的新疆学院》,《新疆大学学报》(哲学社会科学版)1991年第4期。

艺专科学校、国立西北农林专科学校、陕西省立医学专科学校、私立西北药学专科学校、陕西省立商业专科学校。抗战结束后，又新设两所，即国立兽医学院与宁夏省立师范专科学校，直至1949年中华人民共和国成立前，西北地区共有七所专科学校，其中三所国立、两所省立、两所私立。本书主要选取国立西北农林专科学校与国立西北技艺专科学校作细致、深入探究。

1936年正式成立的国立西北农林专科学校是西北地区第一所国立专科学校。学校下设森林组、农艺组、水利组、园艺组、畜牧兽医组、农业经济组六组，并附设林场、农场、园艺场、畜牧场、高级职业专科学校、小学及中国西北植物调查所等。[①]

国立西北技艺专科学校创办于1939年，当时，抗战全面爆发已逾两年，东北东南沿海大抵沦陷，政府为培养技术人才，加紧建设西北，特于甘肃兰州筹设该校。在建校之初，先设畜牧、兽医、农学、森林、农业经济五科，后再酌量增设土木、水利、机械、纺织、化学制造等科。[②] 1941年夏，学校增设牧草、农田水利两科。1945年8月，国立西北技艺专科学校更名为国立西北农业专科学校，遵照部定计划，基本设置与西北技专相同，下设七科。1947年国立兽医学院成立后，西北农业专科学校兽医科奉命合于该院。由此，国立西北农业专科学校剩余六科，并附设农场、林场等。

四　师范学院系科设置

这一时期，西北地区师范学院只有国立西北师范学院一所。1939年8月，该校脱离国立西北联大，单独设置，该校发展大致可分为城固与兰州两个时期。

1939年国立西北师范学院于城固办学，学院由国文系、史地系、英语系、国民训育系、理化系、数学系、教育系、体育系、博物系、

[①]《国立西北农林专科学校一览》，1936年，第10页。
[②]《国立西北技艺专科学校概览》，1940年，第2页。

家政系、劳作专修科十系一科，以及师范研究所组成，并附设小学、中学。①

1941年3月19日，政府教育部向西北师院发出训令，要求学校速速筹设兰州分院。1941年10月1日，国立西北师范学院兰州分院正式成立。直至1944年底，西北师院全部迁兰。此时，学院除原设之国文系、史地系、英语系、体育系、教育系、国民训育系、理化系、家政系、数学系、博物系、劳作专修科十系一科外，还增设国文专修科、史地专修科、理化专修科、国语专修科、体育专修科、劳作师资训练班、优良小学教师训练班，及先修班。并于师范研究所下设教育学部，附设生产农场、函授学校、小学、中学、家庭教育实验区、国民教育实验区、社会教育实验区等。②

第二节 西北地区各高校院系与学科设置的特点

这一时期的西北各高等学校院系及学科设置依据不同高校类别存在明显差异，在各高校自身办学过程中，院系与学科设置也有所调整，形成了属于自身的特色学院与特色学科。

一 不同类型高校院系与学科设置不同

根据政府对高等学校的划分，高校类型包括大学（独立学院）、专科学校及师范学院三类，同时考虑到综合性质的大学与独立学院的差异，暂且将独立学院从大学体系中分出，高校就主要包括四种类型。

结合上述西北各高校院系及学科设置状况，这四种类型高校之间存在显著差异。首先，综合性质的大学院系设置综合性较强，学科涵

---

① 刘基、王嘉毅、丁虎生主编：《西北师范大学校史》，教育科学出版社2012年版，第95页。
② 刘基、王嘉毅、丁虎生主编：《西北师范大学校史》，第142页。

盖面较为广泛。以西北联大为例。联大下属文理、法商、教育、农、工、医六大学院，六大学院又各自分设学系，共计 23 个系，可谓包罗万象，学科门类齐全。抗战后兴建的国立兰州大学也曾设文理学院、法学院、医学院、兽医学院四大学院，14 个学系，后兽医学院分出独立，兰州大学依然保持了文、理、法、医四个学院，18 个系、科，以及三个先修班的院系与学科架构。可见，这一时期西北各综合性质的大学院系设计以及学科构成的综合性特征明显。

其次，西北各独立学院主要指国立西北工学院、农学院、医学院，这三所高校系科设置完备齐全。除一般系科设置外，这三所高校注重科研，均设置了研究推广机构，如国立西北工学院之工科研究所矿业研究部、工程学术推广部，国立西北农学院之农科研究所、农田水力学部，国立西北医学院之医科公共卫生教学区办事处研究所等。此外，这三所高校还基于学科特点，配套附设相应实习、实验之工厂、农场、医院等，培养过程注重理论联系实际，注重学生手脑共育。

再次，这一时期的西北专科学校以西北农林专科学校与西北技艺专科学校为例，这两所专科学校均属于农业专科学校，应西北农业生产事业发展之需要，以"教授应用科学，培养技术人才"为宗旨，除设立森林、农艺、水利、兽医、农业经济等组、科外，还特别注重林场、农场、园艺场、畜牧场等建设，着力为培养学生实践操控能力提供试验场所与设施，努力为西北建设培养应用型人才。

最后，国立西北师范学院系科设置特点鲜明，为培养优秀中等教育师资，下设十系一科，涉及文科、理科基本学科分类，着重构建学生广博的知识结构。学院设置各类专修科，培养初级中学各科教师。此外，国立西北师范学院附设家庭教育实验区、国民教育实验区、社会教育实验区等，一方面有助于文化推广，实际参与西北文化建设；另一方面有助于开展教育实习，专门为师资训练提供场所与保障。1939 年 8 月，西北师范学院师范研究所正式招生（师范研究所筹备于西北联大时期，招生及培养均是在西北师院独立之后进行的），该研究所以"研究高深教育学术，训练教育学术人才，协助师范学院所划区内教育研究机关，研究教育问题等"为目的，专为教育研究服务。

二 各高校均设有特色学院或特色学科

西北各高等学校在院系及学科建设中凝聚各校传统，结合社会需求，建立与发展了一批特色学院与特色学科，这些学院与学科师资力量强大，资源较为丰富，在各校建设体系中优势明显，实力较强。

西安临时大学与国立西北联大是以几所历史悠久、教学水平与师资力量均达到国内一流水平的大学为基础组建起来的，这两所前后相继的高校除农学院与医学院实力稍弱外，文理学院、法商学院、工学院、教育学院实力都很强。其中，文理学院之国文系、历史系、数学系、物理系，工学院之机械系、矿冶系、电机系、土木工程系，教育学院之教育系、体育系、家政系等云集国内著名专家学者，可谓人才济济，实力雄厚。

西北联大解体后分设西北五校，西北五校之院系设置与学科建设基本承继联大时期的特色，并在此基础上不断发展。西北大学文学院之中国文学系、历史学系、边政学系（后改设于法商学院），理学院之生物学系、地质学系，法商学院之经济学系等独树一帜，发展较快。西北工学院之土木工程系、机械系、矿冶、纺织系等实力较强。西北农学院之农业学、农业化学、农业经济学、农业水利等系特色鲜明。西北师范学院教育、国文、体育以及家政、史地等学系水平较高。

国立兰州大学不仅设有文理学院、兽医学院等特色学院，还拥有中国文学、历史学、俄文、边疆语文、物理、化学、动物等特色学科。

两所国立农业专科学校即西北农林专科学校与西北技艺专科学校

也在办学过程中不断探索，创建了自己的特色学科。西北农林专科学校之农艺组、水利组，西北技艺专科学校之农业经济科、农田水利科等成为两校的优势学科，为西北农林建设培养了大批人才。

第三节 西北地区各高校院系与学科设置的成因分析

为什么西北各高校会形成上述院系与学科架构？为什么各高校会呈现出自身的特色？为什么这种架构会发生变化？这一系列问题归总起来就是要探究西北各高校院系与学科设置与发展的成因，深入探讨这一时期究竟是哪些因素的共同作用影响了西北高校，形成了各校独具特色的院系架构与学科设置。

一 政府对高等学校院系设置的整顿与规定

西北高等学校院系架构与学科设置主要受到了国民政府的影响，国民政府通过颁行各项高等教育法令法规，不断加强对各类高校的管理与领导，对各类高校院系及学科设定都有明确的规定。

政府在新建伊始即着手整顿全国高等教育之乱象。1929年7月26日，政府颁布了《大学组织法》，规定"大学分文、理、法、农、工、商、医七个学院，具备三个以上者，方为大学。不合条件者，称为独立学院，须分两科。大学各学院及独立学院各科，须分若干学系，须设专修科。大学得设研究院"[1]。可见，此时的大学学院划分依旧延续北洋政府时期七科传统，依然没有处理好师范类高校如何安置的问题。

1929年8月14日，国民政府教育部公布《大学规程》，规定大学分文、理、法、教育、农、工、商、医各学院，至少须具备三个学院，注重实用科学之原则，必须包含理、工、农、医之一。独立学院

---

[1] 中国第二历史档案馆编：《中华民国史档案资料汇编》（第5辑第1编教育1），凤凰出版社1994年版，第171—172页。

得分两科。大学各学院或独立学院各科，分为若干学系，具体划分如表 3-1 所示。

《大学规程》首先明确规定了大学设置的条件，提高了大学设置的标准；其次按照八大学科重新分类，即文、理、教育、法、工、农、商、医，作为大学学院划分的依据，将大学学院分为八类；最后，在上述划分的基础上，进一步明晰了大学各学院或独立学院各科学系的分类。

表 3-1　　　　　　大学各学院及独立学院各科学系划分

大学文学院 独立学院文学科	中国语文、外国语文、史学、哲学、社会学、语言学、音乐学及其他	
大学理学院 独立学院理科	物理学、数学、化学、生理学、生物学、心理学、地质学、地理学及其他，并附设药科	1. 设文学院或文科而不设法学院或法科，及设法学院或法科而专设法律学者，须设经济、政治二学系于文学院或文科 2. 大学或独立学院设有文学院或文科，不设教育学院或教育科者，须设教育学系
大学法学院 独立学院法科	政治、法律、经济，但须专门设置法律学系
大学教育学院 独立学院教育科	教育原理、教育行政、教育心理、教育方法及其他
大学农学院 独立学院农科	农学、兽医、林学、畜牧、园艺、蚕桑及其他	
大学工学院 独立学院工科	机械工程、化学工程、土木工程、电机工程、建筑学、造船学、冶金、采矿及其他	
大学商学院 独立学院商科	银行会计、国际贸易、统计、工商管理、交通管理及其他	
大学医学院 独立学院医科	不分系	

说明：各学系如遇必要，可再分组。

资料来源：中国第二历史档案馆编《中华民国史档案资料汇编》（第5辑第1编教育1），凤凰出版社1994年版，第386—387页。

1931年3月26日，政府教育部公布了《专科学校规程》，对专科学校种类作了细致的划分（见表3-2）。

表3-2　　　　　　　　　　专科学校种类划分

甲类 （同时设置两种以上者，称为工业专科学校）	乙类 （同时设置两种以上者，称为农业专科学校）	丙类 （同时设置两种以上者，称为商业专科学校）	丁类
矿冶专科学校	森林专科学校	保险专科学校	药学专科学校
电机工程专科学校	农艺专科学校	会计专科学校	医科专科学校
机械工程专科学校	兽医专科学校	统计专科学校	艺术专科学校
化学工程专科学校	畜牧专科学校	银行专科学校	体育专科学校
河海工程专科学校	桑蚕专科学校	税务专科学校	音乐专科学校
土木工程专科学校	水产专科学校	盐务专科学校	图书馆专科学校
测量专科学校	其他关于农业之专科学校	交通管理专科学校	商船专科学校
建筑专科学校		国际贸易专科学校	市政专科学校
染色专科学校		其他关于商业之专科学校	其他不属于甲乙丙三类之专科学校
纺织专科学校			
造纸专科学校			
制革专科学校			
陶业专科学校			
造船专科学校			
飞机制造专科学校			
其他关于工业之专科学校			

资料来源：中国第二历史档案馆编《中华民国史档案资料汇编》（第5辑第1编教育1），凤凰出版社1994年版，第391—393页。

由此可见，1931年颁布的《专科学校规程》首先将专科学校分为工、农、商、其他四个大类，再对每一类作细致划分，其中，工科类分为 16 小类；农科类分为 8 小类；商科类分为 9 小类；其他类型分为 9 小类，这一划分基本上规范了专科学校设置，设定了大量关系国计民生的实科类专科学校，在一定程度上限制了文法类专科学校，变革了以往重视文科、忽视实科的现象。

1934 年 4 月 28 日，政府修正公布了《大学组织法》，其中，学院划分根据八大学科标准，更改为八大学院。①

1939 年 9 月 4 日，政府教育部以"查各大学及独立学院所设学系，名称既多不同，隶属学院亦有歧义"为由，重新修正规定各学院名称（见表 3-3）。

表 3-3　　　　　　　大学各学院学系划分

学院	学系
文学院	中国语文、外国语文、历史学、哲学及其他学系。可设商学系
理学院	物理学、数学、化学、生物学、心理学、地质学、地理学及其他学系
法学院	法律、经济、政治、社会学及其他学系。可设商学系
农学院	森林、农艺、兽医、畜牧、园艺、蚕桑、植物病虫害、农业经济、农业化学及其他学系
工学院	机械工程、化学工程、土木工程、电器工程、矿冶工程、水利工程、航空工程、纺织工程、建筑工程及其他学系
商学院	银行、会计、国际贸易、统计、工商管理、商学及其他各学系

说明：凡各校单独设置某院之一二学系，而该院并未单独成立者，须附设与性质相近之学院。

资料来源：民国政府教育部编《教育法令》，中华书局 1948 年版，第 144 页。

仅就大学各学院划分来看，一方面，1939 年的标准更加清晰明了，各院所设学系之名称更加科学规范；另一方面，根据国家与社会需求，国民政府大力发展理工科教育，1939 年标准中增加了相应的学系设置，例如农学院增加了森林、植物病虫害、农业经济、农业化学等；工学院增加了水利工程、纺织工程、航空工程等。

---

① 中国第二历史档案馆编：《中华民国史档案资料汇编》（第 5 辑第 1 编教育 1），凤凰出版社 1994 年版，第 395 页。

1942年8月1日，政府教育部公布《师范学院规程》，规定"师范学院单独设立或于大学中设置，分为男女两部，并须筹设女子师范学院"。"师范学院分为国文、史地、公民、外国语、训育、理化、算学、教育、博物各系，以及音乐、体育、劳作、家政、图画、社会教育各专修科。各专修科于必要时可改为系。""师范学院须设第二部，招收大学其他学院性质相同学系毕业生，授以一年专业训练，合格后教育部颁发中等学校某科教员资格证书。""师范学院设职业师资科，招收专科学校毕业生，授以一年专业训练，合格后由教育部颁发职业学科教员资格证书。""师范学院还需附设初级部，招收高级中学或同等学校毕业生，予以三年学科及专业训练，合格后由教育部颁发初级中学同等学校某科教员资格证书。"师范学院须附设师范研究所，培养教育硕士研究生。此外，师范学院还须设置高级中学教师进修班、初级中学教师进修班，以及小学教员进修班，担负培训各级教师的任务。[①] 由上述规定可知，此时高等师范教育已可单独设立，同时也可于大学内部附设为教育学系，师范学院内部设置较为复杂，不仅有学系、专修科，还有第二部、初级部、研究所，以及各类进修班等。

1948年12月25日，教育部修正并公布《师范学院规程》。相比1942年颁布的《师范学院规程》，主要内容大致相同，但也有所变更，取消了初级部、进修班等相关规定；修改授予第二部培养之毕业生高级中学教员证书；将原来的初级部培养任务划归给专修科，规定"师范学院须设置专修科，招收高级中学或同等学校毕业生，或具有高级中学毕业同等学力者，修业三年，合格后由院（校）授予初级中等学校某科教员证书"。按照1948年《师范学院规程》相关规定，"独立师范学院分国文、史地、英语、数学、博物、教育、理化、音乐、体育、家政等学系，及体育、劳作、音乐、家政、图画等专修科"。"大学师范学院分设教育、艺术、体育等学系，并须在文理学院

---

① 中国第二历史档案馆编：《中华民国史档案资料汇编》（第5辑第2编教育1），凤凰出版社1994年版，第727—729页。

相当学系内招收师范生。"① 显然，此次政府教育部对《师范学院规程》的修正与调整，删繁就简，对师范学院系、科设定更加明确、规范。

由于独立设置高等师范学院，1948年1月12日，在政府颁布的《大学法》中，八大学科又恢复为七大学科，规定"大学分文、理、医、法、工、农、商学院。师范学院由国家单独设立，但国立大学须附设。"②

通过对政府及教育部颁布的高等学校院系、学科设置相关法令、规程等的整理与分析，总体来看，第一，这一时期，大学设置始终坚持至少有三个学院，并且其中一院须为农、工、理、医之一的标准，提高了大学设置的难度，有效防止了大学滥设；第二，根据相关法令规定，大学及独立学院基本按照八大学科划分院、科，再向下延伸，划分各个学系，层次清晰、内容完整；第三，根据《专科学校规程》，教育部对专科学校种类也作了明确、细致的区分；第四，根据国家与社会需求的变化，国民政府大力发展实科类专科学校教育，在一定程度上抑制了文法类专科学校教育；第五，1942年《师范学院规程》的颁布，标志着高等师范学院从大学及独立学院中分离出来，单独设置，从根本上解决了一直困扰政府的师范学院设置问题；第六，尤其是1948年国民政府教育部修正通过的《师范学院规程》，科学、清晰地表述、规定了师范学院各个学系、专修科、研究院等内部设置。纵观这一时期，政府通过对各类高校内部设置的调整与完善，促使我国高等教育步入规范化、科学化的良性发展轨道。这种全国层面高等教育的改革与整顿，也为西北地区高等院校内部院系与学科设置提供了基本依据。

---

① 中国第二历史档案馆编：《中华民国史档案资料汇编》（第5辑第1编教育1），凤凰出版社1994年版，第484页。
② 中国第二历史档案馆编：《中华民国史档案资料汇编》（第5辑第1编教育1），第417页。

二 高校历史发展演变中的继承与发展

西北各高校院系及学科设置除明显受到国民政府政策的影响外，各高校在其历史演变中对优势学院及学科不断的继承与积累、延续与发展也是不可忽视的因素。

全面抗战爆发后，高校西迁，西安临大初到西北社会，立足未稳，响应西北社会需求，变革、扩充院系设置并非朝夕之功，需要长期的积累与完善。而原来的三所高校基本建制齐全，已经具备一定的规模与发展水平，沿承三校学科、院系设置理所应当。西北联大文理学院是在北师大文学院、理学院和原北平大学女子文理学院的基础上建立起来的。文理学院下设的国文系、历史系等优势学科继承了北师大与北平大学的优良传统，原任北师大文学院院长的黎锦熙教授、原北平大学女子文理学院院长、历史系教授许寿裳等也都留在了西北联大文理学院，为文理学院优势学科建设做出了贡献。再以西北联大法商学院为例。该院的前身是北平大学法商学院，从1934年起，白鹏飞任北平大学法商学院院长，执掌该院六年之久。白鹏飞秉承蔡元培"兼容并包、学术自由"的办学方针，严肃学风建设，提出"敦品励学"的要求，紧抓教育教学，提倡理论与实践并重。在白鹏飞任内，平大法商学院发展迅速，师资力量雄厚，政治系主任陈豹隐、经济系主任李达、商学系主任王之相、法律系主任余棨昌都是学术界著名人士。此外，该院当时还拥有一大批知名教授，如江之泳、刘泽荣、侯外庐等。抗战时北平大学西迁并入西北联大，联大之法商学院极好地承继、保留了北平大学之特色，并在此基础上不断发展壮大。

国立西北师范学院的前身是西北联大教育学院，再向前追溯就是北平师范大学，在该校发展过程中因校长一直未曾变动，虽经历西北联大解体而独立，但师资队伍、系所设置基本上保持了北平师范大学原貌，教育系、体育系、国文系等特色学科延续发展。西北师院之家政系的源头也是战时并入西北联大的河北女子师范学院。

其余西北各高校院系在学科设置过程中也有相似情况，诸如西北工学院既有对联大工学院（前身为国立北平大学工学院与国立北洋工学院）之继承，又有对国立东北大学工学院及私立焦作工学院的延续。西北农学院也先后承继了联大农学院（前身为国立北平大学农学院）以及国立西北农林专科学校之优势学科。国立兰州大学更是在原国立甘肃学院基础上发展起来的，甘肃学院乃西北地区历史悠久之高等学府。

纵观这一时期，西北高等学校不断改组与合并已成常态，尤其是西安临大更名为西北联大，联大再分解为西北五校，西北五校在形成过程中对其他高校及学院不断吸纳与融合，这种情况使西北各高校特色学院与优势学科在形成与建立过程中受到其前身的重要影响。这些特色学院与特色学科在历史继承中不断发展壮大，与西北社会政治、经济、文化及边疆建设逐渐结合，成长并支撑起这一时期西北各高校独特的学术优势。

三　回应西北边疆建设的需要

这一时期西北各高校院系设置与学科建设一方面依据学校历史沿承，另一方面还注重结合西北社会实际发展要求，特别是边疆建设的需要，增设新的特色学院、积极创新与培植新的特色学科。

国立西北农林专科学校与国立西北技艺专科学校系科设置紧紧围绕西北社会开发与建设的需求，所设之农艺、畜牧兽医、农业经济、森林、水利等组、科，面向西北社会农业发展、农村建设培育专业人才之需，可以说，这两所专科学校就是为西北社会农业起步而建的。

1939年师范学院独立为国立西北师范学院，1940年教育部电令西北师范学院迁往兰州办学，特别是1944年底，西北师范学院全部迁驻兰州之后，陕西省缺少培养中等学校师资的师范类高校。为适应西北地区之需要，教育部于1945年特令国立西北大学文学院增设教育学系，培养中小学师资，着重中小学教育研究，为西北教育、文化、建设等服务。① 1944年,西北大学文学院成立边政学系,也是针对西北边疆实际需要而产生的。自抗战时期起,西北边疆战略地位提升,国人开始清醒地认识到:

> 边疆领土是中华民国的版图,边疆同胞也是中华民族的成员;我们中华民族,不能没有边疆同胞而生存,我们中华民国,也不能没有边疆领土而成为一个独立的国家。保边疆即所以保中国,团结边疆同胞即所以维护中华民族的生存。我政府有鉴于此,乃有设立边政学系之举,以期造就一些专门人才,去服务边疆,去巩固边疆,去繁荣边疆。这是边政学系成立的因素。②

边政学系的建立突破了以往高校仅为边疆社会培养各类专业人才的局限,在教授学生熟练掌握少数民族语言文字的基础上,一方面强调相关学科学习,另一方面着重边疆调查与边疆学术研究,致力于培养综合性的边疆治理人才。

西北大学回迁西安后将原地质地理系分开设立,原因是在抗战胜利后,勘测地质资源、开展地质地貌研究成为建国的当务之急,而西北大学是西北唯一造就地质人才之所,为更好地进行西北地区及边疆地质资源勘查与开发工作,须单独成立地质学系。

再看国立兰州大学,在抗战结束后,西北畜牧业亟待发展,为此国立兰州大学特别设立了兽医学院,校长辛树帜说:"为适应当地环境,拟特重于兽医学院之发展。防治家畜疾病,及推而改良其品种,以期有裨助于西北经济国防。"③ 可见兽医学院设立与发展之初衷。在兰州大学建校伊始,政府教育部即令其设置俄文系,旨在"造就精通

---

① 《各学院之现在与将来》,《国立西北大学校刊》1945年复刊第17期,第3页。
② 陈克:《西北大学边政系素描》,《西北文化月刊》1947年第1卷,第30页。
③ 《辛校长树帜上教育部签呈——主办兰州大学计划大纲》,《兰州大学校讯》1947年第1卷第1期,第2页。

俄文、熟悉苏联国情之人才，为国备用"①。我国西北地区幅员辽阔，民族众多，各民族历史、语言、文化、宗教、风俗各异，为造就一批"通语文、娴风俗"，能够适应西北民族地区工作与研究的专业人才，1947年9月兰州大学于文学院下设边疆语文系，包括蒙古文、藏文、维吾尔文三个组，以"造就边疆语文人才、研究边疆、沟通文化"②为己任。

英国著名高等教育学家埃里克·阿什比认为：大学像一个有机体，是遗传与环境的产物。大学体系的规模与形式，不外由三种主要力量决定。阿什比所谓的三种力量的前两种来自环境，即社会的需求与政治的需求，第三种力量则为大学的内在逻辑。③ 西北高等学校院系架构与学科设置也正是受到国家政治、社会发展与大学自身传统承继三方面力量的共同作用，即国民政府政策法规的规制与引导、西北边疆开发与建设的需求，以及高等学校对历史传统的继承与延续三种因素的影响。简单地说，这一时期西北各高校生成如此之院系与学科结构，是由各高校不同的人才培养目标决定的。人才培养目标决定高校培养怎样的人才，而这种期望必须通过具体的高等学校教育实践才能落到实处，转化为真实具体的途径与方法。院系架构与学科设置就是人才培养目标下落的第一个层次，高校安排院系结构、设定调整学科类型正是在人才培养目标的指引下完成的，不同类型、不同性质的高校人才培养目标不同，院系与学科设置也就各有特点、各不相同。

---

① 《文理学院概况》，《兰州大学校讯》1947年第1卷第3期，第3页。
② 《文理学院概况》，《兰州大学校讯》1947年第1卷第3期，第4页。
③ [英]埃里克·阿什比：《科技发达时代的大学教育》，滕大春、滕大生译，人民教育出版社1983年版，第114、13页。

第四章　西北地区高等学校课程设置

课程设置是指特定学校为培养人才而选定的各种各类课程的设立和安排，主要包括规定学校的课程类型、设立的课程门类，以及在各年级的安排顺序和学分、学时分配，同时明确规定各种各类课程的学习目标、学习内容和学习要求等。西北地区高等学校在各自人才培养目标的指引下，逐渐形成了比较规范、完整、富有特色的课程设置体系，在高等学校人才培养中发挥着极其重要的桥梁和载体作用。

首先我们以课程论视角考察分析西北地区高等学校的课程方案与课程设计取向，借助形式与内容两方面的结合，整体地呈现其课程在人才培养过程中的主导作用和奠基方式，分析各高校人才培养目标如何通过课程体系设置得以实现的过程。其中，对课程方案的分析重点考察人才培养目标落实到学校课程目标的细化过程，课程设置基本框架和结构配置，以及学生课程修习的相关规定和要求。至于课程方案中有关课程实施过程的条件与保障问题将放到下一模块予以专章讨论。课程设计取向的透视重在探讨各类高等学校具体的课程设计意图或目标，课程内容的选择和组织方法，以及评价特点等。在具体的分析过程中，试图基于课程核心要素的考察，进一步分析澄清这一时期西北地区高等学校课程设置的共同要素、主要特点、价值追求，及对人才培养的贡献。

第一节　西北地区高等学校课程设置的总体情况

伴随着政府教育部颁发的《大学规程》（1929年）、《专科学校规程》(1931年)、《学分制划一办法》(1932年)、《师范学院规程》(1938年)等规程与办法,以及教育部第一次课程会议(1938年)、第二次课程会议(1944年)的陆续召开,西北地区高等学校逐步建立并形成了较为完善的大学课程方案。

一 人才培养目标进一步明晰、细化为学校具体课程目标

西北地区高等学校的人才培养目标是各类学校及各个学段具体应达到的教育目标,具有阶段性、层次性、区域性特点。培养目标在本质上必须服从于当时国家的教育目的,但落实到各高等学校,它还要根据学校类别、实施学段的特点,提出具有地方特色、学校类别特色,甚至学段教学特点的具体培养目标。

国民政府1929年提出的教育方针是:"三民主义之教育,必以充实人民生活,扶植社会生存,发展国民之生计,延续民族之生命,为最大目标",并进一步转化为教育目的,即"中华民国之教育,根据三民主义,以充实人民生活,扶植社会生存,发展国民生计,延续民族生命为目的,务期民族独立、民权普遍、民生发展,以促进世界大同"。这种层次最高、最宽泛、指导范围最广的国家教育目的,实际上是政府培养人才的总目标,涉及高等学校将受教育者培养成为怎样的社会角色,具有怎样的核心素质的根本问题,是高等学校教育教学实践活动的出发点。西北地区高等学校人才培养目标,就是在遵照、贯彻落实上述国民政府总目标的前提下,结合地域、学校类型特色,同时注重培养学生国家意识与民族意识,培养学生为发展西北经济、推动西北社会现代化进程的服务观念和服务能力基础之上形成的。在前文我们已经系统分析、讨论了西北高等学校人才培养目标的演变与形成,提出了大学、独立学院、专科学校、师范学院各自的人才培养目标和特点。这些目标在各类高等学校课程设置体系中得到进一步具体化,成为指导学校课程方案制定的核心理念和行动指南。

二 课程设置留有伸缩余地，逐渐走向规范、合理

首先，西北地区各高校按照教育部统一要求以及学校自身特色和人才培养目标，建立健全了完善的学制、学分和课时分配体系。大学、独立学院学制一般为四年，专科学校学制为三年，师范学院学制为四年。在学分方面，各类高校内部规定都有差异、富有特色，如国立西北大学规定各系学生在四年内需修满 140 学分以上方可毕业，但边政系及法学系法理组学生至少要修满 150 学分，法律系司法组学生须修满 160 学分方可毕业。而国立西北工学院土木工程系要求学生在四年内需修满 174—176 学分。国立西北农林专科学校学制三年，每周教授 1 小时，满一学期者为 1 学分，实验及实习钟点 2 小时至 3 小时，计 1 学分。在具体操作过程中，西北地区高等学校的处理比较灵活。如国立西北大学在学校章程中明确提出："各科课程及其学分或时数，依照教育部颁行大学科目标之规定，但因实际需要得呈准增减科目或变更其各学年分配之顺序。"[①] 这种情况在当时西北地区的 11 所高校中普遍存在。

其次，在课程结构方面，课程由必修课程和选修课程组成。其中，必修课程分专业必修课程与共同必修课程。共同必修课程是学校全体学生必修的课程，它们是高等学校本科生发展的共同基础，涉及学生人文素养与科学精神的平衡综合培养和发展。如在城固时期，国立西北大学文学院中国文学系为学生开设的共同必修课程，包括从三个方面进一步拓展学生素质的课程：一是人文社科方面的课程，包括国文、中国通史、西洋通史、外国文、伦理学、科学概论和哲学概论七门课程，不过，科学概论与哲学概论可任选一门。二是自然科学和数学方面的课程，在物理、数学、化学、生物学、生理学、地质学六门课程中任选一门。三是社会政治经济方面的课程，在政治学、社会

---

① 《国立西北大学概况》，1947 年，第 29 页。

学和经济学中任选两门。学校为学生提供的共同必修课程有个人选择的机会,但上述三个方面课程的每一类都必须有所修习,并取得相应学分。根据史料佐证,在共同必修课程确立的过程中,西北地区各高等学校基本上遵循当时教育部对高校文、理、法、农、工、商学院共同必修科目及学分的有关规定和要求,局部有灵活应变与调整,具体表现在学校内院系对本院系学生共同的与专业领域发展相关或补充拓展性质的课程方面。专业必修课程和选修课程主要依赖学校内院系结构和教务行政部门设立,并由学校审核报呈教育部备案。如果进行横向比较,西北地区高等学校专业必修课程的具体科目与同时期域内和域外高校同专业的课程科目基本雷同,所开设科目基本一致。但是,选修课程有着非常大的灵活性和弹性,并且差异较大,往往是由院系依据本院、本系师资情况来确定,同时兼顾学校办学特色,以及服务西北地区社会的基本定位。

三 对学生的课程修习提出明确要求

本书选取的西北地区 11 所高等学校分属文、理、法、农、工、商学院及师范学院,尽管专业门类、课程设置千差万别,但在 11 所学校的课程方案中,对学生完成相应课程规定课时的学习或完成规定实验的时数并考核合格,即可获取相应学分有着明确的规定,只要学生按要求和程序修满足够的学分,毕业试验或毕业论文合格即可毕业。

如国立西北大学在其《本大学学则》中明确要求学生注册选课,学生须于每学期规定期间到校注册,学生课程除一年级规定课程必须修习外,文、理、法商三学院的学生每学期至少选修 18 学分,至多选修 24 学分,但第四学年经系主任之许可,得于 4 学分之范围内多选或少选,医学院课程均为必修。学生选课应于每学期开始时按规定日期行之,开课逾两周不得请求加选或退选。① 学生在修习完所选课

---

① 《国立西北大学概况》,1947 年,第 28—29 页。

程后，经过一系列考试，成绩分为甲乙丙丁戊五等，丙等以上为及格。学生每学期所得各科目之学期成绩与各该科目学分数相乘之总和，以该学期所修学分总数除之，为该生所得之学期成绩，两个学期的学期成绩的平均数为该生所得学年成绩。毕业总成绩评定方法是：文、理、法三学院学生每学年成绩加权25%求和为毕业总考成绩；医学院学生在校每学年成绩加权20%（共五年）求和为毕业总考成绩，毕业总考及毕业论文不及格者不予毕业。[①] 由此可见，国立西北大学将学生修习要求细化到每个操作环节上，非常具体，尽管和今天国内高校的学分和毕业成绩计算方式不同，但它们同样为学生顺利完成学业提供了非常明确的学习要求和努力方向。

第二节 多元化的课程设计取向

人们在哲学思想、价值观、方法论，以及文化背景方面的差异导致对高等学校课程存在不同的理解与认识，形成了相应的课程取向。任何一个从事高等教育工作的人，都有自己的课程取向。毫无疑问，这种课程取向既会影响课程理论工作者如何设计和分析具体的学校课程，也会影响教育实践工作者对某一项具体学校课程方案的实施。课程取向如此重要，因此，我们在研究西北地区高等学校的人才培养问题时，必须考察学校层面、学院（系、科）层面的课程取向问题，这种取向被应用、渗透到具体的高等学校课程设计之中，就是今天在课程理论之中所谓的课程设计取向。鉴于目前存留的西北地区高等学校每门课程实施中、微观层面的教育教学活动具体史料非常欠缺，本书聚焦于各高等学校的课程设计，从课程设计取向的视角把握当时西北地区高等学校人才培养的现实情况和实现途径，分析其课程设置体系所蕴含的思想观念和价值追求。

---

① 《国立西北大学概况》，1947年，第30—31页。

课程设计的概念可谓众说纷纭，仁者见仁，智者见智。在众多讨论中，最有影响力的是《简明国际教育百科全书·课程》对课程设计概念的界定："课程设计是指拟定一门课程的组织形式和组织结构。"认为课程设计"决定于两种不同层次的课程编制的决案。广义层次包括基本的价值选择，具体的层次包括技术上的安排和课程要素的实施"①。按照这样的观点，广义层次的课程设计，主要是对课程组织形式的确立，而狭义层次的课程设计主要关注课程要素的结构组织。我国还有学者认为："课程设计是按照育人的目的要求和课程内部各要素、各成分之间的必然联系而制定一定学校的课程计划、课程标准和编制各类教材的过程，是课程建设系统工程的一个组成部分。"② 这一观点明确指出了课程设计的属性范围，同时考虑了实际过程中的要素以及设计的结果，是一种较为全面、科学的对课程设计内涵的把握和界定。因此，本书在讨论西北地区高等学校课程设计取向时采用这种观点。

我们考察西北地区高等学校的课程设置，除了要弄清楚学校的总体课程方案以外，还有必要分析在具体制定这些课程方案或是采用特定方法与策略执行学校课程计划时所表现出的倾向性。借助于课程取向的概念来研究西北地区高等学校课程，能使我们对其认识得更清晰准确。正如美国课程学者艾斯纳（E. Eisner）和瓦伦斯（E. Vallance）所认为的，在课程取向方面建立起来的一些模式，对于研究课程的人来说，用其认识具体课程的一些特征要比一般的哲学观点，如实用主义、理想主义等有着更多的价值，也比诸如学生中心、学科中心和社会中心的课程提供要精确得多。③ 艾斯纳和麦克尼尔（J. D. Mcneil）曾对课程及课程设计取向作了具体的研究，归纳出共有五种基本的课

---

① T. 胡森等：《国际教育百科全书·课程》，江山野编译，教育科学出版社 1991 年版，第 1 页。
② 廖哲勋、田慧生：《课程新论》，教育科学出版社 2003 年版，第 260 页。
③ Eisner & Vallance, *Conflicting Conceptions of Curriculum*, California: McCutchan, 1974, p. 17.

程设计取向，分别是学术理性主义取向（academic rationalist conception）、过程取向（cognitive processes conception）、人本主义取向（humanistic conception）、社会重建主义取向（social reconstructionist conception）和技术学取向（technological conception）。每种取向都有其自身的哲学基础，课程设计目的或目标，关注重点和处理方法。

基于课程设计取向的基本认知，我们来考证国立西北大学、国立西北工学院、国立西北农林专科学校，以及国立西北师范学院四所具有代表性高校的课程设计。

一　国立西北大学的课程设计取向

根据对1947年印发的《国立西北大学概况》的分析，国立西北大学的课程设计，总体上各系按教育部颁布科目表设计实施，只有文学院外国语文系俄文组及边政系由学校自行拟订呈教育部备案，教育系参考师范学院教育系科目表修订设计课程，其他各院系课程体系和教育部颁科目表保持一致。同时，随着学校的发展，原有的各学院一年级共同必修课程中属于补习高中性质的科目内容一律停开，学生修习学分减少或改为选修，学校课程处在不断调整和改革中。

国立西北大学分设文学院、理学院、法商学院、医学院并附设先修班。每个学院在课程设计取向上有所不同。其中，文学院中国文学系内设文学及语言文字两组，和当时国内各大学中国文学系科目设置基本相同，同时关注编纂大学全书、搜集西北民族、考据西北方言。历史系大量搜集西北文物、编制各种图表以便于教学。边政系大量搜集有关西北边疆问题的各种书籍文物，组织学生开展边疆实地调查研究工作，借以培植边疆人才。文学院课程设计除追求学术之外，更多地联系西北地区实际情况，触及西北社会文化发展和人才需求的多个领域。

西北大学理学院课程设计指向三个方面：一为培养科学人才，以推行各地之科学建设；二为供应各专家对于科学研究之所需，以图科学本质之发展；三为解决西北区域内所发生之科学问题并与各地科学家取得密切之联络，以便共同研究。

法商学院的课程设计指向造就各种之法学人才，课程理论与实践并重，系内另设司法组，专门培植司法实务人才，课程侧重于实务之训练与学习。

医学院课程设计指向造就医学专才及其从业人员，并以研究高深学术及发展西北医疗卫生事业为宗旨。

依据课程设置的基本情况和相关史料考据分析，国立西北大学的课程设计总体上呈现出两种基本取向：学术理性主义取向和社会重建主义取向。其中，学术理性主义取向不仅仅在国立西北大学理学院的数学系、物理学系、化学系、生物学系和地质地理系的课程设计中以"培养科学人才，图科学本质之发展"作为基本追求而普遍存在，在其文学院的中国文学系、历史学系，法商学院的政治学系、法律学系，以及医学院的课程设计中也普遍存在。这种取向的课程设计视培养学生成为有理性、有智慧的人，促进学生的智力发展为己任。课程内容往往选取相应专业学科知识、经典学科内容，让学生掌握和养成永久性的知识、技能和价值观，以学科知识为中心组织内容。在课程评价上强调传统学科知识的价值，强调学习过程中理性思考能力的培养，同时也关注经典文献的学习整理。在教学活动中教师中心的痕迹也很明显，甚至文学院外国文学系英文组，理学院物理学系，法商学院政治学系、经济学系、商学系的选修科目，完全根据教师专长开设。

社会重建主义取向是国立西北大学课程设计的又一基本取向。由于西北地区社会政治经济文化整体较国内其他地区落后，高等教育几乎空白等原因，国立西北大学在建校之初及在城固时期，将改变西北地区落后面貌，改良社会文化、习俗风气，重建其社会经济，促进地区现代转型发展作为己任。为实现这些目标，学校各院系在共同必修课程、专业必修课程及选修课程的设计中，无不增加了结合地区特点的课程内容。课程设计带有明显的社会重建主义取向,学习这些内容的目的是培养学生对改善和重建西北地区社会经济文化,促进社会变化和社会改良具有自觉和强烈的意识与相应的能力。课程内容以当时社会存在的主要问题,以及学科或科目内容综合的方式以问题为中心加以组织。课程设计方法往往根据问题或学生兴趣组织内容和进行程序安排,学生积极参与探究和表达,甚至走向社会,开展专题调查研究。对于课程优劣的评价,强调一般性的非专业性人员的培养,经典学科、实践性学科和职业性学科的混合,并不特别重视系统知识的学习,而以社会改造目的及需要来设计课程。

二 国立西北工学院的课程设计取向

国立西北工学院的课程设计,总体上经历了两个不同阶段。第一阶段为教育部旧版课程标准阶段,时间跨度大致在 1938 年至 1940 年。1938 年国立西北工学院成立时,设置了土木工程、矿冶工程、机械工程、电机工程、化学工程、纺织工程、水利工程和航空工程八个系,1938 年 12 月 11 日,各系正式开始上课,使用遵照教育部颁布的旧版课程标准设置的课程体系。

第二阶段为教育部新版课程标准阶段。1940 年国立西北工学院一、二、三年级学生开始使用教育部颁定的新课程标准,经过改进,从 1941 年开始完全遵照教育部颁布的新课标设置课程。根据所搜集到的考据史料,国立西北工学院的课程设计,有着明显的认知过程取向,同时也有一定的人本主义取向和社会重建主义取向。

认知过程取向的课程设计,其目的或目标在于促进学生个体智力发展,培养有能力、会学习、拥有专业化或学术成就的人。在国立西北工学院各系各年级的课程设计中,上述课程目的或目标体现得非常明显。如土木工程系三年级的课程,包括了结构学、结构计划、钢筋混凝土、应用天文、道路工程、电工学、铁道测量及土工、铁道测量实习、大地测量、钢筋混凝土计划、铁道工学或土石结构及基础、天文学、给水工学、电工实验、水力实验等。这些课程内容的重点是各门课程的程序性知识，处理相关信息和思考问题的一般方法，每门课程与土木工程学科相关，但又保持着各自的特征。课程设计在方法层面强调以学科知识为中心组织，并且关注学生的探究特征和体验感悟。课程内容的组织遵循学科知识的逻辑顺序和完整性。对课程学习评价特别强调专科化，追求卓越和高标准，以及实际操作能力。如土木工程系三年级学生在年级终了后，须举行野外测量实习四至六周，包括地形、铁道及水文测量等。

国立西北工学院认知取向的课程设计在具体实施中，引进采用原版或翻译的国外大学工程教材，没有可应用的国外著名英文教材课程，以教师自编讲义为重，但这种比例较低。这种以选择国外优秀课程或教材作为学生学习内容参考的策略，一方面与当时我国工程教育教学课程开发水平有限，社会发展水平低有一定的关系；另一方面，也说明西北工学院选择高标准、高起点培养土木、水利、纺织、矿冶、机械、化工、航空工程等人才。

国立西北工学院在人才培养过程中课程设计的人本主义取向和社会重建主义取向也比较明显。学校坚持学生德、智、体三育的平衡发展，训导过程注重培养学生的军事知识与技术，以适应政府文武合一的教育方针，以及抗战建国策略的迫切需要。因此，对学生思想方面的教育，重视确立三民主义的革命人生观，以服务社会为目的，坚定国家至上、民族至上的信念，养成工程人员对国家民族所应有之责任与决心，并对近代国际以及中华民国在国际上的地位及使命有正确认知。对学生生活方面的教育，则严厉督促实践《青年守则》，成为优秀健全有为有守之国民，为他日承担各部门艰苦工作做好准备。这些训导理念和目标，被结合到西北工学院的学院规章、各系课程设置之中。在八个工程系课程体系中，一年级学生的课程全校相同，除国文、英文、三民主义、军事训练、体育之外，开设微积分、物理、物理试验、化学、化学试验、工厂实习、工程图画和投影几何课程，几乎全为必修课程，选修课程极少。二、三、四年级各系课程体系有所差异，更多的变化与各专业特点相关联，但均开设体育、军事训练等课程。各年级的军训课程为必修课程，但不计入学生总学分。这种兼顾人本主义取向和社会重建主义取向的课程设计，其目的或目标在于促进学生的社会生活而培养和发展他们的自我概念与经验。课程内容比较注重学生个体和集体的经验、兴趣和需要，培养学生改善和重建社会的意识和能力，为学生提供一般的包括对国家情怀、社会现实问题的理解，以及处理自我和社会关系的经验。尤其是训导课程，在方法上强调促进学生的自我激励和支持，以现实和社会生活经验统一课程内容、教育教学活动计划，强调人的整体发展等。

三　国立西北农林专科学校的课程设计取向

西北农林专科学校自1932年开始筹备建校至1936年第一届招生期间，形成了一套比较完善的学校课程体系。最初招生的专业包括农艺、森林、园艺、畜牧、农业经济、水利六组（相当于今天国内大学的系或二级学院），按照学校暂行章程，1936年学校依发展的程序准备各设九个组，分别是农艺组、森林组、园艺组、畜牧组、兽医组、病虫害组、农业化学组、农业经济组和水利组。考证西北农林专科学校章程中农艺、森林、园艺、畜牧兽医、农业经济和水利六组的学程设置，可以发现其课程设计总体上呈现出认知过程取向和社会重建主义取向。其中，在农艺组、森林组、园艺组、畜牧兽医组和水利组的课程体系中，认知过程取向的设计思路非常明显，课程总体上由两部分构成：基础学科课程和实习课程。如园艺组以造就园艺专门人才为宗旨，在课程设置上分三个阶段：第一阶段给学生讲授普通基本科学及普通农林知识，具体开设数学、地质学、物理学、化学、植物生态学、植物分类学、昆虫学、遗传学、土壤学等。第二阶段授以学生有关园艺及侧重园艺的课程，包括开设果树园艺学、园艺苗圃学、蔬菜园艺学、花卉园艺学、促成栽培学等课程。第三阶段授以学生各种园艺及造园的方法，并讨论园艺上诸多可能遇到的问题。在课程内容选择上强调每门课程相应的课程知识特征和一般方法。在课程内容组织上以（科学）学科为中心。关注学生的探究特质和专业化标准及操作能力。如"果树园艺学"课程，强调学生认知果树栽培，果树的种类、形态、生理、繁殖，果树与气候土壤的关系等知识，掌握剪枝及整枝、品种选择、果树管理、采收、贮藏育种的知识和一般方法，以及仁果、核果、浆果等经济栽培方法。① 这些课程在设计上，讲授与实习相结合，强调理论与实践相联系，关注学生实际能力的获得。即便是"普通园艺学"课程，其设计强调十点课程要求和内容要点：（1）园艺栽培的要旨；（2）开辟园艺场初步工作，如审查气候、地势、土壤与整地及区划等；（3）各种果树之繁殖法，播种、嫁接、扦插、压枝分株等；（4）整地、移植、定植、整枝、修剪及中耕等；（5）蔬菜与花卉繁殖法；（6）整地、作畦、播种、移植、定植及施肥；（7）促成栽培之设备；（8）果树蔬菜与花卉之分类及繁殖时期；（9）病虫害与防治的方法；（10）果品蔬菜与种子的贮藏法。② 上述要点和课程要求对知识、一般方法、掌握操作能力的养成和专业化标准有着明确的课程设计取向。

国立西北农林专科学校农业经济组的课程设计具有明显的社会重建主义取向。在其课程设计中，为适应西北环境需要，培养乡村建设及各种农业经济人才起见，需要学生学习农林园艺畜牧等生产基本科学，掌握经济学基本原理，农业经济各科应用知识。同时注重实地调查训练，使学生学理与实习并重，让学生毕业后能单独研究各种农村问题。因此，课程内容的选择除了本学科内容之外，更多地将当时西北社会尤其是农村地区存在的主要问题以综合的方式组织起来。在课程实施中强调学生对当地社会的认知和社会改造能力的培养，为此开设了大量的调查研究内容。如对陕西关中地区农业金融的研究、陕西

---

① 《国立西北农林专科学校概览》，1936年，第33页。
② 《国立西北农林专科学校概览》，1936年，第33页。

关中地区农村人口问题研究、陕西农产作物的研究、西北农情报告、关中食品调查、陕西农产品物价研究、武功农林社会经济调查等。通过上述课程体系的实施，使学生成为促进西北地区农村经济社会转型发展的中坚力量。

四 国立西北师范学院的课程设计取向

国立西北师范学院下设国文系、英语系、史地系、公民训育系、数学系、理化系、博物系、教育系、体育系、家政系和劳作专修科11个系科。各系课程结构和科目遵照部颁师范学院规程分为四大门类：普通基本科目、教育基本科目、分系专门科目和专业训练科目。学院在其课程文件《国立西北师范学院课程纲要》中，对学院所开设的每门课程进行了规定，包括课程适用年级、学分数、每周学时数、课程目标、课程实施与教学方法、使用教材要点等有着明确的架构规定和说明。这些规定和说明相当于我们今天所说的学校课程标准，它们为保障国立西北师范学院教育教学活动的有序开展、提升学校教学质量提供了可靠的制度依据和专业支持。经整体考察西北地区高等学校的课程文件可以看出，《国立西北师范学院课程纲要》是当时最有特色、最能体现课程基本要求的比较规范的学校课程文件。

国立西北师范学院"以遵照中华民国教育宗旨及其实施方针，养成中等学校之健全师资为目的"，在学校课程设计中，并不特别关注培养教育行政人员、教育学术专家和研究教育的专门人才，其重心在如何培养当时中等学校所需要的合格教师上。在课程设计过程上，注重让学生形成宽广的知识面、较扎实的学科专业基础，以及熟练掌握分科教材教法的基本精髓。其课程设计具有明显的学术理性主义取向、认知过程取向和一定的人本主义取向。课程设计注重学生德、智、体多方面发展，使之养成能够胜任中等学校教师工作的基本素质和综合能力。学生知识视野的拓展、经典学科知识的掌握、教学技能和价值观的养成，以及对不同学科领域基本思维及一般方法的理解受到高度重视。为此，在国立西北师范学院的共同必修科目课程体系中，学生入学后的第一、二两学年必修 12 学分的社会科学概论课程，涵盖政治学、经济学、社会学、法学通论，要求学生在这 4 门课程中任选 2 门。学生入学后的第一、二两学年必修 12 学分的文化史课程（其中一年级为 6 学分的本国文化史，二年级为 6 学分的西洋文化史）。学生入学后的第一、二两个学年必修 6 学分的自然科学概论课程，涵盖物理学、化学、生物学、人类学（四种学科任选一种）。学生在第二学年必修 4 学分的"哲学概论"，让学生明了研究哲学的目的及方法，认识哲学所支配之各种问题，课程内容涉及唯物论、二元论、唯心论、多元论、各种主义、人生价值、知识与真理、道德的价值、审美与宗教价值等。给一至四年级学生连续开设共计 8 学分（每学年 2 学分）的体育课程。给一至三年级学生连续开设共计 8 学分（一年级 4 学分，二、三年级各 2 学分）的军训课程，目标在于造成"1. 体魄坚强、人格高尚、行动积极、能为民族国家牺牲奋斗的中国国民；2. 态度庄严、操作勤快、负责任、守纪律、明礼仪、知廉耻的现代国民；3. 思想统一、精诚团结、爱国爱群、共同奋斗，以复兴民族完成革命自任的忠勇国民"[①]。同时，还要求一年级学生必修 4 学分的"三民主义"课程、8 学分的"国文"课程、8 学分的"外国文"课程、每周 1 学时的"音乐"课程（不计学分），二年级学生必修 2 学分的"卫生概要"课程。如此设计的公共必修课程体系，使得传统学科知识的价值、学生理性能力的培养，以及未来合格的中等学校教师应有的综合素质和教育教学能力等，都得到了有效关照和逐步提升。

总之，本章在讨论西北地区高等学校的课程设计取向时，选取了四所有代表性的高校展开，并且在理论上对各个高校课程设计取向作了清晰的划分，认为西北高等学校课程设计取向与各高校人才培养目

[①] 《国立西北师范学院院务概况》，1941 年，第 25 页。

标是一致的，国立西北大学课程设计具有学术理性主义取向和社会重建主义取向，国立西北工学院有着明显的认知过程取向和一定的人本主义取向，以及社会重建主义取向，国立西北农林专科学校总体上呈现出认知过程取向和社会重建主义取向，国立西北师范学院课程设计具有明显的学术理性主义、认知过程和一定的人本主义取向。这种归类其实是建立在对学校课程目标、课程架构、培养要求、课程准则、学则，甚至学校章程中有关规定等综合分析、评判之上的。事实上，几乎没有一所高校单纯地按照其中某一种课程设计取向设计或实施课程；课程设计者往往有着两个或多个课程取向，也就是所谓的综合取向。当两个或多个课程取向都是可行的且合乎逻辑时，它们之间将会取得相互补益的综合效果。但如果课程设计取向在性质上相互冲突，就会出现一定的矛盾，如学术理性主义取向和社会重建主义取向就有冲突，这时，学校课程设计者其实是在不同取向之间进行协调，寻求一种平衡的课程。因此，在反思不同取向的基础上，整合各种课程设计取向，取其精华，优势互补，在当时西北地区特定社会经济文化大环境下，各高等学校建构了自己的学校课程。

考察西北地区高等学校的课程设计取向，让我们看到尽管11所高校中大部分学校建校时间不长，甚至仍在初创阶段，但这些高校的课程设计和实施并不存在盲目性，即便在具体的课程中，对怎样处理知识、技能与各种能力的关系，怎样安排理论知识与实践知识的分量，以哪些内容为设计课程的主线等问题，都有事先的统筹和规划，在学校有关规章中有明确说明，这表明当时的课程设计者是基于自己的课程设计取向来思考整体性课程问题的。同时，也让我们看到学校课程设计者注意到了西北地区社会背景的特殊性，与国内其他地区的发展差异，课程设计结合了当时的实际分析、社会调查等研究成果，而没有完全照搬照抄国内外其他高校的课程设计思路，课程设计充分考虑了学生个人发展、学科特点和社会需要，并且从整体上呈现出较高标准和较高水平的学校课程群，为西北地区高等学校人才培养奠定了坚实基础，做出了历史性贡献，也为今天西北地区高等学校课程开发与设计提供了积极借鉴和参考价值。

为深入研究西北高等学校课程体系设置，下文分别以国立西北大学边政学系、国立西北工学院土木工程系、国立西北农林专科学校畜牧兽医组，以及国立西北师范学院教育系为个案，探究西北地区各高校课程具体架构，呈现特殊时代与社会背景下西北高校课程的不同特色。

第三节　大学通才教育课程
——以西北大学边政学系为个案

西北大学边政学系顺应西北边疆建设需求而生，该学系教育目标的实施方针有四：一是建立边政学之体系；二是研究边疆治理的原理与原则；三是探讨边疆实际问题；四是推进边政事业之发展。显然，西北大学边政学系的建立是为了更好地完成边疆治理的理论与现实问题研究，推进边政理论与实践探索。边政事业的推进与发展是该学系创设的最终目的，以边政学系为学科基础，边疆治理的理论与现实问题则是该学系课程的重要内容。

一　课程种类多样，内容全面

《国立西北大学校刊》复刊第 1 期载《国立西北大学章程》第五条规定：

> 本校课程分当然必修科、公共必修科、分系必修科，及分系选修科四种。一、当然必修科为体育、军训，不计学分。二、公共必修科文学院、法商学院之法律、政治、经济三系计 52—56 学分，理学院计 46—54 学分，法商学院之商学系计 48—56 学分。三、分系必修科及其学分数依照课程标准之规定。四、分系

选修科及其学分数亦依照课程标准规定办理。①

1944年秋边政学系成立，隶属文学院，学生首先需要修习学校当然必修科目与文学院公共必修科目。文学院之公共必修科目为：（1）国文、中国通史、西洋通史、外国文、伦理学、科学概论、哲学概论（后两门任选一门）；（2）物理、数学、化学、生物学、生理学、地质学（以上六门任选一门）；（3）政治学、社会学、经济学（三门任选两门）（1947年经教育部核准，边政学系改属西北大学法商学院，须修习法商学院共同必修课目）。边政学系专业必修、选修课程均由学校自拟，并经向教育部报备核准。其中，专业必修科目包括：社会科学概论、政治学、社会学、经济学、法学概论、心理学、理则学（以上七门任选两门）、科学概论、普通物理学、普通数学、普通化学、普通生物学、普通地理学、普通地质学、地学通论（以上八门任选一门）、边政学概论、中国边疆历史、边疆语文（蒙古文、藏文、回文任选一种）、边疆社会、民族学、语言学、边疆社会调查、边疆实习研究、中国边疆地理、毕业论文13种。选修科目包括中国边疆教育、民俗学、社会心理学、蒙古史、康藏史、突厥史、印度史、中亚诸国史、考古学、人类学、比较宗教学、回教史、喇嘛教史、土耳其文、阿拉伯文、印度文、俄文、日文、英文、边疆国防地理、边疆经济地理、边疆经济制度、边疆政治制度、边疆司法制度、近代中国边疆沿革变迁史、边疆地理调查、测绘及制图27种。② 一篇署名"习之"的通讯文章提到，黄文弼曾说："边政学系牵涉甚广，学科方面，以民族学、人类学、社会学、考古学为主，以法律学、政治学、边疆史地、地质学、边疆语文等为副，技术方面，该系同学要练习游泳术、骑马术、绘画术、摄影术等，可以说是包罗万象。"③

---

① 《国立西北大学章程》，《国立西北大学校刊》1944年复刊第1期，第9页。
② 《国立西北大学概况》，1947年，第11页。
③ 习之：《西北大学的边政系》，《西北通讯》1947年第6期，第33页。

边政学系开设的课程同时囊括了社会科学类、自然科学类相关课程，选修课程更是丰富多样，达到27种之多。与大学中其他学系相比，边政学系课程实际包括了当时大学文、理、法等各学院课程的一部分，西北大学学则规定：边政学系学生至少须修满150学分方可毕业[①]，修习任务是十分繁重的，"每学期所开的课总是八九门，每星期所开的课总在二十八九节"，学生从早到晚异常忙碌，孜孜不倦，刻苦学习。除了上课外，学生不是要随时随地练习各种语文会话，就是要去图书馆查阅资料，几乎把所有的业余时间都利用了。[②]

二　重视民族语文学习

西北大学边政学系在设立之初有维文、藏文两组，1946年增设蒙古文组，三组所习课程，相同者如社会学、人类学、考古学、民族学、政治法律学等；相异者如"维文组必修俄文、维文、回教史；藏文组必修藏文、英文、康藏史；蒙文组必修蒙文、俄文、蒙古史"[③]。此外，边政学系选修科目中也有大量语言类课程，如土耳其文、阿拉伯文、印度文、俄文、日文、英文等。

民族语言的学习与掌握是从事边政工作的第一步，想要深入了解边疆少数民族历史与文化、信仰与宗教、风俗与习惯都必须先娴熟地掌握少数民族语言，这样方能与少数民族群众加深了解、打成一片，真正理解与关心边疆少数民族的生活，化解少数民族的矛盾与冲突，巩固边疆安全与稳定。

西北大学边政学系学生认为，民族语言的学习是最重要的，但同时也是最困难的，他们知道语文的学习只有依靠多读多练，多写多用才能逐渐进步。尤其是该学系蒙古文组与维吾尔文组学生要同时修习

[①] 李永森、姚远主编：《西北大学史稿》（上卷），西北大学出版社2002年版，第281页。
[②] 习之：《西北大学的边政系》，《西北通讯》1947年第6期，第33页。
[③] 习之：《西北大学的边政系》，《西北通讯》1947年第6期，第33页。

几种从未涉猎的少数民族语言文字,更是不易,但是因为学生都抱有刻苦硬干之精神,在语言学习过程中所遇到的困难就都被克服了。

三 偏重少数民族、宗教历史研究

西北大学自城固回迁西安后,在课程设置中愈加重视学科史研究,除历史学系开设的相关史学专业课程以外,其他各院系也增设了相关学科史科目,如中国文学系开设的中国哲学史、西洋哲学史、中国文化史;外国语文系英文组开设的中国文学史、世界文学史、西洋哲学史;外国语文系俄文组开设的俄国文学史;教育学系开设的中国教育史、西洋教育史;数学系开设的数学史;物理系开设的物理学史、近代物理学;化学系开设的化学史;生物系开设的生物学史;地质学系开设的地史学;地理学系开设的地理学史;法律系开设的中国法律思想史、中国经济史、中国政治制度史;法律学系司法组开设的中国法制史;经济学系开设的西洋经济史、经济思想史、中国经济史等。[1]

边政学系也开设了相关民族、宗教研究类课程,必修科目如中国边疆历史,选修科目如蒙古史、突厥史、康藏史、中亚诸国史、印度史、喇嘛教史、回教史、近代中国边疆沿革变迁史等,要求学生了解西北边疆历史变更、各少数民族宗教史、民族发展史等,以便毕业后开展边政工作与研究。

四 突出民族社会调查类课程

西北大学边政系课程设置着力偏重于民族社会调查,具体课程诸如边疆社会、边疆社会调查、民族学、人类学、语言学、边疆国防地理、边疆经济地理、边疆地理调查、测绘及制图等。这些课程的开设明显受到系主任黄文弼、副教授杨兆钧等人的影响,黄文弼、杨兆钧等多年从事考古学、边疆考察,尤其是系主任黄文弼教授曾参与中瑞

---

[1] 《国立西北大学概况》,1947年,第10—15页。

考察团，先后三次前往新疆、蒙古考察，对新疆地区考古及西北边疆史地研究见解深刻、贡献卓越。

开设这类课程，有助于提高学生边疆学术科研的水平，也在一定程度上丰富了学生开展边疆社会调查的具体知识，开设诸如边疆地理调查、测绘与制图等课程也培养了学生从事边政工作的多方面技能。

五 重视实习

关于实习，西北大学边政学系规定：凡四年级学生须利用暑期赴边疆地区进行实地考察，乃分为藏、蒙古、维吾尔三组，到三族集中之区域见习并开展调查研究，"做实际调查与研究，俾达学以致用之目的"①。如1947年6月，该系十几名师生组成甘、青见习队赴甘肃青海一带见习边疆政治、宗教、语言及风土人情等，历时三月，成效显著，不仅丰富了学生的边疆见闻，有助于促进理论联系实际，还与边疆青年举行多次座谈，沟通了内地与边疆的文化联系。

总体来看，西北大学边政学系课程虽然围绕西北边疆建设需要而设置，但又具有很强的综合性，极好地体现了大学通才教育的育人理念与目标。当然，必修科目与共同必修科目带有很强的强制性，所有学生必须修习，注重培养学生牢固的基础科学知识，以及综合思考与处理问题的能力，对社会科学、人文科学与自然科学课程的共同关注，为培养文理兼备的优秀人才奠定了基础。

专业必修科目与选修科目相互配合，既有助于培养学生扎实的专业基础，同时又注重发展学生的兴趣专长。专业必修与选修课程设计按类型可分为语文、史地、宗教、民族和政制。

> 语文：欲至边地工作，必须通达边疆语文，故边政学设蒙、藏、维等语组，以便学生选习，并以各族口语，多与文言悬殊，

---

① 习之：《西北大学的边政系》，《西北通讯》1947年第6期，第33页。

故加授语言学,俾能运用正确音标,记录各地族言,以探求语言演变之迹。

史地:边疆各族历史既湮没不彰,而地理环境错综复杂。其人口、物产、民族分布等,往往不见著录,故特设边疆各族历史及边疆人文地理等科目。

宗教:佛回两教,为边疆民族之两大精神壁垒,为了解边人生活,必须洞究其宗教,故设喇嘛教史、回教史等课程。

民族:边民生活形态及社会组织,与内地多异,亟待作系统之研究,故设人类、民族、社会调查等科目。

政制:边地政治制度亟须探讨研究,故设边疆经济制度、边疆政治制度、边疆司法制度等课程。[1]

这些类型课程设置紧紧围绕西大边政学系设立之初衷,同时推进边疆理论与研究和实践探索,为学生自下而上架构科学之基础、专业之理论,辅以边政见习与考察,培育综合型边政人才。

第四节　独立学院通专结合的课程体系
—— 以国立西北工学院土木工程系为个案

国立西北工学院课程可分为当然必修科目(包括三民主义、军事训练、体育)、共同必修科目、专业必修科目及专业选修科目,一年级不分系,全校学生开设课程相同。

一　共同必修科目中通才教育意蕴

西北工学院土木工程系作为该校八大学系的重要组成部分,学制四年,学生自入学后暂不分系,共同修习一年级课程。该系一年级课

---

[1] 刘英杰主编:《中国教育大事典(1840—1949)》,浙江教育出版社2001年版,第901页。

程包括国文（4学分）、英文（6学分）、微积分（8学分）、物理（6学分）、物理试验（2学分）、化学（6学分）、化学试验（2学分）、工厂实习（2学分）、工程图书（2学分）、投影几何（2学分），共同必修科目总计10门，40学分。

土木工程系学生四年总计应修154—156学分，共同必修科目40学分，占总学分数的26%，加上工科类共同专业必修科目如平面测量讲授（6学分）、平面测量实习（4学分）、应用力学（4学分）、材料力学（4学分）、微分方程（3学分）、经济学（3学分）、水力学（3学分）、材料实验（1学分）、电工学（3学分）、电工实验（1学分）、结构学（6学分）、天文学（2学分）、高等结构学（4学分）等，总计84学分，占学分总数的54%。这说明西北工学院土木工程系通识性教育课程比重已经超过一半，通才教育特征明显。学术性课程远远超过职业性课程，表现为偏重自然科学，兼顾社会与人文科学的通才教育课程体系。

二 专业必修科目中理论与实践的联系

国立西北工学院因其工学性质，人才培养目标以通才教育为主，同时兼顾学生专业技能训练，表现为课程设置注重理论与实践的联系，强调实验、测量、计划等类课程的开设，以及专业实习的重要性。

西北工学院土木工程系二年级开设的平面测量实习（4学分）、材料实验（1学分），三年级开设的结构计划（2学分）、铁道测量实习（1学分）、大地测量（3学分）、钢筋混凝土计划（2学分）、钢结构计划（1学分）、水力实验（1学分）、电工实验（1学分），四年级开设的钢筋混凝土拱桥计划（2学分）、铁道计划或水工计划（1学分）、水工计划或铁道计划（1学分）、养路工程或道路计划（2学分）课程，总计22学分，占总学分数的14%，可见工学院土木工程系对实践课程的重视程度。该系实践类课程的另一个特点是与相应理论课程同时开设，相辅相成，学生一边学习理论知识，一边动手试验或制订计划，有助于理论知识的转化与应用。例如，平面测量讲授与平面测量实习、材料力学与材料实验、结构学与结构计划、电工学与电工实验、给水工学与水力实验等。

工学院土木工程系课表中专门注明三年级学习结束后，须举行野外测量实习四星期至六星期，包括地形、铁道及水文等测量，每一星期给1学分。这种在野外真实情境中的专门测量、绘图、计划与试验为学生提供了良好的实际知识应用及动手实践的机会，有助于培养专业基础扎实、实践能力较高的工学专门人才。

三　使用国外教材或自订讲义笔记

我国高等教育本就是一个舶来品，是近代以来借鉴了国外尤其是欧美、日俄等国先进经验的产物，课程内容，尤其是教材方面应用国外书籍是经常的事。加上这一时期战乱频仍，政局动荡，特别是高校在西迁过程中图书仪器设备等散失大部，损失惨重，各校课程教材异常紧张。各种原因导致了国立西北工学院教材多使用国外书籍或教师自编的讲义笔记，国外书籍大都来自教师私藏，讲义笔记编写也主要依靠教师个人的学识修养、专业水平，以及个人的爱好与倾向。这种情况在当时西北各高校中非常普遍。

在工学院全校一年级10门公共必修科目中，除国文与英文外，有4门科目使用国外教材，有4门科目利用讲义与笔记。在土木工程系二、三、四年级课程中，除"养路工程或道路计划"这门课使用中文教材，即夏坚白、陈永龄合著的《养路工程学》以外，其余课程均使用国外书籍或自编笔记、讲义。表4-1是工学院土木工程系二年级课程及教材统计。

表4-1　国立西北工学院土木工程系二年级课程及教材统计

科目名称	教材
平面测量讲授	Breed and Hosmer, Surveying, Vol. Ⅰ and Ⅱ

续表

科目名称	教材
平面测量实习	Breed and Hosmer, Surveying, Vol. I and II
应用力学	Seoly and Ensign, Aalytical Mechanics for Engineers
材料力学	Seoly, Resistance of Materials
微分方程	Murry, Differential Exuations
工程地质	Ries and Watson, Elements of Engineering Geology
工程材料	Mills, Materials of Construction
经济学	讲义
水力学	Schoder and Dawson, Hydraulics
热机学	Allen and Bursely, Heat Engines
机动学	Keown and Faires, Mechanism
最小二乘方	自编笔记
材料实验	讲义

工学院土木工程系三、四年级课程教材也与列表中的情形大致相同，基本使用国外书籍或教师讲义笔记。这类教材虽是在战乱年月教材奇缺情况下的救急之策，但对高校教师的要求非常高，任课教师首先要有较高的外语水平，能够通读并理解外文书籍，其次还要学识深厚，否则怎能凭借以往阅读与记忆自编笔记与讲义？

国立西北工学院土木工程系课程设置依据该校人才培养目标，在倾向于通才教育的同时，关注学生实践能力的提升。共同必修科目体现出通才教育意蕴，侧重于自然科学，兼顾人文与社会科学课程架构。专业必修科目既包括工学类通识性质课程，又包括土木工程学科专业课程，还相应地搭配了各种实验、计划、测量等课程，总体来讲，课程结构比较合理。但是，要说明的是该系课程设置四年中竟没有一门选修课程，不得不说是一种遗憾，而造成这一问题的大抵是由于政局动荡，工学院教师缺乏，加上该系必修科目学习任务较为繁重，有限的师资力量无法兼顾开设选修课程，但这种缺乏对学生个性培养、兴趣发展确实极为不利。

第五节 专科学校应用型课程
——以国立西北农林专科学校畜牧兽医组为个案

一 "崇尚实用、服务地方、面向民众"的课程理念定位

"对于高等学校而言,课程理念是指人们对高深学问的理性认识、理想追求及所持的思想观念和哲学观点。"① 在高等教育发展史上主要形成了两种倾向不同的课程理念,即理性主义的课程理念与功利主义的课程理念。理性主义的课程理念注重高深学术本身,着重培养学生知识素养、思维能力与理解能力,课程设置以学科分类为主要依据,按照知识逻辑结构编排,课程内容理论重于实践,实践仅作为理论的依附,其作用在于更好地理解与掌握理论知识。功利主义的课程理念重视知识的实践与应用,课程内容主要依据社会发展的需要,强调学生在实验活动中对理论知识的应用和掌握,着重提升学生的动手实践能力。西北各大学与独立学院倾向于理性主义,专科学校倾向于功利主义。

国立西北农林专科学校人才培养"崇术为上",致力于为西北边疆建设与发展培养农林技术专业人才,课程理念以培养目标为指导,倾向于功利主义,从西北边疆社会实际需要出发,强调知识学习的社会功用,崇尚实用、服务地方、面向民众。

《国立西北农林专科学校学程》规定:"畜牧兽医组以造就西北畜牧兽医事业之人才为主旨,课程第一年为基本学科,第二年偏重畜牧,第三年偏重兽医,讲授与实验并重,而尤注重于农村服务及西北各省家畜品种之改良方法。"② 可见畜牧兽医组课程目标设定遵从该校"崇尚实用、服务地方、面向民众"之课程理念,"崇术为上",为实

---

① 潘懋元主编:《应用型人才培养的理论与实践》,厦门大学出版社2011年版,第125页。
② 《国立西北农林专科学校一览》,1936年,第35页。

际推动西北地区畜牧业发展培养专门技术人才。

二 "实基础，强应用"的课程结构

所谓"实基础"是指实在、实用之基础理论知识，这些知识应该以"必须、够用"为原则。① "强应用"是指强化学生应用能力或实践能力的培养，应针对各个行业对不同专业人才的需求，切实加强学生专业实践能力的养成。

国立西北农林专科学校畜牧兽医组整体按照"实基础，强应用"的标准，架构课程结构，组织安排课程类型，优化课程设置。畜牧兽医组课程分为必修科目与选修科目，设计层次明晰，大致可分三个阶段：第一阶段安排普通科学及基础畜牧兽医类课程，包括动物学、普通植物学、化学、物理学、数学、国文、英语、养蜂学、土壤学、林学大意，以及党义、军训、体育等。第二阶段开设畜牧类课程，有关动物生理组织、各类动物饲养与管理等，具体包括组织学、家畜解剖学、饲料作物学、家畜鉴别学、养马学、家禽学、动物生理学、寄生虫学、家畜饲养学、家畜管理学、养牛学、养羊学、养狗学、药物学等，同时也开设了有机化学、农学大意等基础科学理论课。第三阶段主要开设兽医类课程，包括遗传学、家畜病理学、细菌学、内科学、外科学、诊疗实习、乳肉检查、马术、家畜育种学、传染病学、免疫学、诊疗实习、畜产制造等，也穿插开设诸如农业经济学等农学类基础课程。此外，德文、荒政学作为选修课程，二、三年级开设德文，三年级开设荒政学。

在该组课程设置中，一年级开设的基本学科与二、三年级开设的有机化学、农学大意、农业经济学等课程为该组学生构筑了共同的一般科学及农学基本理论基础。其他专业基础课程如组织学、家禽学、动物生理学、遗传学等为学生奠定了扎实的专业理论基础。这种从一

---

① 周建平：《应用型本科教育课程改革亟待解决的几个问题》，《大学教育科学》2009年第2期。

般到具体、从基础到专业的课程体例注重培养学生较为全面而实在的基础理论知识,可谓"实基础"。

西北农林专科学校畜牧兽医组强调应用类课程设置,这类课程如家畜解剖学、饲料作物学、家畜鉴别学、养马学、家畜饲养学、家畜管理学、养牛学等,以及家禽学、组织学、动物生理学等专业基础课程都有共同的特点,即注重理论与实践的紧密联系。上述课程设置规定,一门课程既包括理论与原理讲授部分,也包括实验操作部分,要求学生一边学理论,一边做实验,以实验巩固理论,加快理论知识在实践中的转化与应用。另外,畜牧兽医组还设有诊疗实习、乳肉检查、畜产制造等课程,着力培养学生对各种家禽家畜疫症的诊疗、乳肉制品卫生、品质的检查,畜产品如乳肉、皮、毛等的制造与保存等,这类课程特别偏重实用方法的讲授与演练。《西北农林专科学校学则》规定:畜牧兽医组实习四周,实习内容包括养蜂、牧场设计、饲料作物、渭河滩地垦荒工作。每周一项,内容十分具体,如养蜂实习要求学生学习如何取蜜、封存,如何孕育蜂王、帮助工蜂建筑蜂巢,等等。

不论是理论与实验各自参半的专业基础课程,还是以实践为主的专业技能课程,抑或是学校组织的专门实习,都是在帮助学生构建程序性的知识。所谓程序性的知识是指关于"怎么做"的知识,主要涉及对相关概念、理论与原则的领悟与应用,解决问题的具体技能、策略与方法的形成,以及行为与情感的体验等。[1] 这类知识一般是在特定情境下生成的,富有个性化与特殊性。西北农林专科学校通过理论与原理讲授配合各类实验、实习,帮助学生理解理论、应用理论,并转化为自身的实践能力,解决实际操作过程中所遇到的问题。这种对课程的不断强化,记忆、理解、联想、运用的方法与途径的重复演绎,在学生头脑中自然生成一种遇到问题如何探索、如何归纳、如何解决的惯性与创造性,更好地实现知识由静态向动态的转化,切实提

---

[1] 莫雷:《知识的类型与学习过程》,《课程·教材·教法》1998年第5期。

高学生解决问题的能力。

三 明晰的课程说明

国立西北农林专科学校畜牧兽医组课程设置的另一个特点是每门课程都配有专门的课程说明，详细规定了该课程应包括的内容与范围。

> 畜牧学大意：普通牲畜之种类、用途、饲养、管理、繁殖及鉴别等，并略及兽医常识；动物生理学：讲述生命之物质基本、生命之现象与性质及骨肉、感官、血液、淋巴、循环、呼吸、营养、生殖、排泄等系统之生理作用；家畜解剖学：讲述家畜家禽之骨骼关节肌肉、肋胳系、呼吸系、消化系、生殖系、神经系五官等形态及组织。①

前文已经论及西北各高校课程教材多使用国外相关理论书籍及教师自编的讲义笔记，国立西北农林专科学校也是如此，畜牧兽医组虽无教材说明，但该校水利组使用的教材也多为国外书籍，如水利组开设之"材料力学"，教材为 Seely 的 Resistance of Materials，"水文学"的教材为 Meyer 的 Elements of Hydrology，等等。② 明确的课程内容规定为教师授课划定了范围，指明了该课程所包括的基本内容，有利于课程规范与教学管理。

第六节 言教身教并重的师范学院课程设置
——以国立西北师范学院教育系为个案

国立西北师范学院作为西北唯一一所高等师范学院，办学特色鲜

---

① 《国立西北农林专科学校一览》，1936 年，第 38 页。
② 《国立西北农林专科学校一览》，1936 年，第 55—56 页。

明，人才培养目标指向为西北中等教育培养优良师资，推动西北文化建设与发展。在明确的人才培养目标指导下，西北师范学院形成了独特的课程体系："系统化、常识化，以完整正确之知识授之国民；不以一家言、一专籍、一问题而特设科目，欲其致广大而道中庸也。"①师范教育是文化继承与延续的纽带，师范学生须同时注重学识与品德的双重修养，课程设置理当言教与身教并重，培养学识广博、品德高尚、教学技能高超、能化育民众、引导文化的优秀人才。

一 文化持续与推广的课程理念

与普通大学不同，师范教育有其特殊性。国立西北师范学院院长李蒸说："师范教育为国民教育之母。有教师而后有教育，要教育办好，必须有良好师资。"认为"师范教育的重要性对于国家民族说，师范生实负有继承与传递本国固有文化的责任，故而师范教育近代被称为精神国防的堡垒，亦即民族精神与本国文化的保障"②。这种以文化持续与推广为主旨的责任担当与普通大学有着明显的区别，普通大学（包括独立学院）虽然也有文化继承的职责，但更偏重对外来文化的吸收以及对新文化的创新，文化的创新与发展才是普通大学应针对的重点。

国立西北师范学院在李蒸院长的领导下，致力于培养中等学校师资，为西北文化建设服务。相应地，西北师范学院课程理念也与同时期西北各大学（包括独立学院）指向不同，注重文化的持续与推广。这种倾向影响了该校课程的整体设计，如课程内容须广泛而无须艰深，课程设置"不仅注意如何'学'，更注意如何'教'，且不特训练'言教'，兼养成'身教'"③，等等。

---

① 李溪桥主编：《李蒸纪念文集》，中国社会科学出版社1996年版，第128页。
② 李蒸：《发刊词》，《西北师院学术季刊》1942年第1期，第1页。
③ 李溪桥主编：《李蒸纪念文集》，中国社会科学出版社1996年版，第128页。

二　课程体系的系统化与常识化

《国立西北师范学院课程纲要》规定："学院遵照部颁师范学院规程第二十五条：课程分为普通基本科目、教育基本科目、分系专门科目、及专业训练科目四类。"国立西北师范学院实行"学年兼学分制""本院除公民训育系、博物系及劳作专修科，只有一、二年级外，其他各系，均有一、二、三年级。唯教育系、体育系之四年级课程，均依照前北平师大旧制办理；家政系四年级课程，依照前河北省立女师院旧制办理。"① 普通基本科目52学分，教育基本科目22学分，分系专门科目72学分，专业训练科目24学分，共计170个学分。②

该院共同必修科目包括三民主义、国文、外国文、政治学、经济学、社会学、法学通论（政治学、经济学、社会学、法学通论任选其二）、化学、生物学、人类学（物理、化学、生物学、人类学任选其一）、哲学概论、本国文化史、西洋文化史、体育、军训、音乐、卫生概要、英文复习等。此外，西北师范学院教育系专门科目也开设了普通心理学、论理学、伦理学等课程。上述课程内容涉及社会科学、自然科学及人文科学基本领域，着力培养学生广博的基础科学知识，注重学生知识体系系统性、全面性建构。

西北师范学院教育系具体课程目标与教材要点规定，各科课程开设的主要目的在于理解掌握常识性知识，或明了知识应用之方法，并非对该课程作深入的学术探究。如共同必修科目中的"法学通论"课程目标设置为"使获得法律常识，养成法治精神"，教材要点为"民法总则、债及物权、亲属及继承，并日常生活所必要的法律常识等"；"哲学概论"课程目标为"使明了研究哲学之目的及方法，并认识哲学所支配之各种问题"，教材要点为"唯物论、二元论、唯心论、多

---

① 《国立西北师范学院院务概况》，1941年，第23页。
② 刘基、王嘉毅、丁虎生主编：《西北师范大学校史》，教育科学出版社2012年版，第98页。

元论、知识与真理、道德的教旨、审美与宗教价值等";"卫生概要"课程目标为"养成学生正当科学的健康态度,及解决各种健康问题之知能",教材要点为"个人卫生、疾病、公共卫生"等。专门科目中的"普通心理学"课程目标为"使明了人类行为,并熟悉心理学之基本知识与方法",教材要点为"1. 心理学范围与方法。2. 行为之生理基础。3. 感觉、直觉、反应、情绪、动机、学习、智慧等";"教育行政"课程目标为"使对于教育行政有明确之认识及处理之能力",教材要点为"1. 总论,分绪论及中华民国宪法内之教育专章。2. 教育行政机关,分中央、省区、县市、三部分及督学制度。3. 学校系统,分小学教育、中学教育、大学教育,及社会教育"等。上述课程着力为学生普及各科常识,建立较为完整、正确的知识基础,同时注重这类知识的应用方法与技能学习,突出师范教育"身教"之特点,强调学生学习不仅应理解并掌握知识,而且应形成运用知识传授他人的方式与方法。

三 以教育学科为共同基础

国立西北师范学院与同时期西北其他各高校课程设置还有一个重要的区别,即西北师范学院强调通过课程架构培养学生坚实的一般科学基础,要求"学生首先了解现代文化,因教育的对象,为对人的陶冶,教师对于人类文明的成就,必须有了解,能欣赏,然后方能发扬人本精神,促进文化之发展"[①],因此师范学生的一般科学基础仅是一种常识性的、审美性的,以教育为旨归的基础,相比之下,教育学科基础才是师范类高校真正的学科基础。表4-2是国立西北师范学院教育基本科目。

---

① 李蒸:《战后中国师范教育方针》,《教育杂志》(中国教育专号)1947年第32卷第1期,第51页。

表 4 - 2　　　　　　　　国立西北师范学院教育基本科目

年级	科目	学分	学时(周)	课程目标	方法	教材要点
一年级	教育概论	6	3	使认识教育上显著的事实与问题，并理解其重要的原则与方法，引起研究教育之兴趣，养成服务教育事业之精神	演讲、讨论、批评、报告	个人发展、社会适应、教育上之目的、国家与教育、教育制度、课程、教学、训导、成绩考核及教师等
二年级	教育心理	6	3	使获得心理学之知识，并能应用心理学知识与方法以解决教育问题	编印讲义、学生课前预习、演讲时养成问答、制定参考书并做笔记	行为的生理基础、原本的行为倾向、情绪、智慧、动机、行为的适应与发展及学习等
二年级	中等教育	6	3	使明了本国及各国中等教育实施概况，并认识办理中等教育时需要参考之理论，及必须注意之问题	演讲、印制参考资料、制定参考书	中等教育之制度、中等学校之课程、训导、行政、毕业考试、师资，及中等教育之目标
三年级	普通教学法	4	2	使获得教学原理与教学法之系统的知识，并训练教学的技术，养成对于教学之批评及实验的态度	编印讲义使预习、演讲、问答、讨论及批评、问题解答、参考	教学基本问题、教学原理、教学方法及教学技术等

资料来源：《国立西北师范学院院务概况》，1941 年，第 26 页。

从表 4 - 2 中可知国立西北师范学院专门开设教育基本科目包括教育概论、教育心理、中等教育、普通教学法四门课程，共 22 学分。教育基本科目是西北师范学院所有学生不分系别的必修科目，注重培养学生对教育原理与方法的认识与理解，形成正确的教育观念；积累心理学知识与方法以解决教育问题；全面了解我国中等教育目标、制度、课程、训导、行政、学生及教师管理等实际情况，为日后从事中等教育奠定基本认知基础；学习教学法基本原理，并训练教学技术等，此类课程开设有助于奠定师范学生坚实的教育共同理论基础、培养师范学生正确的教育观念，以及训练学生教学技术，为毕业后从事教育工作做好准备。

四 强调品德修养

学生品德修养是师范类高校尤其需要强调和重视的，正如西北师范学院院长李蒸所说："师范生的责任，在培养学生的人格，所以其本人所受之训练，在发展完全人格方面，应多于知识之学习与传授知识的方法方面。"[①] 西北师范学院教育系课程设置中也体现了养成学生完全人格的理念与目标。

院长李蒸认为："课程方面关于修养品格者，如在师范学院设立本国文化史、西洋文化史、哲学概论、音乐、体育、军训等科目，均属于指导思想，确立人生观，及修养德性方面。"开设"本国文化史""西洋文化史"主要是培养学生在认识世界文化的同时，建立起民族文化的自信与热爱。"哲学概论"是以哲学的智慧启迪学生心智，学会辨别真善美与假恶丑，养成正确之价值观与人生观。"音乐"陶冶学生性情，"体育"锻炼学生意志，"军训"培养学生爱国家、守纪律。此种理性的认知与审美情趣的养成恰恰是学生品德培养的关键。

此外，师范学院教育系课程除上述李蒸院长所列外，三年级开设的"伦理学"，课程目标为"使明了伦理学之意义，是非善恶之概念与发展，人生之目的，各家之学说，以培养其正确的人生观"，教材注重讲授"1. 伦理学之意义。2. 伦理学说之发展。3. 动机论

---

① 李蒸：《战后中国师范教育方针》，《教育杂志》（中国教育专号）1947 年第 32 卷第 1 期，第 51 页。

与结果论。4. 人生之目的。5. 幸福与人生。6. 个人幸福与社会幸福。7. 理性与道德。8. 本物、自我，与道德的分类。9. 学校与德育等"。此课程也为培养学生正确的"三观"、更好地认识世界与自我打下了基础。

五 注重教师专业训练

国立西北师范学院教育系课程分为共同必修科目、教育基本科目，以及教育学系专门科目，其中"教育心理""中等教育""普通教学法""教育统计""实验心理""心理及教育测验""学科心理""学校管理""公文程式"等课程开设注重训练教师多方面能力，旨在培养优秀的中等学校师资。

为训练学生从教技能，不仅是教育系，整个学院都非常重视教学实习，《国立西北师范学院学则》规定："专业训练科目之分科教材及教法研究在第四学年学习，教学实习满十六学分方得毕业，教学实习在第四、五两学年举行。""本院学生须于暑假或寒假期内从事社会服务或劳动服务。如义务教育、社会教育，新生活运动等之服务，农业或工厂之实习，或社会调查等，服务时间至少应有四星期，无此项服务证明者，不得毕业。"[①] 在学生毕业成绩评定中，教学实习成绩占10%，可见师院对学生实习的重视程度。

为配合学生实习，锻炼学生从教技能，帮助学生积累教育教学实际经验，西北师范学院还特别设立了附属中学、附属小学，方便学生从事教学实习。此外，西北师范学院更是专门开辟社会教育实验区、国民教育实验区、家庭教育实验区等大力发展社会教育，在丰富多彩的实践活动中，训练学生专业技能，使学生符合师范生要求，为日后走上教育岗位奠定了良好的基础。

从整体上看，西北高等学校在国民政府政策的指引下形成了较为

---

① 《国立西北师范学院院务概况》，1941年，第16、18页。

完善的课程方案。各类西北高等学校课程取向呈现出多元化融合趋势，一方面因高校类别产生偏向，另一方面突出为西北社会转型服务的区域课程特点。微观个案探究的结果进一步表明，这一时期西北地区大学、独立学院、专科学校，以及师范学院课程差异显著，特色鲜明。

第五章　西北地区高等学校教育教学活动的开展

从广义上讲，教育教学活动囊括了教师与学生围绕教与学发生的全部教育活动，是学校人才培养至关重要的实践环节。高等教育人才培养目标的实现必须依靠具体、微观、多元化、情境性的教育教学活动的开展，通过教与学的具体实践途径渗透学生生命的整体，最终以个性化的方式展现人才培养目标的规制。

1927—1949 年是一个特殊的历史阶段，其间爆发了抗日战争，其后又经历了解放战争，中国大地上烽烟四起、战火频仍。加上西北地区落后的经济社会政治生态，形成了具有时代和地域特色的高等教育人才培养目标。在此种人才培养目标的指引下，西北地区高等学校开展了一系列富有特色的教育教学活动，形式多样、内容丰富，同时关注对学生体格与健康、品德与思想、知识与技能等方面的培育，多层次、多渠道地挖掘与发展学生各方面的能力。

第一节　军事教育与坚强体魄、精神的锻炼

随着抗战局势日益紧张，1938 年 5 月 3 日，政府行政院颁布训令："爱经本党临时全国代表大会郑重决议，'今后国家建设必以军事为中心，昭告全国，一致努力，以抗战而期复兴'。"1939 年，政府教育部与政治部共同修订《高中以上学校的军事训练方案》，规定修业年限在三年以上之专科以上学校，前三学年须实行平时训练，每周二

小时，学术科各一小时。修业年限为二年者，两学年中每周三小时，前一学年术科二小时学科一小时，后一学年术科一小时学科二小时，一年中野外演习四次以上，每次须超过二小时。此外须含四次实弹射击。[①] 为响应举国上下皆应以军事为中心的中央指令，自1939年起专科以上学校二、三、四各年级学生须一律受集中军训，集训时间几占半学期之久。

一　日常军事训练

1937年，国立西安临时大学颁布"防空警备办法"与"本校防空灯火管制办法"，详细规定防空警备事宜。1938年10月，国立西北联合大学第四次常委会通过《本校军事管理暂行办法》，对联大师生实施严格的军事管理。该办法从组织、外出、请假、野外、操行、值日等方面作了具体要求，旨在养成学生整洁、勤朴、敏捷、耐劳、互助、团结、振作精神，遵纪守法之习惯。同年，国立西北联合大学第四十六次常委会通过了《训导处军训组织章程》，由校常委会委员胡庶华兼任学校军事训练队长，全面负责军训事务，并于"各学院设军训股，每股设股长一人，处理该学院之军训管理事宜"，安排各学院主任导师或导师会指导军训教官。西北联大首次准许女生参加军训，应数学、体育二系陆玉菊等11名女生的强烈要求，西北联大第十七次常委会决定准许女生参与军训，但不许中途退出。[②] 一时间，参与军训、锻炼体魄、磨砺意志蔚然成风，《西安临大校刊》第7期载：冰天雪地中第一院女同学会战操场，同学们利用各种机会开展军事演练。

二　军事集训

西北联大军训严格，为弥补日常军事训练之不足，西北联大还利

[①] 军事委员会政治部：《二十八年度修正高中以上学校军事训练实施方案草案》，1939年，第3页。

[②] 西北大学西北联大研究所编：《西北联大史料汇编》，西北大学出版社2012年版，第538页。

用假期组织集训。西北联大常委李蒸在《西北联大集训专号》发刊词中讲:"大学生平时受军事训练,一方面矫正过去文人的孱弱积习,一方面培植抵抗侵略的能力,用意甚善。不过各校实施军训常因学校环境,及其他课程关系不能收到预期的效果。集中军训在暑假期内举行,一方面补充平日军训的不足,一方面给学生练习过军人生活的机会。"①

"集训专号"记录的此次集训设在陕西南郑,西北联大学生前往参加者近千人。

九月入伍,十一月出伍,第一军分校主任祝绍周率领各军教官,不辞劳苦,认真训练,技术学科、兼筹并设。课余之暇,复延请各处军事长官及教授名流轮流演讲:或致其希望,或勉其努力,或从历史以激扬民族精神,或言古训以促进旧有文化,或说明集训与建国之关系,或阐发集训对抗战之功用,琳琅满目,美不胜收。外以军事训练劳其筋骨,内以精神食粮充其肠胃;进则为国家民族致杀敌之用,退亦可训练民众,组织民众,在后方效一日之长。②

集训严格按照政府教育部颁行之《高中以上学校学生集训教育纲要》的要求:

1. 军训时间,用整个生活,改造受训者之思想,行动与习惯,务使受训者以后,获得坚定的信念,完成的人格,生产坚强的自信力,创立未来的新生命。2. 以学术科之训练,讲习灌输现代国民必备之军事常识与技能。3. 以严格的军队生活,锻炼受训者之体格,并养成其迅速、确实静肃、秘密、俭朴、整洁之习

---

① 《发刊词》,《国立西北联大校刊》1939年第12期(集训专号),第1页。
② 《发刊词》,《国立西北联大校刊》1939年第12期(集训专号),第1页。

惯。4. 以诸般勤务，养成其劳动服务，互助之德性，与管理整理之能力。5. 以野外演习，越山涉河等动作，养成其冒险，耐苦，沉着，机警的能力；振作其奋发无畏的精神。6. 以严密的纪律与规则，规范受训者之行动，培养其服从守法共同动作之习惯。7. 以集团训练，促其克己合群之觉悟，造成协同一致的精神。8. 以各种礼节及规范，端正受训者之仪容，检束受训者之身心，供达到庄敬和谐的目的。9. 以军乐军歌鼓舞受训之义气，发扬受训之情感，供发生蓬勃向上之积极精神。10. 以精神讲话，剖析国家民族内外之形势，叙述古代志士节操之伟烈，说明三民主义之伟大，与恢复民族精神之必要，供受训者笃信总理遗教，树立尽忠报国之志愿，与服从纪律完成革命之决心。

以期达到"1. 造成体魄坚强、人格高尚、常识丰富与行动积极，能为民族牺牲，为国家奋斗的中国国民。2. 造成态度庄严、操作勤敏、负责任、守纪律、明礼仪、知廉耻的现代国民。3. 造成思想统一、精神团结、爱国爱群、共同奋发，以复兴中华民族，完成国民革命自任的忠勇国民。"[1]

学生初到南郑有各种各样的不适，天气的阴霾、简陋的环境已经让学生们叫苦连天，加上军事化的严格的管理与操练，更使学生们觉得这样的日子真是难熬，但随着时间的推移，教官的悉心指导，学生们渐渐感悟到集训的重要，感悟到作为一名中华民国合格公民的责任与担当。学生马云海在集训笔记中说："两个月的集训生活，虽然在刚入队的时候，不免有度日如年之感，但是毕竟也很快地过去了，现在回想起来，却有较为深刻的印象。"马云海回忆说：

十一月六日，举行我们第四大队和独立队的出队典礼，上午

---

[1] 《本校学生参加集训概况》，《国立西北联大校刊》1939 年第 12 期（集训专号），第 16—17 页。

有隆重的仪式和检阅、很有意义的聚餐，全体官长和同学，都齐集在北校场，每六人一桌，席地而坐，围绕着升旗台列成党徽的图形，喊了开动的口令，大家都狼吞虎咽地争食，可是非常的静肃，除了管子号有节奏的乐声以外，毫无一点嘈杂的声音。饭罢，先由徐寿堂先生讲述越王勾践十年生聚，十年教养，廿一年而灭吴的史实，作为我们抗日战争的范样。继由祝主任作最后的训话，大意说："我们排列的队形，是一个党徽，中间有我们的国旗，这表示我们的国家是建筑在中国国民党的基础之上，我们每一位青年，又都是构成党国的一分子，所以卫护党国，都有职责。"大队长和各中队长将我们一直送到学校……到校后胡常委致欢迎词说："第一欢迎受训同学吃苦归来，第二希望将集训的精神带回学校来，第三从此使军校和联大联起手来，在陕南的文化上，在抗战建国的努力上，一致地向前进。"在全体聚餐时各官长也有恳切的训话，更有使我们不能忘怀的就是当我们一到城固的西门外的时候就看到了学校的常委教授，和在校同学，以及当地军警，列队欢迎，使我们有无限的感激和惭愧。欢迎的爆竹，更激起了同学们的兴奋，那时精神的焕发，步伐的整齐，态度的严肃，为从来所未有，不由得大家都引吭高歌："起来！不愿做奴隶的人们，把我们的血肉，筑成我们新的长城……""农工商学兵，一齐来救亡……""大刀，向鬼子们的头上砍去……"悲壮的歌声，一声声送到伫立在街头的民众，民众肃然起敬，把我们当作了凯旋的将士，这时我便想到："如果我们抗战胜利，收复失地，真正打回老家去的时候，那时父老们欢迎抗敌将士凯旋不知道更是如何的热烈呢？"[①]

学生刘凤仪的集训笔记写道：

---

① 马云海：《集训生活的片段》，《国立西北联大校刊》1939 年第 12 期（集训专号），第 41—46 页。

到达独立中队本部以后，看见胖面圆睛的商队长，觉得他的状貌言语，甚是怕人。第一次训话时，即宣布了军中约法……他说起话来，虽然叱咤得吓人，但他并不一味的是老粗。他以前办过多年的女子军训，对于管理方面颇具经验，深知徒法是行不通的，所以有时不得不济之以宽。在开始训练的几天，同学们过不惯这种机械式的禁锢生活，心猿意马。不安而又烦躁的情形，他何尝看不出来，就一面严加管束，一面又不断训话，并剀切地说明，在今日这个时代，军事知识、军事生活，对于国家、对于个人是怎样的重要，我们务要共体时艰，学习吃苦、锻炼身心，因为唯有忧劳才能兴国。学生受他熏陶，渐渐感动，好像明白了偷安享乐的生活是不对的。平时吃不下的苦，受不了的劳，现在也勉力去忍受，不像从前那么诅咒了，觉得抗战建国的责任，就在我们的肩上，是无旁贷的，我们就应当卧薪尝胆，来完成这种责任。许多同学起先原想借着点小病而请求免训，在我个人亦是如此，到这时受着良心的责备，也就说不出口而作罢了。①

在集训期间，不时穿插着军事长官及联大教授各方演讲，如陕西省学生集中训练总队名誉总队长蒋鼎文的《抗战中青年学生应有之努力》、中央陆军军官学校第一分校主任朱绍周的《对集训学生今后的希望》、陕西省学生集中训练总队代理总队长周士冕的《怎样做一个时代的青年》、陕西省学生集中训练总队常务副队长张德荣的《礼义廉耻》、陕西省学生集中训练总队副总队长李强的《集中军训的使命及应注意的事件》、中央陆军第一军分校政治部主任林树恩的《集训与建国》、联大教授李季谷的《中国历史上所见之民族精神》、陆懋德教授的《中国革命之经过》、许寿裳教授的《勾践的精神》、程克敏教授的《民众心理》、徐诵明常委的《如何能使此次抗战达到最后

---

① 刘凤仪：《陕南集训生活散记》，《国立西北联大校刊》1939年第12期（集训专号），第50—51页。

胜利》等。

政府与西北各高校颁行的各类军训纲要、章程、规定，西北各高校实施的各类军事训练，集训中安排的各种演讲、报告、训话等，通过由上而下的推行与落实，通过层层精心的设计与施行，使西北地区高等学校军事教育开展得如火如荼。除西安临时大学与国立西北联合大学外，西北地区其他各高校也都开设了军训课程，安排各类军事训练与实习。

三 军事教育的意义

军事教育的意义不仅是学习军事基础知识，锻炼强健体魄，养成纪律化的生活习惯，而且更重要的是通过艰苦的训练、严格的管理，将体格锻炼与精神训练结合在一起，使学生深刻体悟国家与民族给予的使命与责任，将爱国主义、民族主义的种子根植在每位学员的心中，坚定三民主义信仰。学生的军训笔记真实地再现了当时的情景，学生的感想反映了军事教育的成果，由最初的抗拒与烦躁到坚持与承受，再到惭愧与感激，最后发展为理解与信仰。通过仿真的军事训练，让学生体会军事生活、体会国民责任、体会军人荣耀。

抗战岁月中的西北高等学校仿佛一座座矗立在战火中的精神堡垒，一方面，高等学校通过军事教育培养学生军事技能与民族精神，于身体与精神两方面锻造中华民国之战士；另一方面，高等学校作为文化传承与发扬的圣地，通过人才培养，将爱国主义与民族精神散播于民众，开化民众、鼓舞民众，为了民族的复兴、国家的独立而战斗。

第二节 训育开展与人格、信仰的陶铸

一 训育制度的内涵

北平师范大学从培养与提高师范学生的品德与从师技能的角度，

首先推行了训育探索，先后成立了"学生自治委员会""学生生活指导委员会"，学生生活指导机构后来转化为"导师制"。北平师范大学训育制度的建立，成为当时教育制度的一大创举，得到了政府的高度评价，在全国范围、各个层次的教育机关推广。

1939年9月，政府教育部颁行了《训育纲要》，指出训育之教育，理应以三民主义与建设理想人生为目标培养学生，要使学生养成具有：（1）高尚坚定之志愿与纯一不移之共信；（2）礼义廉耻之信守与组织管理之技能；（3）刻苦俭约之习性与创造服务之精神；（4）耐劳健美之体魄与保民卫国之智能。总结起来就是"自信信道、自治治事、自育育人、自卫卫国"①。《训育纲要》还涉及各级学校训育之实施：

> 专科以上学校：1. 由民族历史文化的特性，研究各种学说主义之各自适应性，归纳结论于三民主义创见于中国之必然及其适应性之理由，使学生切实理解三民主义之真谛，并依据总理、总裁之训示，确立三民主义的革命人生观。2. 由军事教育、竞技运动等严格的训练，以锻炼强健的体魄，及奋斗为国、坚忍图强之精神。3. 注重实际问题之调查与研讨，切实了解建国方略建国大纲之内容，鼓励创作之志趣，以养成穷理尽性的学术研究精神，与学以致用的建国责任之自觉。4. 陶冶爱好自然的情绪，及崇尚礼乐之美德，以养成优美刚健之风格。5. 厉行节约运动，纠正浮夸习气，以养成俭朴勤劳之平民生活。6. 对于学生自治团体及三民主义青年团之校内组织予以适切之指导，以养成有组织有规律之习惯，及组织管理能力。7. 鼓励并指导社会服务及劳动服务，使学生深入社会内容，从事民众知识之提高，与社会利弊之兴革，以养成工作劳动的习惯，服务社会的热忱与责任心。8. 指导

---

① 教育部训育研究委员会编：《训育法令汇编》，教育部训育研究委员会，1935年，第12—14页。

学生从事各种合作事业,以养成互助合作的精神及准备负荷对社会国家以及世界人类之责任。①

政府教育部高等教育训育制度涉及面广,以德育为核心,同时涵盖智育、体育、群育、美育中的精神陶冶,分别运用显性教育方式和隐性教育方式。显性教育方式主要包括党义、军训、课外活动等;隐性教育方式,主要包括师生关系、校园文化等,多维立体地加强学生思想、行为的控制与引导。

二 西北各高校训育制度的设立

这一时期西北地区各高校组建学校训导机构、设立训导处,依据部颁《训育纲要》,制定了各校训导实施纲要。如《国立西北师范学院训导实施纲要》《国立西北医学院训导实施要则》《国立西北大学训导办法》《国立西北技艺专科学校训导工作安排》《国立兰州大学训导纲领》等。各高校定期召开训导会议,检查、反思训导实施情况,完善训导制度,改进训导方法,等等。

《国立兰州大学训导纲领》规定"本大学训导要旨为:1. 以智仁勇为目标陶冶健全之品格;2. 以继往开来为任务树立高尚之志愿;3. 以三民主义为实现坚定正确之信仰;4. 以革新创造为生活养成自治之精神"。学校训导处下设三个组,即生活管理组、课外活动组、体育卫生组,具体实施包括生活管理、课外活动、体育卫生、操行考察、奖惩办法五个方面,如"生活管理是以指导学生思想行为以及日常生活均能合乎规律,并利用机会启发智能发展学生优良个性为目的的主要任务"。具体落实为"1. 起居作息之规定与训管;2. 膳堂操场宿舍之指导;3. 考勤与请假之核计;4. 礼节之规定与训管;5. 警卫

---

① 教育部训育研究委员会编:《训育法令汇编》,教育部训育研究委员会,1935 年,第 22 页。

组织之指导；6. 思想行为言论性情之考查与纠正"等。① 多渠道、多层面介入学生生活，指导学生思想、品格之养成。

三 新生训练：训育的重要形式

新生训练是训育多种形式中的一种，国立西北师范学院新生训练最有特色，特选取该校1940级新生，以新生训练为突破口，深入探究西北高等学校训育制度的具体实施情况，及其与学生品德培育之间的联系。

国立西北师范学院李蒸院长讲述道：

> 本届新生报到者约一百六十余人，大多数为清寒子弟，均系经历奋斗，始得升学。爱护国家民族，信仰三民主义。更有志愿考入本院，因种种关系未能实现，经过八年之久，始得达到目的者。又有曾任军人，经历参加台儿庄、武汉大战，现又转向升学考入本院者，可知现在青年，率能认清国家民族前途，及个人应采取之途径，更求深造，并以教育为目的。②

西北师范学院依照教育部颁《高中以上学校新生入学训练实施纲要》，制定了《本院新生入学训练大纲》。该大纲规定：

> 训练目标为：1. 在使新生对于国家民族有正确之观念；2. 在使新生对于三民主义有坚定之信仰；3. 在使新生对于本院之历史规章及内容有深切之了解；4. 在使新生对于求学有坚定之志愿；5. 在使新生对于学校之性质有明确之认识；6. 在使教职员明了新生之个性。
>
> 实施原则为：1. 应用积极的态度、亲切的精神，以期建立学

---

① 《兰州大学训导纲要》，《兰州大学校训》1947年第1卷第1期，第7—8页。
② 李蒸：《序言》，《国立西北师范学院校务汇报》（新生训练专号）1940年第16期，第1—2页。

生自动自觉自省自治之基础；2. 厉行军事管理、培养纪律生活，但须培养青年之朝气与活泼之精神；3. 注重个性调查、思想指导、生活指导，与修学指导。①

本次新生训练，参加学生162人，历时两周，训练内容包括政治训练、道德修养、个别谈话、军训、体育、修学指导、小组讨论、校史章则、音乐等。"全部新生组成一个中队，由院长兼任队长，由训导主任及军训主任教官兼任队副，下分三区队，九分队，区队长遴选四年级生派充，每区队或分队各设指导员一人，请本院主任教授兼任之。"②

国立西北师范学院此次新生训练具体教学工作均由学院各系主任或知名教授负责，例如李蒸为学生讲解"总裁对于教育青年之训示""抗战建国纲领国民精神总动员纲领及其实施办法""本校校史、本院使命及其校风"；黎锦熙讲解"一般科目之性质与目的及科目相互关系"；李建勋讲授"我国现行教育宗旨及政策"；曹配言讲授"三民主义及其哲学基础""国民革命史"；袁敦礼讲授"训育纲要及本院训导方针""本院组织及教职员、本院环境及设备"。此外，杨立奎、李问渠、杨向葵、董守义、郭俊卿等教授以及各系主任都为新生开设课程，以具体教学方式，为新生介绍本院历史、机构、教师、设备、环境；为新生讲解各系概况、各科目研究态度、如何利用实验室与图书馆；与新生围坐一起探讨国家民族观念的养成、生活态度以及生命的意义；与新生一起研究国际国内局势、地方自治、军事政治文化经济建设等问题。

此外，各系主任分别召集新生单独谈话，了解学生家庭状况、学历经验、将来志愿、目前希望，以及有何困难等。

---

① 《本院新生入学训练大纲》，《国立西北师范学院校务汇报》（新生训练专号）1940年第16期，第5页。
② 《本院新生入学训练大纲》，《国立西北师范学院校务汇报》1940年第16期（新生训练专号），第5页。

在训练期间,每位学生须做"自述"一篇,及"受训之感想"一篇,学校将根据各人生活行动、自述感想之写作、演讲笔记、小组讨论会记录、个别谈话等项进行综合考评,并以考评为依据决定学生去留。①

国立西北师范学院指派一流学者悉心教导入学新生,详细讲解国家政策、地方建设、校纪校规、专业修读等,一方面关心学生道德品德培养、爱国服务观念养成;另一方面关注学生适应高校生活学习、接纳并主动融入各校校园文化。教师对学生无私的关心与引导、师生间亲切的交往与探讨、同学之间真诚的交流与互助,共同促进新生成长。正如德国存在主义哲学家雅斯贝尔斯所说:"思想对人生道路负有的责任,在交往之中借助大家感觉到的可能性,更容易被唤醒,而远远胜过了独自一人在无人反应的空寂中思索。"②

国立西北师范学院运用多种方式和途径训练、引导学生,效果良好。在训练期满毕业典礼上,新生代表张鸿儒说:

> 这两个星期的训练,在时间上说是很短促的,在各位师长及高年级几位负责的同学方面来说,却尽了很大的努力,而在我们生活方面来说,已有了规律和准则,在为学与做人的修养方面来说,给了我们一个正确的方法和认识尤其是对于做人的道理,阐发得很透彻,指示很详密……这两星期的入学训练,奠定了我们生活的基础,划一了我们生活的行动,在这五年受教育的长期训练中,确定了我们求学做人的方针,我们要遵照各位师长所循循善诱的训示,切身地实行,才不负这两星期训练的工作。③

---

① 《李院长在新生训练开学典礼上训词》,《国立西北师范学院校务汇报》(新生训练专号)1940年第16期,第13页。

② [德]卡尔·西奥多·雅斯贝尔斯:《什么是教育》,邹进译,生活·读书·新知三联书店1991年版,第53页。

③ 张鸿儒:《新生入学训练期满毕业典礼新生代表答词》,《国立西北师范学院校务汇报》(新生训练专号)1940年第16期,第13页。

李蒸院长认为：传承与延续学校传统、精神与文化也是训育应达到之目标，通过对学校历史、校训、传统与文化的讲解；通过西北师范学院教授学者的身教与示范；通过课外活动的开展与校园文化的熏陶，国立西北师范学院立足人才培养、运用训育方式，将原北平师范大学的精神与传统烙印在一届届新生的生命成长中，不断发扬光大。雅斯贝尔斯也说："今天大学创建的目的，是将历史上人类的精神内涵转化为当下生气勃勃的精神，并通过这一精神引导所有学生掌握知识和技术。"[①]

四 训育的意义

从整体上看，西北各高校训育制度通过党义、课外活动、学生生活指导、新生训练、导师制、科研调查、社会服务等方式，多管齐下，以尽可能丰富的途径，从学生校园生活、学习的方方面面影响、渗透，旨在培养学生德、智、体具备之健全人格。当然，国民政府推行的训育制度也遭到多种质疑与批评，当时就有许多学者讨论训育制度存在的价值，认为尤其是在解放战争期间，国民党将训育制度转变为思想专制的工具，极端的意识形态检查与清理，严重钳制了学生的自由发展，禁锢了学生的精神自由。[②] 但是，若从原北平大学探索与推广训育制度本意考察，关心学生思想道德成长，指导学生学习技能，培养学生健康生活方式，帮助学生建立良好的世界观、人生观、价值观，采用显性与隐性教育的教学方式化育学生，将国家观念、民族大义、服务精神、学校传统等传输给每位学生，并助其理解、承认与接纳。教师与学生间亲切的交谈、切磋，同学间热烈的辩论与研讨，彼此的关心与了解，加快并加深了化育学生的进度与程度，在这种反复的接触与教导下，学生产生了对导师的信任，教师对学生潜移默化的身教开始发生效用。训育制度的实施是一种具体的、微观的、

[①] ［德］卡尔·西奥多·雅斯贝尔斯：《什么是教育》，邹进译，生活·读书·新知三联书店1991年版，第24页。

[②] 肖雪：《训育与反训育》，《民族教师》1941年第1卷第3期，第40—41页。

多维的、立体的、真实情境下的实施，是一种包含了背景、人物的主体间的教育方式，这种教育制度的推行，对学生品德与精神的形成尤有裨益，虽然国民政府在其后期实施过程中夹杂了许多意识形态的禁锢，但训育制度本身应是政府在教育制度方面的有益探索。

第三节　科学研究与学术旨趣的养成

自抗战爆发，高校西迁，三校合组，扎根西北，西安临时大学发展到国立西北联合大学，再发展到国立西北大学，外嵌式的建构模式逐渐被西北区域系统消解与同化，避难暂迁西北的这所大学逐渐融入西北社会。大学倡导科研、崇尚学术的传统被重新激活，在西北社会的土壤上慢慢开始重构。

1929年政府教育部颁布之《大学组织法》规定："大学应遵照中华民国教育宗旨及其实施方针，以研究高深学术养成专门人才"为目标。可见，研究高深学术，培养学生热爱科研、专心科研的旨趣与能力一直是政府大学教育的重要目标。而学生科研能力的培育是立体的，在日常生活、学习中具体的习得与养成，受到多重因素的影响。要培养与提升学生科研能力，必须以尽可能丰富的手段、提供多种平台与学习、交流的机会，在多元频繁互动中，慢慢熏陶、养成学生爱好科研、理解科研、学会科研的兴趣与能力，养成学生学会发现、善于创新、乐于学术的爱好与品质。

这一时期西北地区各大学通过各种方式与途径，如开展学术演讲与交流、组织实地考察与调研、成立各类学术研究会、撰写学术论文等，多层面、大力度地帮助学生提升科研能力。

一　开展学术演讲与交流

在西安临大时期，学校在建立伊始就注重开展各类学术演讲活动。1937年12月20日，学校邀请曾任北平大学教务长的焦实斋为学生演讲分析抗战发展局势，鼓舞师生爱国救亡之精神。① 12 月 29 日，学校工学院邀请国内著名隧道工程专家、陇海铁路西段工程局副局长兼副总工程师李乐知演讲"隧道工程"②。《西安临大校刊》第 2 期载：

> 本校开课以来，第二院因有东北大学礼堂之便利每周均请校内外专家学者演讲，统计如下：本校地质学教授张伯生先生"西北地质"、本校土木工程教授刘德润博士"土壤工程"、导渭工程处总工程师刘钟瑞先生"导渭工程"、陕西民政厅厅长彭昭贤先生"不得了，了不得"、陕西省水利局局长李仪祉先生"抗战力量"、华北水利委员会工程队队长徐宝溥"在东北战场办理军事工程之经过"、航空委员会第十三科科长顾校书先生"防空工程"、陕西省建设厅厅长雷宝华先生"求学态度与抗战时期应有之修养和准备"。③

表 5-1 是国立西北大学 1947—1948 年学术演讲统计。

表 5-1　　国立西北大学 1947—1948 年学术演讲统计

时间	主讲教授	讲题	举办单位
1947 年			
2 月 17 日	黄川谷	英语学习法（为全校一年级学生讲）	
2 月 21 日	黄文弼	洮河流域考察之观感	边政学会
2 月 22 日	吴澄华	纵论当前国家紧急经济措施	经三级会
3 月 15 日	周传儒	国际干涉	史二级会
3 月 22 日	马道宏	宗教与人生之关系	边政学会

---

① 《纪念周演讲》，《西安临大校刊》1937 年第 2 期，第 4—6 页。
② 《工学院敦请李乐知先生讲演隧道工程》，《西安临大校刊》1937 年第 3 期，第 7 页。
③ 《第二院每周敦请校内外专家演讲》，《西安临大校刊》1937 年第 2 期，第 6—7 页。

续表

时间	主讲教授	讲题	举办单位
1947年			
4月7日	赵进义	宇宙射线	总理纪念周
4月26日	郑资约	西南沙群岛问题	地理学会
5月4日	赵进义	神秘的宇宙——星云	科学月报社
5月10日	马师儒	复员期间我国高等教育所急需之补救办法	教育学会
5月17日	冯永轩	中国货币之沿革	考古学会
5月20日	郑励俭	地理的野外工作	地理学会
5月26日	许兴凯	假使我管理中华民国	政治学会
12月19日	吴澄华	从美苏对立看世界局势与中国局势	训导处
1948年			
3月17日	傅种孙	中英对照	学生自治会
3月25日	高元白	一个人生观	学生自治会
3月29日	王立础	动乱时期之心理健康	课外活动组
4月3日	傅种孙	数学之万法归宗	数学学会
4月23日	秦佩珩	通货到哪里去	课外活动组
5月4日	虞叔毅	物理的五四运动	科学月报社
5月17日	田炯锦	现代政治之趋势与当前吾国政治问题	政治学会
6月1日	杨炳炎	省之法律地位	法学研究会
6月7日	孙道升	心电感应论的理蕴和功用	学生自治会医学分会
11月11日	林冠一	帝国与民国	学生自治会
11月12日	初大告	英国大学之学生生活	课外活动组
11月19日	董绍良	如何寻求世界和平	课外活动组
11月20日	马师儒	现今中国教育改进上之重要问题	学生自治会
11月25日	赵和民	美苏关系与中国	学生自治会
12月3日	袁若愚	民主制度之演进	学生自治会
12月9日	傅庚生	文学的风格	课外活动组
12月11日	张光祖	中国往哪里去	学生自治会
12月18日	杨钟健	从中国现有版图看中国边疆问题	学生自治会

资料来源：李永森、姚远主编《西北大学史稿上卷（1902—1949）》，西北大学出版社2002年版，第398—399页。

这一时期西北各大学学术演讲内容还包括西北边疆研究，如国立西北大学边政系成立的"边政学会"，举办了"边疆问题十讲"，由校内外边疆民族、历史、风俗、社会、政治经济制度等相关领域的专家学者讲演，讲题有"边疆之婚姻""新疆十四民族""新疆中苏国界问题""拉卜楞——西北的一个宗教中心"等。①

在抗战期间，西北各大学学术演讲主要围绕抗战救国的主题，也涉及单纯的学术研究。在抗战后一段时间里又围绕战后建国、民主制度等主题展开，但也穿插着许多学术探讨，如这一时期国立西北大学演讲内容多次涉及原子弹制造、太阳黑子等。到1947年以后，西北各大学举办的各类学术演讲内容更加丰富，包括文学、历史等人文社会科学及政治、经济、时局问题的讨论，也包括自然科学各学科发展的前沿及学习、教育、人生哲理等各个领域。充分发挥了综合性大学学科门类齐全、各类专家名流齐聚、各种思潮与学派交相辉映的长处，同时也反映了西北各大学教授、学者潜心治学的丰硕成果。国立西北大学每到4、5月，校园里海报琳琅满目，大礼堂灯火通明，听讲的学生围得水泄不通，演讲的声音伴随着一浪高过一浪的掌声回荡在校园上空。

为繁荣学术、提高教学与研究的水平，西北各大学积极开展各类学术交流活动。以国立西北大学为例。1944年10月，中国物理学会第十二届年会西北区分会在国立西北大学隆重召开。1945年9月，英国著名科学家、中央科学合作馆馆长李约瑟博士来西北大学访问，并于18日在校本部大礼堂作题为"科学与民主主义"的学术报告，会后又与西北大学师生座谈交流。

  1947年至1948年一学年，国立西北大学就邀请了七八位专家来校授课、交流。著名地质学家、北大教授裴文中，在本校地

---

① 李永森、姚远主编：《西北大学史稿上卷（1902—1949）》，西北大学出版社2002年版，第298页。

质学会邀请下,作关于"北京人"的学术报告两次。后又来校讲授"渭河、洮河流域古代人类文化之新发现",报告他在渭河上游发现彩陶文化的经过。同年6月,著名政治学家叶青先生来校讲学,为师生讲解"党政制度与中国"等问题。12月18日,迪化市市长屈武先生,应学校边政系之邀请,来校专门讲解新疆问题。

1948年2月,国立复旦大学教授、立法委员陈顾远先生来校为法律、商学两系学生讲授商事法,为期一月。同年4月,国立武汉大学外语系主任、西大文学院特约讲座教授吴雨僧来校讲学,为中文、历史、外语三系学生讲授世界文学史纲、文学概论及中国小说课程等。此外,国立中央研究院地质研究所研究员孙殿卿、清华大学教授陈梦家等也分别应邀来西大讲学。[①]

学术演讲与交流是一种师生面对面的学术互动,是一个通过情感、表达、动作等多种因素交织在一起的传递性过程,这种传递不仅仅是知识的流动,而且包括思想的影响、精神的作用。这种传递不仅仅是单向的教授、学者对学生施加影响,还包括学生当场与事后的回应与反馈,通过学生,特别是学生当场的反馈,一个提问、一个动作、一个眼神的交流,演讲者接受,进而调整讲解的内容、形式与方向,最大限度地"说服"听众,影响学生。

从总体上看,其一,学术演讲与交流开阔了学生的眼界,为学生提供机会接触国内乃至国际各学科研究的新进展、新成果。其二,这种演讲与交流活动激起了学生科学研究的兴趣,有助于培养学生爱好科研、投身科研的志向。其三,在活动中,西北各大学本校学者学术研究重点关注西北地区文化、宗教、经济、交通等,通过演讲的方式,教师学术研究的西北转向也影响到学生学术研究选择之方向与路

---

① 李永森、姚远主编:《西北大学史稿上卷(1902—1949)》,西北大学出版社2002年版,第400页。

径，在培养与提升学生科研能力的同时，也实现了引导学生发展科学研究，服务西北社会的人才培养目标。

二 组织实地考察与调研

西北地区各大学多方面组织各类实地勘测与考察，期望在行动与实践的过程中，培养与提升学生科学研究的能力。

1938年1月10日，西安临时大学工学院矿业工程系受陕西省建设厅函请，组织矿冶研究队赴陕南一带探查各类矿藏。① 西安临大矿冶系主任魏寿昆领导探矿队于1月22日到达安康，其探测结果是："长枪岭沙砾层无成岩沙砾者不含金。沙砾层含金者，俱有多数之火成岩沙砾，证明金之来源，得自火成岩，而非得自安康附近岩层之石英矿脉。"②

国立西北联大历史系考古委员会认为，汉朝博望侯张骞为中国历史上不可多得之民族英雄，决定整理、修缮其墓冢，以为表彰。1938年5月20日，学校常委徐诵明、李蒸、李继谷、黄文弼等14位专家，及男女学生数十人，赴陕西城固张骞墓考察。同年7月3日、8月24日，西北联大考古委员会对张骞墓展开挖掘整理工作，清理墓前石刻与文物，并增修墓道。事后考古委员会提议为张骞遗物增设展览馆，"于今日一致唤醒民族意识，对外实行抗战之际，必有极大之裨益"③。次年，张骞墓冢文物得于西北联大考古室陈列展览。

1938年3月19日，国立西北联大历史学会组织本校历史、史地两系师生，赴阳关、马超墓、定军山、褒城石门等地考察。考察团瞻仰了我国一流政治家之祠墓，也察得汉砖汉瓦证明其地为汉代建筑遗址，但此行之意义并非仅限于此，学生通过考察，了解汉中的历史文化、领略

---

① 《本校矿冶系赴安康勘矿队已抵汉中》，《西安临大校刊》1938年第7期，第3—4页。
② 《本大学安康探矿队报告》，《西安临大校刊》1938年第12期，第13页。
③ 何士骥、周国亭：《发掘张骞墓前石刻报告书》，《西北联大校刊》1938年第1期，第37页。

汉中的风土人情，激发其对西北大地的热爱，也培养了学生对西北自然环境、物产资源、历史文化、民族宗教等问题研究的兴趣。

在城固时期，国立西北大学地质地理系地质组师生为调查汉中盆地地质构成，踏遍整个盆地，由东口黄金峡至西缘定军山，再由秦岭南麓至巴山北坡，搜集提取了地质样本，获得了许多宝贵的资料，回校后整理撰写，成文《汉中盆地地质》，具有较高的学术价值。同时，地理组也组织师生对汉中盆地的人文自然状况进行了详细的考察。①

1944年，国立西北大学边政系成立之初遂组建边疆考察团，选定青海循化县为考察区域，由杨兆均教授带领考察团对循化维吾尔族、撒拉族的风俗、历史、文化、生活等开展调查研究，此次考察历时两月，收效良好。② 1947年6月，西北大学边政系十多位师生组成甘、青考察团，先后赴甘肃、青海实地考察调研边疆宗教、政治、风俗、语言等，沿途收集有关边政之原始珍贵史料，了解当地风土人情，历时三月。③

1948年暑假，边政系阎锐、谢再善、朱懿绳三位先生组织该系四年级学生21人，赴新疆一带考察见习。本次考察见习之内容包括：习练维吾尔文，县政实习，拜访各族领袖，调查新疆教育，参观民族文化协会，研究各民族之间交互之社会关系，探讨新疆维吾尔族伯克制度及新疆蒙古族蒙旗制度，查看新疆伊斯兰教之潜力，探究游牧民族社会组织，观察维吾尔族、汉族、哈萨克族、蒙古族各族生活实况，体验各族人民之习俗，调查迪化地志，测绘旅行线路，拍摄沿途照片，采访各类民族传说与故事等。此次考察，"实地探访天山天池、哈密回王墓、迪化红雁池、焉耆唐代遗址、库车千佛洞、黑孜而千佛洞、博斯腾湖、温宿故园、阿克苏果园、疏勒耿恭台、香妃墓、大礼

---

① 李永森、姚远主编：《西北大学史稿上卷（1902—1949）》，西北大学出版社2002年版，第303页。
② 李永森、姚远主编：《西北大学史稿上卷（1902—1949）》，第297—298页。
③ 李永森、姚远主编：《西北大学史稿上卷（1902—1949）》，第390页。

拜寺、敦煌莫高窟等多处，皆具有地理、历史、经济、文化之极大价值，且多为人迹罕至之处。亦向不为人所注意者。该团得能实地考察，实与所学辅益至巨。""该团在迪化喀什举行各族青年文化座谈会，讨论新疆问题，尤属创举。"①

战乱频仍，高校资金多被挪为军费，开支拮据，加上西北地区经济发展滞后，高校基本没有其他经费来源，在这种条件下，西北高校师生克服种种困难，努力开展各类考察与调研活动，实属难得。

西北地区地处偏远、交通不便，经济、社会、文化较为落后，抗日战争爆发前鲜有学者、政府要员关注西北社会。抗战爆发后，随着东北沦陷、华北失守、东南沿海频遭轰炸，西北地区战略地位凸显，开发西北、建设西北呼声日高，国人才开始关注西北，组团考察。但这种考察远远不够，西北社会有其独特的地理、历史、文化、民族、宗教、经济、政治环境，官方或者其他大学、学者的考察，多半流于形式，没有发挥出实质性的作用。这一时期西北地区需要的考察与调研，其一是接触与了解，其二是理解与包容，其三是保护与延续，其四是更新与发展。开发西北、建设西北的重任实则落在西北地区高校培养之各类人才肩上，只有让西北各高校学生体验西北现实生活，了解西北各地、各族文化历史，直面社会实际需求，才是学生学习科研、发展科研的原动力，也是这种动力得以持续的保障。

三　成立各类学术研究会

西安临时大学工学院下设矿业工程学会，为该院矿冶系学生的学术研究组织，学会致力于培植学生能力，协助地方政府、开发资源，兴建西北。②临大农业化学系学生鉴于抗战中食品问题的重要性，组成了"战时食品问题研究会"，共有学生20余人，赴东关十八陆军医

---

① 《边政学系边疆见习团返校》，《国立西北大学校刊》1948年复刊第40期，第20—21页。
② 《工学院矿业工程学会迎新大会志盛》，《西安临大校刊》1938年第4期，第5—7页。

院及各分院，调查抗日受伤将士及难民营养概况。① 后又对学生及洋车夫食品问题开展调查，进展顺利。②

国立西北大学法律系生员为推动与发展我国司法事业，乃发起组织法律学会，借以探讨研究相互砥砺，以期对国家有所贡献，该学会自成立始，每两月召开一次会议，每学年开始及终期各召开一次全体会议。③

1945年4月，国立西北大学文物研究室成立，其主要目的在于"发扬西北固有文化、收集文物资料、从事整理，以备本校有关学系之研究参考"④。研究室拟定详细工作计划分期推行：

> 一、展览会：本室成立之始，拟先将接受艺文考察团之各类成绩，作初步整理，分期举行专题展览，借以宣扬西北古代文物之优美，所定专题为：1. 敦煌艺术展览，2. 佛教艺术展览，3. 金石拓片展览，4. 汉唐陵墓艺术展览，5. 西北风物展览，6. 中国装饰展览。二、文物馆：本室第二步之发扬工作，为成立永久性之西北文物馆。就西北特有之文物资料逐渐扩充，务使后列各类文物均能单独有一时代系统，以发扬其教育价值：1. 雕刻类，2. 壁画类，3. 铜器类，4. 陶器类，5. 砖瓦类，6. 货币类，7. 金石文字类，8. 铜版艺术类。三、编辑出版及模制：为西北文物集刊编辑出版及西北古代雕刻之模具复制。关于文物集刊，拟就西北特有之文物资料分类整理编纂，如古代图案、汉唐艺术、佛教艺术、陵墓石刻、西北金石、敦煌壁画、西北史迹，均分别汇辑，为丰富完美之专业，以发扬固有文化。⑤

---

① 《农业化学系同学组织战时食品问题研究会》，《西安临大校刊》1938年第8期，第6页。
② 《农业化学系战时食品问题研究会工作近况》，《西安临大校刊》1938年第9期，第6页。
③ 《校闻二则》，《国立西北大学校刊》1942年第4期，第7—8页。
④ 《西北文物研究室近讯》，《国立西北大学校刊》1946年复刊第19期，第6页。
⑤ 《本校西北文物研究室概况》，《国立西北大学校刊》1947年复刊第29期，第13—14页。

大学中各种学术团体的成立与运行，在学生科研能力的培养过程中发挥着重要的作用。学术团体不论其性质归属校办还是师生自发组织，通过建立相应的组织机构、设置专门的管理人员，都是大学中学术与科研的中心。这种正规的学术科研机构通过定期召集会议，开展师生间、同学间的研讨，学术交流以课外活动的形式得以继续，而这种非课堂式的学习也更具灵活性，学术氛围也更加轻松、热烈，更能激发学生热爱科研的兴趣。大学中的学术团体仿佛一盏盏照亮学术科研的明灯，吸引并带领着学生展开科研之旅。

四 撰写相关学术论文

为培养与提高学生科研能力，西北各大学开设论文研究课程，指派相关教师专门负责学生毕业论文的指导，如"西北联大教育系自民国二十年起，即于四年级增设论文研究一科，每周二小时，由教授三人担任，分别讲述论文作法，指导学生选题、征材整理所得、解释结果等"①。下文为这一时期西北地区各大学部分学生毕业论文选题。

西安临时大学教育学院四年级学生毕业论文题目有：回教儿童与无宗教儿童道德判断之比较；抗战中之青年心理、影响人格之因素；自由主义的教育；抗战期中西安中等学校之训育；抗战期中的音乐教育；西北人民之宗教信仰。②

国立西北联大教育系二十六年（1937年）毕业学生论文选题有：抗战期间城固之民众教育；墨子思想概要；汉南民众日常思想之分诉；抗战中之青年心理；城固儿童之情绪研究；自由主义的教育；抗战期中南郑中等学校之训育；抗战期中的音乐教育；犯罪行为之心理研究；抗战时期南郑之中等教育；庄子教育哲学概观；吾国自抗战以来所暴露之弱点及今后在教育上应努力之途径；王阳明的教育学说；

---

① 《教育系二六年度论文研究概况》，《西北联大校刊》1939年第8期，第41页。
② 《教育系四年级学生毕业论文题目》，《西安临大校刊》1938年第12期，第7—8页。

抗战期间城固之强迫教育等。①

国立西北大学三十四年（1945年）毕业学生论文题目有：历史学系——清初的学术思想；殷商社会研究；唐太宗论；顾亭林的经世学；大清帝国创建考；诸葛亮传论；范仲淹评传；英国议会政制之原始及发展等。化学系——人体化学泛论；原子构造与光谱；原子核等。地质地理系——宝石的研究；中国之乌矿；中国石油地质；中国铁矿的分析；中国煤矿的分析；陕西洧惠渠地质；陕西经济地理等。经济学系——论我国中央与地方财政之划分；西北经济建设；中国工业政策；战后工业建设之区位问题；民族资本与工业建设；货币职能与物价等。②

通过辅导学生习作毕业论文、解答学生习作论文过程中之疑惑，帮助学生分析解释研究结果，最终形成学生大学学习之结晶。这一过程实为科研、学术之完整经过，教师的引导与鼓励，帮助学生完成第一次真正的学术科研经历，为学生日后从事科学研究奠定了良好的基础。

此外，通过对上述西北各大学毕业生论文题目的分析得出，学生研究论题的确定首先与时代、社会背景有直接关系，在抗战时期，学生更多地选择研讨战时问题，在抗战结束后，学生论文选题范围更加开阔，涉及相关学科研究的各个方面。尤其值得注意的是不论抗战前还是抗战后，都有相当学生立足西北社会的实际需求，选择研究对象，展开论文写作。这一研究旨趣与西北各大学人才培养目标是一致的，指向培养各类西北建设之人才。同时，这一研究旨趣也与教师研究的西北转向有明显的相关性。

总体来说，这一时期，除西安临时大学、国立西北联合大学、国立西北大学、国立兰州大学外，西北其他各高校包括独立学院、师范学院、专科学校也都重视创建良好的学术氛围、培育学生科研旨趣与能力。例如，国立兰州大学积极组建"社会科学研究室"，搜集整理科研资料。文史两系学生组织"临洮考古团"，由校长辛树帜带领师

---

① 《教育系二六年度论文研究概况》，《西北联大校刊》1939年第8期，第41页。
② 《毕业论文题目》，《国立西北大学校刊》1945年复刊第14期，第4—6页。

生40余人，赴临洮地区进行考古调研。兰州大学及西北师范学院、中央地质科研调查所西北分院等自行组织学术团体赴积石山探测。国立西北农学院设立"学术研究委员会"，实际负责开展学术研究工作。国立西北医学院设立"中药、地方病研究所"，对陕南地方病展开调查，并积极研究治疗方案。国立西北农林专科学校设立"西北植物调查所"，致力于西北植物探查研究。西北农林专科学校多次组织学生开展农业经济调查。国立西北技艺专科学校特设"农业经济研究室"，并大力开展各类相关调查。国立西北师范学院设立之师范研究所，引导师生积极参与学术科研工作等。新疆省立新疆学院学生在林基路教务长带领下，走出校门进行社会调查，分析研究社会各阶层现状。①

五 学术科研的意义

西北各高校通过建立多元一体的学术科研培养机制，多途径、立体化，以主体间、体验式、行动式、情景化的具体路径，在接触、聆听、交流与互动中培育学生科学研究的兴趣与能力。西北各高校并不采用纯粹象牙塔式的进路，而是将学术科研活动的开展直面社会现实与需求，积极回应西北开发与建设中的期望与诉求。因此，这种科研学术活动的开展，成为一种有根基、有指向、有内涵、有归宿的科研学术行为，此种行为更容易引起学生的兴趣、切实提高学生的能力，也使得行动中的教师与学生产生科研的热情，以及对国家、对西北建设与开发的责任感与使命意识。

有一段话如此描述当时的国立西北大学的学生：

> 西大学生，大半来自战区，他们没有家，没有经济来源，此不得不将日常生活放低到水准以下，多数人真正是一贫如洗……袜子只有冬天才穿，夏天完全是草鞋，刚来的人，似乎不惯，久

---

① 管守新、罗忆主编：《新疆大学建校80周年丛书：新疆大学校史（1924—2004）》，新疆大学出版社2004年版，第47页。

而久之也就完全泰然了。冬天，大家却是一件大衣或棉袍，小姐们往往冻得像刺猬，然而，这并没有丝毫影想他们的朝气，看见他们的破破烂烂，而又蓬蓬勃勃的气象，便会感觉到，这是真正代表中国民族的青年一代。①

生活是如此的艰苦，精神却如此的坚强，这样一群热爱国家、热爱西北、热爱生活的可爱学生们在这样战乱的时代、这样贫瘠的土地上，坚守着学术科研的理想，奋斗与成长着。

第四节　社会教育与服务观念的确立

社会教育泛指学校教育外的通俗教育或民众教育，"以社会及全体民众为对象，以促进社会之不断发展为目的，范围甚广，责任重大。"② 有学者指出："社会教育是一个流变的概念，外延十分宽泛，随当时教育实践形式的变化而有所不同。"③

民国政府颇为重视发展社会教育事业。1929 年 4 月颁行的《中华民国教育宗旨及实施方针》明确规定，社会教育之目标在于提高民众知识、培养民众常识、增进民众智能、健全民众身心、陶铸民众道德等。④ 国民政府具体围绕创办民众学校、开展识字运动等开展社会教育工作。在抗日战争爆发后，国民政府推行"战时须作平时看"的战略总方针，继续推进社会教育，开展大规模扫盲运动。1938 年 5 月，政府教育部公布《各级学校兼办社会教育办法》，规定除六年级以下小学外，各级学校须兼办社会教育。

在如此背景下，国立西北联合大学自成立伊始即遵照国民政府教

---

① 卢苇：《自城固迁西安的国立西北大学》，《青年日报》1946 年 6 月 30 日。
② 李溪桥主编：《李蒸纪念文集》，中国社会科学出版社 1996 年版，第 119 页。
③ 于述胜：《民国时期社会教育问题论纲——以制度变迁为中心的多维分析》，《北京大学教育评论》第 3 卷第 3 期，第 21 页。
④ 沈云龙主编：《第二次中国教育年鉴》（第 1 编），文海出版社 1995 年版，第 6 页。

育部之要求，积极开展社会教育工作。1938年9月15日，西北联大召开社会教育推进委员会第一次会议，北平师范大学校长、西北联大常委李蒸作会议报告："前奉教育部令发各级学校兼办社会教育办法，注重：（一）培育人才与服务社会并行；（二）以先知觉后知，推广学术至于社会；（三）深入社会，交相受益；（四）参加抗战建国，贡献方略专技……经本校常委会议议决：组织社会教育推行委员会，以李委员蒸及各学院院长、秘书主任、教务主任、总务主任为委员"，负责联大社会教育推行各项具体事宜。此次会议还通过了"西北联合大学二十七年度兼办社会教育计划大纲"，规定文理学院主办国语及注音符号讲习班、防空防毒讲习班、科学常识讲习班、调查陕西城固南郑两县风俗民情及协助各县改良陋俗；法商学院主办法律常识讲习班、地方自治讲习班、商业补习班；师范学院主办小学教育讲习会、小学教员通讯联系部、民众学校、体育训练班、民众业余运动会、家事讲习班；医学院主办救护训练班。[①]

在西安临大与西北联大时期，学校致力于社会教育，做了许多有益的工作，特别是联大社会教育推进委员会的成立，有力地推动了学校社会教育的顺利开展。

一　宣传抗日救亡，唤醒民众家国意识与民族观念

为唤醒民众、训练民众、组织民众、动员全国军民，1937年11月，西安临时大学常务委员会公布了《组织宣传队分赴陕境各县宣传的决定》，规定学生均有义务下乡宣传，其目的在于号召民众、教授抗战常识，以期民众得以自行组织，反击自卫。本校学生的民众宣传，分期进行，每期两至三周，每期四队，每队20—30人，由1—3名教职员率领。使用简明图画、简短小册等为宣传材料，宣传内容着重服兵役、服工役、公民常识、国家观念、抗敌情况、防空常识等。

[①]《西北联大社会教育推进委员会第一次会议》，《国立西北大学校刊》1942年第2期，第13—14页。

具体宣传方法注重以谈话为主,也可召集大会演讲、组织化装表演等。宣传队员必须吃苦耐劳,每天做好详细日记,每三日向学校汇报一次,平时行为应谨慎,听从指导员命令。①

西安临大常委陈剑翛为下乡宣传队专门讲解宣传的技术,提出一要运用情感感染民众、感化民众、说服民众、煽动民众;二是"使宣传的人所发出来的东西,简单扼要,无论是语言或文字必能使大众容易了解,又使宣传的人之态度确当不游移,那么大众的步伐整齐,可以发生坚决的信仰"②。

西安临大下乡宣传第二队抵达宝鸡褒城,将全队分为九组,分赴各乡,立即展开工作。各组初到一地,即着手测验当地民众知识水准,如询问"中国目前是否仍有皇帝""我国首都在何处"等问题,前者回答有皇帝,后者回答在南郑。其文化低落,于此可见一斑。本队队员工作紧张,须就近参加学校举行之升降旗典礼,及轮流在升旗时发表精神动员讲话。褒城学生集训,亦由该队担任政训。平均每人每日授课 2 小时,晚间仍出席学生集训小组会议指导。又帮助该县县长筹办救亡周刊。

以下是本队召集民众集会宣传之题目,如抗战期中应有之认识,平津陷落后之所见,训练民众的重要性,促进生产建设,日本之勃兴及对华之侵略,中日战争之前瞻,汉奸问题,抗敌与全国团结,有钱出钱有力出力,中国必胜论等。

每次听众自六七百人至千余人不等,其在联乡的一次宣传、讲演群众排成行列,约有 2000 人,学生占十分之三四,农民占十分之六七,鹄立台,谛听。在散会时合唱《义勇军进行曲》及《胜利已到最后关头》等救亡曲。民众兴奋,于演讲毕,高呼"打倒日本鬼子""打倒汉奸""拥护中央"等口号,其热烈情绪与夫民族意识之勃发,匪言可喻。

---

① 《组织宣传队分赴陕境各县宣传》,《西安临大校刊》第 1 期,第 5—7 页。
② 陈剑翛:《宣传的技术》,《西安临大校刊》第 7 期,第 1—2 页。

在演讲之外，复有"接谈民众""各界谈话会""向优秀分子作精神讲话"等活动。用最通俗之语言讲述与战争相关之事件。谈话内容大致为：1. 目前国际之大势。世界各国对中国之关系，并综合世界各国对日本之关系，作比较中日两国政治、经济、军事形势异同之分析。

2. 民众的切身问题，先说明鸦片之害身病例，及外人如何利用鸦片来毒化中国；次述妇女缠足之害，能使身体衰弱，甚至遗传影响子孙。最后阐明迷信之不合理，偶像亦由人雕塑而成，若沉迷误信，足以阻止一切事物之进步。

3. 提倡早起勤劳及运动，以培养良好习惯而挽救当地人民之弊病。

据统计，相与接谈者一部分为知识分子，另一部分为老弱妇孺，当与彼辈作个别谈话时，多为之释疑决难，结果甚佳，表现为：1. 民众对于暴日较有清楚之认识，每于提起倭寇暴行时，莫不摩拳擦掌，极端愤慨，抗日情绪，逐渐高涨。

2. 民众对抗战应采取之态度，亦较深刻。谈到汉奸卖国情事，莫不痛恨。

3. 少数知识分子或竟慷慨悲歌，垂涕而道。设使政府有计划有组织的长期启牖民众，使民众在政府领导之下，一致奋勇，参与游击战争，或为后方准备工作当有无限希望。

西安临大及其后的西北联大组织话剧团、自励社、展望社、文艺学习社等学生社团，通过表演话剧、演唱并教授民众抗战爱国歌曲、讨论会、联欢会、创办壁报等形式，全面宣传抗战思想。此外，临大与联大师生还多次为前方抗战将士募集棉衣，并自发组织慰问抗战英雄。①

西北地区经济、文化落后，普通民众以为皇帝尚在，竟以南郑为首都……信息闭塞程度可见一斑。正是在这种社会大背景下，西

---

① 《本大学下乡宣传队近讯》，《西安临大校刊》1938年第7期，第8—9页。

北高校师生社会教育的意义尤显重要。高校师生是先进文化的代表,深入西北最普通之社会环境,改造落后文化,为西北社会发展打开了一扇窗户,为西北民众认识外面的世界开通了新路径。西北高校社会教育的首要目的即公民教育,就是要使民众认识、认同中华民国与中华民族,拥护政府的领导,感受、担当抗日救国的使命。西北社会普通民众多淳朴憨厚,经过高校师生的艰苦努力,民众已有开化,每于提起倭寇暴行时,莫不摩拳擦掌,极端愤慨,抗日情绪,逐渐高涨。

二 开展扫盲活动,大力推广国语教育

为配合政府教育部推行之扫盲教育,促进各地区语言统一,辅助国文教学计,国立西北联合大学社会教育推行委员会决议通过由文理学院设立"国语注音符号讲习班",1939年2月遂在文理学院十三教室正式开课。第一期暂开成人、妇女、儿童三班,每班20—40人不等,凡不识字之民众,不论男女,年龄在8—40岁者皆可报名入学,每期训练时长一个半月。该讲习班教师严格遵照"培养民众民族意识、认识抗战情形、明了个人与国家社会之关系,同时培育民众身心,以养成忠诚勤朴、负责任、守纪律之良好国民",讲授内容如表5-2所示。

表5-2 国立西北联合大学"国语注音符号讲习班"讲授内容细目

关于国家观念、国民应尽义务	国民与国家的关系;拥护领袖、信仰政府、服兵役、纳捐税等
对于抗战的认识	抗战的意义及目的;抗战的经过;敌人的暴行;敌我实力的比较、坚持必胜的信念等
个人生活与修养	破迷信、讲卫生、勤勉、戒嗜好、敏捷、自由、诚实、互助、礼貌、勇敢、服从、坚忍、负责任、劳动、进取、公德、守规、家事、合作、廉耻等

采用个别谈话、公开讲演及指导课外阅读等方式，具体运用比声法、变通拼读法等，利用课外读物以及编辑农民小报等形式，多方面展开教学，同时要求讲授者思想正确、言语清晰、态度和蔼、认真负责，讲解内容清楚明了、简单易懂，可以将上述细目编成故事等，借以提高学生的学习兴趣，达到良好的教学效果。[①]

西北联大之"国语注音符号讲习班"以讲授国语注音、教导民众识字为基本，但从讲授内容细目来看，涉及国家与民族观念养成、对于抗战之认识、个人生活及修养，实则仍然围绕公民教育展开。在教授民众识字、国语注音过程中，始终贯穿意识形态、思想品德教育，在特殊时期西北高校师生开展社会教育，广泛接触民众、教育民众、唤醒民众、帮助民众，同时在这一过程中也培养了学生社会实践的能力，坚定了学生服务社会的信念。

三 普及自然科学知识，组织防空防毒训练

国立西北联合大学社会教育推行委员会为推行社会教育，成立自然科学讲习班，由文理学院化学、物理、生物三系三、四年级学生，秉承三系主任的指导共同负责办理。据统计，截至1939年2月15日，民众自愿报名参加讲习班者多达80余人，其中女性报名者26人。自然科学讲习班教材大纲的具体内容见表5-3所示。

表5-3　　国立西北联合大学自然科学讲习班教材大纲内容细目

物理部分	飞机之原理及简单构造；枪炮概述；炸弹及手榴弹之构造及用法；滑车之原理及应用；天平及杠杆之原理及应用；闪电及雷鸣之现象；雨、雪、露、霜及冰冻现象；风之原因；彗星现象；避雷针之制法；电话、电报；钟表；罗盘针及北斗星之观察；热之传导与辐射；荧光及磷光等

---

① 《本大学中国语文学会成立国语注音符号讲习班概况》，《西北联大校刊》1939年第11期，第12—15页。

续表

化学部分	食物营养及维生素；食物保存法；水之清洁及消毒法；嗜好品之害处（鸦片、茶、酒）；豆腐、酱油、酱、醋、酒、糖之制法；农作物病虫害及其预防法；衣服之消毒及漂染；造纸法之改良；蜡烛、肥皂、墨水、糨糊、牙粉、鞋油等制法；火柴、火药、玻璃、炸药、人造丝、赛璐珞等物的化学常识；淘金及新式采金法；毒气的种类、性质及其防御法；毒气之急救法及消毒法等
生物学部分	健康与疾病，微生物，人体寄生动物，传染病之范围及感染，传染病之预防，结核病，花柳病，砂眼，皮肤病，狂犬病，麻风病等

从表5-3可以看出，西北联大自然科学讲习班的内容几乎涉及民众日常生活的方方面面，讲习班的开办为普通民众自然科学知识的普及做出了很大贡献。

此外，国立西北联大社会教育推行委员会应抗战需求，积极推行社会教育，组建防空防毒讲习班。文理学院院长刘泛弛担任指导，具体由本校物理、化学两系三、四年级学生负责。讲习班以推行社会教育，灌输民众防空防毒知识为宗旨，第一期分为妇孺与成人两班，每班10—15人，招收10岁以上男女学员，每期学程一月，于每日下午6—7时，周日下午4—5时讲习，表5-4是西北联大防空防毒讲习班课程大纲。

表5-4　　　　　　　　防空防毒讲习班课程设置

课程类别	课时（小时）	内容大纲
精神讲话类	4	民族英雄史略，鼓舞民众爱国心理；分析敌我态势，坚定民众抗战信心等
防空常识类	8	飞机种类、功能及其辨别方法；地上防空部队，包括照空灯、高射炮、机关枪等之设置；防空网之组织；空袭时之处置；敌我空军实力之比较；防空壕；防空洞、空袭时保甲长及军警宪之注意等

续表

课程类别	课时（小时）	内容大纲
防毒常识类	16	1. 毒气概论（5小时）：毒气之解释、毒气之性质、毒气之种类及特征、毒气之威力、敌人使用毒气之方法 2. 防毒（6小时）：毒气识别方法、遇毒气之紧急处置、如何利用防毒器具、配置简单防毒药水、一般防毒器具之使用方法、集团防毒 3. 治疗（2小时）：中毒后之症状、人工呼吸方法、简单治疗方法 4. 消毒（2小时）：身体、衣物消毒方法，饮水、食物消毒方法，房屋用具消毒方法 5. 防火（1小时）：烧夷弹之性质、细沙救火方法、冷水救火方法、隔断救火方法等

资料来源：《本校社教推委会成立防空防毒讲习班概况》，《西北联大校刊》1939 年第 11 期，第 15—16 页。

西北联大防空防毒知识讲习班成立后，当地民众报名踊跃，半月内已招收学生 60 余名。

西北社会封闭落后，民众大多目不识丁，思想保守陈旧，缺乏生产生活之基本知识与技能，加之抗战爆发，敌军空袭加剧，民众急需防空防毒知识普及、训练，西北联大此时设立自然科学讲习班、防空防毒知识讲习班等作用非凡。开民智、鼓民力，西北联大师生为唤醒、化育西北民众贡献了自己的力量。

四　开展小学教师暑期讲习会

1938 年 8 月，国立西北联大组织陕南六县小学教师暑期讲习会，增进小学教师教学之知识、技能；增进小学教师之抗战意识；增进小学教师组织、训练民众之能力，以培养、训导小学教师作为中介，间接接触民众，推行社会教育。表 5 – 5 是陕南六县小学教师讲习会开设科目。

表 5-5　　　　　　　陕南六县小学教师讲习会科目

科目名称	时数 二周	时数 三周	备考
精神讲话	2	3	
学术讲演	4	4	由西北联大教授担任
战时教育问题	4	4	
防空防毒常识	4	4	由西北联大教授担任
小学教育	8	8	
各科教材及教法	40	40	内分国语、算数、理化、史地、生物5科，每科8小时
学校卫生	不设	9	
民众组训	4	4	
注音符号	不设	12	
体育	6	18	
军事训练	24	36	
乐歌	不设	12	

讲习会"学术讲演""防空防毒常识"课程由西北联大教授讲授，其余课程皆由有关讲习科目之系主任或院长选取本系品学兼优、思想纯正之学生担任。西北联大此次陕南六县小学教师暑期讲习活动，师资阵容强大，参与教授共16人，另有32名学生担任讲师，教授们除讲授相关课程外，还须分赴各县进行巡回视导，发表公开讲演并参加讨论，学生除进行相关课程教学外，也须指导课外活动及作业，在西北联大师生的共同努力下，讲习效果良好，受到了当地小学教师的热烈欢迎与一致好评。表5-6、表5-7为联大陕南六县小学教师暑期讲习会学术演讲人员及讲师情况。

表 5-6　　陕南六县小学教师暑期讲习会学术演讲人员

姓名	别号	年龄（岁）	籍贯	演讲题目	讲习地点	备考
李蒸	云亭	44	河北滦县	战时小学兼办民众教育之方法	南郑	西北联大常务委员
李建勋	湘宸	55	河北清苑	小学行政	南郑，城固	西北联大教育学院院长
黎锦熙	劭西	48	湖南湘潭	注音符号国语运动	南郑，城固	西北联大国文学系主任
刘拓	泛驰	39	湖北黄陂	防毒	城固	西北联大文理学院院长
赵进义	希三	37	河北束鹿	科学价值	洋县，西乡	西北联大数学系主任
黄国璋	海平	43	湖南湘乡		沔县，褒城	西北联大地理系主任
袁敦礼	志仁	44	河北徐水	学校卫生	南郑，西乡	西北联大体育学系主任
周宗莲	泽书		湖南汉寿	防空		西北联大土木工程学系主任
杨立奎	据梧	51	安徽怀远	青年训练	洋县，西乡	西北联大物理学系教授
郭毓彬	灿文	46	河南项城	遗传与环境	沔县，褒城	西北联大物理学系教授
许重远		45	河北饶阳	国际近势	城固，西乡	西北联大历史系教授
殷祖英	伯西	42	河北房山	史地教育与抗战	城固，洋县	西北联大地理系教授
高文源	味根	35	陕西米脂	儿童心理	沔县，褒城	西北联大教育学系教授
胡国钰	仲兰	44	河北大兴	精神生活	沔县，褒城	西北联大教育学系教授
虞宏正	叔毅	43	福建闽侯	防毒	褒城，沔县，南郑	西北联大农业化学系教授
王景韩		37	河北深县	防毒	洋县，西乡	西北联大化学系讲师

资料来源：西北大学西北联大研究所编《西北联大史料汇编》，西北大学出版社 2012 年版，第 205 页。

表 5-7　　陕南六县小学教师暑期讲习会学术讲师

姓名	籍贯	年龄（岁）	演讲科目	讲习地点
徐国荣	江苏东台	29	战时教育问题	城固，洋县，西乡
张述祖	山西保德	26	战时教育问题	褒城，沔县
张集	山西保德	30	小学教育	城固，南郑

续表

姓名	籍贯	年龄（岁）	演讲科目	讲习地点
苏光禄	察哈尔阳原	28	小学教育	洋县，西乡
李祖寿	江苏高邮	25	小学教育	褒城，沔县
高振业	河北元氏	24	民众组训	城固，褒城
佘增寿	河北唐县	28	民众组训	洋县，西乡
孔繁信	河南西华	28	国语教材及教法注音符号	城固
张敬	吉林永吉	28	国语教材及教法注音符号	洋县，西乡
艾弘毅	吉林伊通	26	国语教材及教法	褒城，沔县
李著昭	河北静海	26	国语教材及教法	城固
蔡英藩	辽宁海域	23	算术教材及教法	洋县，西乡
王毓彪	河南扶沟	22	算术教材及教法	褒城，沔县
苗世沛	山东桓台	29	理化教材及教法	城固
李志嘉	河北束鹿	26	理化教材及教法	洋县，西乡
张栻	河北安次	23	理化教材及教法	褒城
董兰麟	河南滑县	25	理化教材及教法	沔县
牛传钦	河南柘城	24	史地教材及教法	南郑
郑象铣	安徽寿县	23	史地教材及教法	洋县，城固
吉作哲	山西猗氏	22	史地教材及教法	褒城
王毓梅	山东东河	28	史地教材及教法	沔县，西乡
王琪	山西太谷	28	生物教材及教法	褒城，沔县
白国栋	河北定县	29	生物教材及教法	洋县，西郑
包桂潘	浙江绍兴	30	生物教材及教法	褒城，沔县
魏振武	河北大城	33	体育健身运动卫生	城固
杨宏论	安徽怀远	23	音乐	城固
李鹤鼎	河南太康	25	体育健身运动	南郑
张汝汉	河北霸县	26	体育健身运动	南郑
史麟生	河北迁安	25	体育健身运动	洋县
袁琮	河北正定	26	体育健身运动	褒城
李国堂	吉林延吉	24	体育健身运动	沔县
唐岱砺	山东莱阳	27	理化教材及教法	南郑

资料来源：西北大学西北联大研究所编《西北联大史料汇编》，西北大学出版社2012年版，第204页。

此外，西安临时大学及国立西北联合大学还积极推行其他类型的社会教育，如开设家事讲习班、地方自治讲习班、民众学校、法律常识讲习班、商业补习班等，并组织公共卫生训练队、乡村巡回诊疗队等。通过多种多样的社会教育形式，开辟了大学与社会教育共同发展的新路。

这一时期，西北地区其他高校也都积极响应国家号召，根据自身条件大力推进社会教育工作，如国立西北师范学院设立"小学教育通讯研究处"，以研究及解答小学教育的实际问题，辅导小学教员进修，改进小学教育为目的。学院还积极举办民众学校、初高级家事讲习班、组建乡村社会服务队，编辑民众小报，举行通俗讲演，扎实推进，成效显著。1941年1月，西北师范学院成立了"乡村社会教育施教区"（后改为社会教育实验区），参与学生总计约达300人，开展兵役宣传、讲授卫生常识、传授民众科技知识，有效推进了学院社会教育工作，当地民众赠送锦旗，上书"善教爱民"[1]。新疆省立新疆学院也为社会教育的开展承担教学任务。为了对各级机关一般人员普及法律知识，造就补充司法行政人员，设立法政夜校，每晚学习两课时，两年毕业。另办税务专门夜校，两次招生，共录取学员12人。[2]

五 社会教育的意义

社会教育形式多样，而且在不同时期变换着不同的形式。西北各高校通过开展社会教育，为学生提供社会实践的机会，使学生有机会接触真实的西北社会环境，体验西北民众实实在在的生活状态。一方面，社会教育的开展首先依靠师生对所传之"道"的坚定信仰，可以设想，如果师生自己尚未树立国家、民族之观念，怎能以身为范化育

---

[1] 刘基、王嘉毅、丁虎生主编：《西北师范大学校史》，教育科学出版社2012年版，第114页。

[2] 管守新、罗忆主编：《新疆大学建校80周年丛书：新疆大学校史（1924—2004）》，新疆大学出版社2004年版，第28页。

民众？在社会教育活动过程中，西北高校师生也在不断完成自身世界观、价值观、人生观之塑造；不断强化民族意识、家国观念与公民责任；不断体认西北社会需求，树立开发西北、服务西北的义务与使命。另一方面，通过开展社会教育，西北高校师生将高等教育、先进文化的种子播散在西北大地，高等教育的莘莘学子放下往日高高在上的知识分子身段，深入民众、了解民众，体会淳朴但却落后的西北人文境况，并且设身处地为民众解决实际问题、教导民众、开化民众、鼓舞民众。西北高校师生在民众眼中是文化、正义的化身，社会教育的力量虽有限度，但确如西北荒原上之星星之火，为民众带来无限的希望与力量。

第五节　实践教学与动手能力的提升

西北高等学校为克服学生空有理论、眼高手低的弊病，通过多种途径，关注学生实践能力之培养。鉴于大学与专科学校人才培养目标上"学"与"术"的区分，专科学校更加倾向于发展学生实际操作与动手能力，本书选取国立西北农林专科学校与国立西北技艺专科学校详加考察。

设立国立西北农林专科学校、国立西北技艺专科学校两所西北国立专科学校之目的主要是培养各类尤其是农林、畜牧等方面的专业技术人才，为西北社会建设服务。依据培养目标，西北农业专科学校与西北技艺专科学校两所高校在教育教学活动开展的过程中，尤为注意实践教学环节，有效利用学校农场、林场、园艺场、畜牧场等设施，通过开设各类实验课程、推行各种实验活动、组织学生暑期实习等方式为学生提供从理论知识向实践转换的具体途径；培养学生自觉、独立运用理论知识，完成实际操作的能力；在亲身实践的过程中，实现学生知识由内化进而外化的蜕变。

两所国立专科学校为开展实践教学，专门设立农场、林场、园艺场等配套设施。国立西北农林专科学校森林组先后于陕西眉县齐家寨、武功等地建设林场,后又于眉县、武功、咸阳等地设立气象测候所;园艺组设立葡萄园、苹果园于陕西二道原,花卉蔬菜园于三道原。1937年春,又于二道原开辟果树实验区160余亩,葡萄试验区20余亩;畜牧组于三道原法禧寺后建设畜牧场,设有马、牛、羊、猪、鸡、鸭等畜舍及孵化室各一座,于三道原及头道原之旱地进行畜牧;水利组设有水工实验室等。国立西北技艺专科学校也于兰州西果园、榆中、甘肃武威等地设立相关农场、林场、畜牧场,方便开展实践教学,锻炼学生应用技能。

这两所专科学校实践教学活动主要通过以下途径展开。

一 开展各类实验活动

国立西北农林专科学校学生积极参与农场、园艺场、畜牧场等具体试验工作。如1937年3月,西北农林专科学校农艺组师生完成了以下方面的工作:

> 1. 棉花育种试验:(1)铃行试验之种袋处理:开始排列种袋,及打上种植行号。(2)杆行种子去绒工作:本年二杆行及五杆行试验之品系,均已检出及去绒完竣。剥籽之量,约以足够本年之杆行播种用为度,所有留种,仍属籽棉。十杆行之实验品系,亦已开始剥籽工作。2. 棉花栽培实验:棉花化学肥料及棉籽饼施用量实验。3. 粟育种实验:优良品系增殖区之种子处理:择历年成绩特优之七系与标准品种,作一拉丁方品种比较试验,同时作为良种初步增殖之用。本实验之量种、抽签、排列,正副种植计划书,及编打种袋等工作,均已次第完竣。4. 小麦高粱玉米水稻育种工作:(1)中耕实验小麦;(2)视察试验小麦生长情形;(3)小麦试验地看护鸟害;(4)整理高粱试验地;(5)制作高粱种植计划书;(6)整理玉米试验地;(7)计算高粱试验

区规划试验之结果;(8) 勘定水稻试验地等。①

1936 年,学校园艺组师生利用园艺场开展相关试验工作如下:

  1. 果树园艺部试验工作:本年度新辟果树实验区一百六十余亩。计苹果、梨、桃、杏、樱桃、胡桃、柿等,实验面积,约估一百三十亩,葡萄实验面积,约估三十亩。其中包括:(1) 品种试验;(2) 形式试验;(3) 距离试验;(4) 高度试验;(5) 葡萄越冬出土时期试验;(6) 抗寒试验;(7) 温床扦插与露地扦插比较试验。2. 蔬菜园艺部试验工作:本年度正在试验中者,有下列各种:(1) 白菜品种比较试验,内分栽植时期试验及移植时期试验等;(2) 甘蓝品种比较试验;(3) 茄子三要素肥料试验;(4) 番茄品种之观察及固定;(5) 菜豆品种之观察及固定;(6) 黄瓜品种之观察及固定。3. 苗圃部试验工作包括苗木移植时期试验及芽接劈接比较试验等。②

相比之下,国立西北技艺专科学校也着力开展各类试验,培养学生实践能力。如 1940 年,学校农场开展小麦品种比较试验、小麦化肥比较试验、小麦播种量试验、棉花栽种方法试验、美棉品种比较试验、中棉品种比较试验、烟草品种比较试验等。③

1942 年春季学校农场开展了"砂田试验",为详细了解砂田丰产之原因,探究其中改进之处,选择兰州砂田进行试验,主要项目包

---

  ① 《农艺组农场三月份第二周工作报告》,《西北农专周刊》1937 年第 1 卷第 5 期,第 6—7 页。
  ② 《园艺组园艺场试验工作》,《西北农专周刊》1937 年第 2 卷第 1 期,第 6—7 页。
  ③ 《校武威农场廿九年份工作报告》,《国立西北技艺专科学校校刊》1942 年第 5 期,第 7—8 页。
  《校武威农场廿九年份工作报告(续)》,《国立西北技艺专科学校校刊》1942 年第 7、8 期,第 7—10 页。

括：(1) 砂田土壤中的水分在同一条件下是否比普通田为多。(2) 砂田内之蚊蟭是否较普通田为高。(3) 山田与普通田之有效养分。(4) 砂田较普通田之单位产量。(5) 砂田之砂之厚度多少为宜。(6) 砂砾种类与砂田品质等。①

二 组织学生暑期实习

为弥补平时实践课程开设之不足，国立西北农林专科学校积极组织学生实习，如1937年5月，本校高职林科二年级学生为观察太白山各种树木生长状况及采集标本，前往太白山实习。②

1937年8月1日至31日，西北农林专科学校组织学生实习：

1. 农艺组实习程序。第一周：棉作自交工作、棉作去劣工作、粟作自交工作；第二周：牧草区除草工作、马铃薯收获工作；第三周：高粱自交工作、水稻除草工作；第四周：玉蜀黍自交工作、采集作物病虫害标本。地点：本校农场。

2. 森林组实习程序。第一周：赴太白山采集标本。第二周至第四周：分学生为三组，轮流在下列三地实习，每次每地实习一周，其大纲如下：(1) 育苗工作；(2) 造林地树木生长状况之观察；(3) 气象观察；(4) 研究工作——苗木抗旱试验、苗木阴阳性试验、松土实验、标准林中树木生长试率之观察、气候之研究、锄草试验、室内及苗圃中各种种子季节播种试验、苗木改良之研究、山地各级高度中各种播种机植树造林之研究。地点：林业研究室及武功林场、眉县林场、咸阳林场。

3. 园艺组实习程序。每周各日实习工作如下：周一果树园艺实习、周二果树园艺实习、周三花卉园艺实习及苗圃实习、周四苗圃实习、周五蔬菜园艺实习、周六蔬菜园艺实习及花卉园艺实

---

① 《本校农场砂田试验计划》，《国立西北技艺专科学校校刊》1942年第4期，第3页。
② 《学生实习》，《西北农专周刊》1937年第1卷第8期，第12—13页。

习、周日总计一周实习工作，采集园艺植物病虫害与害虫留作标本之用。地点：本校园艺场。

4. 畜牧兽医组实习程序。第一周养蜂实习包括取蜜、分封、制造巢础、育王等技术；第二周牧场设计包括畜舍建筑位置选定、建筑图样设计、各种畜舍内部设备、场界及场内道路布置等原理；第三周饲料作物实习包括种植、灌溉、施肥、收获，及保存等方法；第四周渭河滩地垦荒工作包括测量、排水、筑路、种植等项工作。地点：本校畜牧场。

5. 农业经济组实习程序。第一周至第二周作实习调查包括市政概况调查、农村概况调查、农家概况调查；第三周至第四周作整理、分析及统计等工作。

6. 水利组实习程序。地点：本校校舍建筑工程处，或梅惠渠、洛惠渠、渭惠渠实习，由学生自由选择，并须经学校认可。①

国立西北技艺专科学校面向西北社会环境，侧重培养学生实际应用技术，高度重视学生实习工作。以学校森林科为例。"每周实习均在四次以上，暑假期间，更须派赴本校榆中林场，作长期实习，或派赴各森林区，作实施研究调查工作。"②"本校兽医科利用暑假派往农林部西北兽疫防治处、卫生署西北防疫处、甘肃省水利林牧公司乳牛场、军政部山丹军马牧场及本校临洮畜牧场作长期实习。"③"农田水利科派学生前往黄委会测量队、各渠工地等地实习。"④

这两所西北国立专科学校实践教学活动的展开紧紧围绕西北社会之实际需求，根据学生实践需要建立各类农场、畜牧场、园艺场、林场等，广泛开展各种农作物试验、安排各类实习活动，指导学生亲自

---

① 《本校廿五年度第二学期各组暑假实习程序》，《西北农专周刊》1937年第1卷第9期，第3—4页。
② 《森林科概况》，《国立西北技艺专科学校校刊》1942年第10期，第10页。
③ 《兽医科概况》，《国立西北技艺专科学校校刊》1942年第10期，第12页。
④ 《农田水利科概况》，《国立西北技艺专科学校校刊》1942年第10期，第12页。

观察、识别、测量、实验、分析,在不断的尝试与失败中寻找解决问题的方法与途径,提升自身应用知识、实际操作的能力。

三 实践教学之意义

培养学生实践能力的方法多种多样,理工科学生侧重试验探索;文科学生注重社会调查研究、资料统计分析;医科学生注重医院实习,积累临床经验;师范类学生注重社会实践、乡村教育。这一时期西北高等学校立足人才培养目标,根据学生类型与特点,选择不同的方式与途径开展实践教学活动,培养学生具体操作能力。

第六节 西北高等学校教育教学活动的特点

西北高等学校教育教学活动的开展立体而深入,一方面是课堂教学,另一方面是课外活动;一方面是教师的言传,另一方面是师长之身教;一方面是知识输入与体系的构建,另一方面是实践经验的传授与习得;一方面是知识与技能的提高,另一方面是思想与品德之塑造;一方面是象牙塔中之深造,另一方面是社会实践之感悟;一方面是显性的教导与指引,另一方面是隐性的影响与熏陶。这种时刻萦绕在学生周围真实情境中全方位发生的教育事件针对的是不同的学生个体,针对的是一个个生动的人。人的全面发展依靠教育的启发与引导,面对千姿百态、各各不同的个体,教育方式越是多样化、丰富化,就越能适应与激发出不同个体的潜质与特点,从而最大限度地趋向人的全面发展。

总体来看,这一时期西北高等学校教育教学活动的开展呈现出以下特点。

一 注重学生身体锻炼

这一时期西北各高校为克服以往书生羸弱体质之弊病,通过日常体育锻炼、进行课外活动,特别是军事教育的开展培养学生强身健体之意识与习惯,锻炼学生强健体魄。许多学生事后回忆说,大学时代养成的生活习惯,尤其是锻炼身体、早睡早起、干净整洁的习惯受用终生。《西北日报》的记者如此描述当时的国立西北师范学院:"师院运动风气甚盛,每一同学对运动均感最大兴趣。不论春夏秋冬什么时候,操场上总是活跃着不少生机勃勃、身体健美的男女运动员,喊着笑着跑着奔着,周末虽然举行学期考试,而操场上仍不见寂寞。"[①]西北师范学院历来重视体育对学生的作用,不仅强调体育对个体人生之重要意义,而且强调体育对社会风尚的重要意义,在重视学生体育锻炼的同时,激发作为师范学生学习掌握体育运动技能的热情和推广体育运动的责任。

二 注重品德教育

大学的根本目标是育人,是培养高水平、高素质的专业人才。人才的培养不仅仅是知识的记忆与习得、理解与掌握、吸收与应用,更应尽力促进每一个培养个体全面而自由的发展。知识与技能的培养是其中应有之义,思想与道德品质的养成则是人之为人的根本。中国传统文化向来注重个人品德与人格之修养,孔子将"仁"看成君子的首要品质,孟子倡导通过不懈的坚持与努力养成"浩然之气",成就理想人格,即所谓"富贵不能淫,贫贱不能移,威武不能屈"之大丈夫。西北各高校也十分重视培养学生高尚的品德与坚定的信仰。军事教育、训导教育、科学研究、社会教育、实践教学……通过这些特色鲜明的教育教学活动,将爱国主义、民族信念、公民责任、服务意识等精神道德元素烙印在每一位学生心中,通过形式多样、内容丰富的教育教学途径,不是简单说教,而是让学生切身体验、感受、理解、领悟、建立与塑造自身的世界观、人生观、价值观。此外,师生之

---

① 《学府风光》,《西北日报》1944年1月19日。

间、学生之间反复不断的研讨与切磋，精神与思想得到确认与升华，意识与信仰开始在主体间传导并在彼此间深入的交流包括言语、情感、动作、眼神等中得到加强与巩固。教师在学生道德与人格培养过程中，身教的作用被放大，教师的爱国情怀、民族意识在学生价值观念养成过程中被效仿与延续。

三　注重学生实践能力的培养

西北高等学校借助教育教学活动的开展，着重培育与提升学生实践应用之意识与能力。这种培养是一种全方位、立体化的影响，在这一过程中教师扮演的角色不只是说教者，更是引导者与帮助者，给予学生的不只是知识与技能，更是对外部社会、外部世界的观察能力、分辨能力、理解能力，从而融合、交汇、沉淀为学生在遭遇具体情境、实际问题时衍生出的个性化解决方案与处理问题的方法与能力。

四　注重学生服务西北、建设西北之意识与能力的养成

西北社会广袤而贫瘠，经济、政治、文化封闭而落后，要彻底改变这一状况，高素质专业人才的培养是关键。但怎样才能使西北高校培养的人才关注西北社会、理解西北文化、热心西北建设、奉献西北地区开发呢？片面讲解与灌输的教育教学方式此处尤显贫乏而无力，不如创造机会让学生到广阔的西北社会中去了解与感受，切身体会西北民众的疾苦与需求，体会西北社会的历史与现实，体会西北文化的厚实与滞后……各种矛盾、各种期望、各种遭遇……其中背靠着真实的西北社会，包含着具体的情境、实在的情感，这些才是能够撼动人心的力量，才是使学生留在西北的希望。这样的体会、这样的感受、这样的触动，才能使学生产生并树立热爱西北、情系西北、奉献西北的学人情怀。

这一时期，西北高校人才培养不仅着眼学生本身，而且放眼整个西北社会。培养学生在很大程度上是为了通过这些社会精英，服务西

北各个行业，如费孝通所说之"同心圆"之方式，层层扩大，将先进文化、科学技术、家国观念、人生信仰等逐步放大，透过"修身、齐家、治国、平天下"之递推方式，在实现个体价值的同时，实现对民众之化育、对文化之重塑、对社会之改造。学术研究的生命最终还须归于满足社会发展的需要与期待，不论是社会教育还是专业实习；不论是调查研究还是试验探索，学生主动接触社会、研究社会的实践活动，有助于尽早培养专业本领与服务意识，在这一过程中尽力使学生体认自身之使命与责任，为毕业后建设西北、改造西北奠定良好的基础。

第六章　西北地区高等学校人才培养保障机制

西北各高校致力于培养各类高素质专业人才，回应西北社会发展以及国家建设的期望与需求。高校人才培养需要相关物质、制度等做保障，充足的办学经费、完善之管理制度、优秀的教师队伍，以及学校各类硬件设施如图书资料、教学仪器、教学设施之建设等，都是高校人才培养必不可少的支撑与保障，在一定程度上决定了高校人才培养的质量。本章拟从四个方面考察这一时期西北地区高等学校人才培养保障机制。

第一节　争取办学经费

公私立专科以上学校经费来源，可分为国省库款、庚款财产收入、捐助款、学生缴费、杂项收入等。国立省立学校以国省库款（一部分）为主要财政来源，私立学校以财产收入、捐助款与学生缴费为主要财源。[①]

在抗战全面爆发前全国政局较为平稳，政府大力发展高等教育，并将其纳入国家建设整体规划之中，高等教育经费呈现出逐年增长的趋势。即便如此，高等教育拨款也远远不足，同时更是缺乏可靠的保障。"国立与省立学校主要依靠政府拨款，国民政府规定用省税收之

---

① 李国钧、王炳照总主编，于述胜著：《中国教育制度通史》（第7卷），山东教育出版社，第238页。

部分支持国立大学，而这部分税收始终处于不稳定的状态。而私立高校经费来源较为广泛，但受经济状况波动较大。"① 在全面抗战时期，战火频仍，全国经济损失惨重，高等教育经费更成问题。"1937年9月开始，国民政府紧缩国立专科以上学校拨款，按七成发放，且有一部分停发。1939年政府拨款回升，以后几年更呈十倍、百倍之速度增长，但远不及通货膨胀之速度。"② 在解放战争时期，政府之财政状况持续恶化，日益走向崩溃，各地高校学潮迭起，高等教育陷入极度混乱之中。

全国高等教育经费状况尚且如此，西北高等学校经费更是捉襟见肘、支左绌右，严重制约了西北高等教育的发展。

在抗战全面爆发之前，全国高等教育形势较好，但西北高等教育却发展缓慢。以甘肃省立甘肃学院为例。根据1931年全国各省独立学院概况表的统计分析：甘肃省立甘肃学院当年岁入经费90236元，岁出90236元，当年江苏省立江苏教育学院岁入经费175992元、河北省立河北法商学院岁入经费115135元、山西省立山西教育学院岁入经费105900元，相比之下，甘肃学院岁入经费远远不及河北、江苏、山西其他省立独立学院。③ 上述数字仅出自政府官方统计，实际情况是，1931年，甘肃省立甘肃学院经费收入为93831.5元，支出为73430.89，入不敷出。④ 据统计，"甘肃学院每年经费标准为90236元，1929年6月至1936年4月共6年11个月经费总额应为624299元，而学院实际收入拨款数为554746元，相差69553元。若以1930至1935年六个完整年度收入考察，1931—1933年3个年度都不足额，

---

① 闫国华、李国钧、王炳照总主编，于述胜著：《中国教育通史·中华民国卷》（下），北京师范大学出版社，第222页。
② 闫国华、李国钧、王炳照总主编，于述胜著：《中国教育通史·中华民国卷》（下），第222页。
③ 中国第二历史档案馆编：《中华民国史档案资料汇编》（第5辑第1编教育1），凤凰出版社1994年版，第260页。
④ 《邓春膏院长任期内学院经费收支数》，兰州大学档案，1-2-96（甘肃学院）。

最少的 1932 年，学院实际收入仅为定额的 58.52%。"① 究其原因，抗战之前政府高等教育发展的重心尚在京津沪及南方特别是沿海经济发展较快地区，无心顾及西北高等教育发展，致使偌大西北竟无一所大学，仅有的甘肃省立甘肃学院、新疆俄文法政学院（后为新疆省立新疆学院）也是经费拮据，发展滞后。

在全面抗战时期，政府着手调整全国高校布局，随着高校西迁，西安临时大学成立，后更名为国立西北联合大学。1938 年 5 月到 1939 年 8 月间，国立西北联大不断分解，最终分解为国立西北大学、国立西北工学院、国立西北农学院、国立西北师范学院、国立西北医学院五校，从此奠定了西北高等教育发展的基础。考察这一时期西北高校经费状况，以国立西北大学为例。1939 年至 1945 年实际支出经费分别为 11483902 元、46120268 元、69791921 元、143109596 元、241980938 元、719020728 元、1746490000 元，结余经费分别为：21570 元、796132 元、79 元、4 元、3358562 元、0、197002 元，1942 年相比 1939 年支出经费增长约 12 倍，1946 年相比 1939 年，支出经费增长竟高达 700 余倍，但结余经费却呈现总体递减的趋势，特别是 1944 年学校经费超支 278477928 元，1945 年学校经费也无结余。这种情况一方面说明政府关注国立西北大学，经费拨款逐年增加；另一方面从结余情况来看，这一时期西北地区与全国情况相同，货币贬值，通货膨胀非常严重。

这一时期，民族危机加上国民政府腐败无能，全国经济接近崩溃，西北地区更是困苦异常。考察国立西北大学，在抗战初期，教师薪俸以 50 元为基数，余额按照七折发放，除去各类捐款，包括飞机捐、战士寒衣捐等，实际领取不过五成。1940 年后，虽规定发放十足薪额，参照 1940 年 8 月教育部颁定之《大学及独立学院教员聘任待遇暂行规程》规定，助教月薪 80 元至 160 元法币、讲师月薪 140 元

---

① 张克非主编：《兰州大学校史》（上编），兰州大学出版社 2009 年版，第 71 页。

至 260 元法币、副教授月薪 240 元至 360 元法币、教授月薪 320 元至 600 元法币。但通货膨胀日益严重，物价飞涨，致使教师生活窘迫，叫苦不迭。学生生活也非常艰苦，吃不饱、穿不暖、衣服上面补丁落着补丁，夏天赤脚穿草鞋、冬天仅一件破旧棉衣裹身。根据 1941 年西北大学经济系对陕西城固地区的物价调查，在 1937 年 6 月到 1941 年 1 月近 5 年的时间内，食品物价上涨 17 倍，燃料上涨 20 倍，衣着上涨近 21 倍，其他杂项上涨 26 倍多。①

在抗战结束后，西北物价涨幅更甚，国立西北师范学院学生历年的统计是：

> 1941 年中等面粉每斤 2.5 元，1944 年 12 月上涨为每斤 75.56 元，1946 年 5 月上涨至每斤 184.45 元；1941 年 10 月到 1946 年 5 月，大米由每斤 28.17 元上涨到每斤 2055.84 元；猪肉每斤 5 元涨至每斤 833.98 元；鸡蛋每个 0.24 元涨至每个 48.89 元；白糖每斤 9.45 元涨为每斤 1833.34 元；同一匹布由每尺 1.6 元涨至 1921.2 元；一块肥皂由 3.25 元涨至 637.98 元；一支牙膏由 8.25 元涨至 1355.55 元。② 1948 年后物价涨幅剧烈，据统计，"1948 年 8 月 20 日到 1949 年 3 月 31 日，兰州的粮食价格上涨约 3000 倍，布匹上涨 5000 倍，肉类上涨 4000 倍……"③

在此种情况下，西北各高校师生食不果腹，每天在饥饿与死亡线上挣扎，加上国民政府日益腐败，各高校师生群情激奋，学潮迭起。1949 年，国民党甘肃省政府为筹集军费、维持统治，准备发行 300 万银元的建设公债。此消息传出后国立西北师范学院学生义愤填膺，于

---

① 李永森、姚远主编：《西北大学史稿上卷（1902—1949）》，西北大学出版社 2002 年版，第 309 页。
② 刘基、王嘉毅、丁虎生主编：《西北师范大学校史》，教育科学出版社 2012 年版，第 187 页。
③ 李永森、姚远主编：《西北大学史稿上卷（1902—1949）》，第 188 页。

3月29日在兰州市举行大规模反剥削、反饥饿大游行，甘肃省政府被迫取消发行公债。这一时期，西北其他各高校也纷纷组织开展学生运动，反对国民政府对穷苦人民的迫害。

在贫穷与饥饿极端艰苦的条件下，西北各高校经费拮据，学校师生仅可勉强支撑，学生退学、教师罢教之事时有发生，1949年4月8日，国立西北师范学院院长易价呈文请辞：

> 重以近来时局动荡，财政枯竭，政府迁移疏散，政务停滞，又因西北交通梗阻，汇兑迟延，本院应领经常费、员工薪津及学生公费等，往往稽延日久，员生工警生活无法维持，精神苦闷，情感刺激，少数学生行为，遂致逾越常轨。教职员方面，心情亦不安定，最近少数教授因薪津不能按时发足，不得已单独罢教，其余最大多数同仁，则茹苦含辛，勉强从公，痛苦亦甚。政府分配经临各费，对于西北常多偏枯，以为无足轻重。教职员待遇生活，固远不如京沪及东南各大都市，即啼饥号寒（去年煤炭费至今未发），亦充耳不闻，熟视无睹……凡以上所举各情形，胥由价诚信未孚、材力绵薄、奉旨无状、领导无方所致，抚躬自问，无以对学校，无以对地方政府及社会人士，更无以对国家培养西北优良师资建设西北文化教育之至意，应即引咎辞职……①

易价院长的辞呈满含忧愤，既有对国民政府之不满，又有对学校、对西北社会、对国家之愧疚。俗话说，巧妇难为无米之炊，易价院长自上任始奉公职守、兢兢业业，只苦于政局动荡、经费掣肘，实在无力经营西北师范学院，这封辞呈透露出抗战结束后西北高校办学之异常艰难与辛酸之况。

从总体上看，西北高等教育经费状况有以下特点：

---

① 刘基、王嘉毅、丁虎生主编：《西北师范大学校史》，教育科学出版社2012年版，第194—195页。

第一,以抗日战争全面爆发为节点,战前、战时、战后经费状况有所变动。战前,全国高等教育发展情况较为稳定,经费较为充裕,但是西北高校奇缺,仅有的甘肃省立甘肃学院、新疆俄文法政专门学校,以及1936年设立的西北农林专科学校岁入经费仍然无法与京沪、东南沿海地区其他同类别高校相提并论。在抗日战争全面爆发后,西北联大成立,西北高等教育迎来了发展的春天。但是,一方面要支持抗战,另一方面是物价飞涨、通货膨胀,西北高等教育发展经费依然相当拮据。在抗战胜利后,为扩充军费,国民政府极力削减教育经费,高等教育特别是西北高等教育的发展又一次陷入泥沼。在新中国成立之前的几年中,纸币贬值、物价似脱缰之野马,涨幅一日千里,经济濒临崩溃,西北各高校此时只能苦苦支撑,勉力向前。

第二,西北各高校办学经费长短不一。表6-1是关于1942年度西北地区各公立院校经费统计。

表6-1　　　　1942年度西北地区各公立院校经费统计

院校名称	全年经费（元）
国立西北大学	1041096
国立西北工学院	1280000
国立西北师范学院	995300
国立西北医学院	470924
国立西北农学院	1040335
甘肃省立甘肃学院	332646

虽然表6-1中西北各高校院系设置不一,但从总体上看,除去国立西北大学以外,国立西北工学院、国立西北农学院经费较多,原因不外是政府重视发展工、农等实用学科。国立西北医学院规模最小,招生最少,划拨经费也相应较少。而甘肃省立甘肃学院办学经费更是少得可怜,仅为国立西北工学院的1/4,西北大学、西北农学院、西北师范学院的1/3。1943年,甘肃学院院长宋恪呈请增加学院教职

员薪酬：

> 本院教职员薪酬向极微薄，专任教员月薪最多400元，生活补助费400元，米贷金960元，合计每月所得不过1760元；至其他职员，月不过1500元左右。兹值百物高涨，米珠薪桂之际，以之维持个人生计，尚不敷甚远，其他仰事俯蓄，更无足论。即以同一地区之内之西北师范学院相比较，西北师范学院专任教授月薪500元，又加八成400元，生活费360元，学术研究费500元，米贷金1600元，10月份起垫发2000元，特别办公费500元，每月所得合计在4000元以上。同一院校在同一地区、同一生活程度之下，待遇相差如此甚远。①

第二节　健全管理制度

教育系统是社会系统中的一个分支，而高等教育又是教育系统中的一个子系统，系统的良性运作需要严格而完善的制度保障，没有制度，各种行为就没有准绳，系统活动就会失序，协作就会被破坏，管理就会失效，目标就无法达成。高等学校培养高素质专业人才，仅有教师与学生的热望与努力是不够的，只有制定并遵循严谨的规章制度、学则法规，高校发展才有希望与可能，培养优秀人才的理念才有落实之路径与保障。本节探讨西北高等学校人才培养之管理制度侧重于学校教学管理制度、教师管理制度与学生日常管理制度几个方面。

一　教学管理制度

西北各高校教学管理制度严格，涉及学分管理、学籍管理、试验

---

① 兰州大学档案，1-2-277（甘肃学院）。

成绩、毕业规定诸多方面。

第一，学分管理。

以国立西北师范学院为例。《国立西北师范学院学则》规定：

> 本院修业年限五年，其师范研究所各专修科、职业师资科、第二部、中小学教员进修班修业年限依部颁师范学院规定之。本院课程分为普通基本科目、教育基本科目、分系专门科目，以及专业训练科目四类，其中，专业训练科目之分科教材及教法研究在第四学年学系，教学实习在第四、五两学年举行，教满16学分方能达标。根据部订标准，我院各系学生最少须修满170学分方得毕业。①

第二，学籍管理。

《国立西北师范学院学则》规定："本院学生入学资格须曾在公立及已立案之私立高中或同等学校毕业经入学试验及格经教育部核准者。师范学校毕业生服务两年成绩优良有志深造经主管教育行政机关准予暂缓服务者得应师范学院入学试验。"已经录取之学生须填具入学志愿书，并附有正副保证人填具之保证书，其中正保证人为学生亲属，副保证人以有职业且能负责者为限。本院学生每学年须亲自来校注册，注册前将选课表填好经由系主任核准签字后送交注册组，所选课程两周后不得请求增加或改选，四周后不得退选。若开课四周仍未到校注册并未按规定请假者，即予休学一年。本院一年级新生不得转系，二年级学生如有特别情况在取得本系主任许可后得于第二学年终了时请求转系，经教务主任及所转系主任考核允许后转入志愿系二年级肄业，已转系学生不得转回原系。本院学生凡休学满三年以上者、全年成绩二分之一不及格者、违背校章屡教不改经导师提出训导会议

---

① 《国立西北师范学院院务概况》，1941年，第14页。

通过令其退学者、一年级新生在第一学年成绩有二分之一以上不及丙等者、连续留级两年者经院务会议通过后责令退学。

第三，试验成绩考核。

《国立西北师范学院学则》规定：本院试验分为平时试验、学期试验、毕业试验三种，平时试验由教员随时举行，每学期至少一次，其成绩须与听讲笔录、读书札记、参观报告及练习、实习、实验等成绩分别合并核计作为平时成绩。学期试验由院长会同各系主任及教员于每学期末举行，学期试验成绩须与平时成绩合并核计作为学期成绩。毕业试验由教育部派院长、校内教员及本区内教育行政长官、校外专门学者组织委员会举行之，毕业试验分为笔试口试两种，笔试就普通专门教育专业等四类科目分类总和命题，通考五年所习科目，口试注重学生思想、态度、学力、修养、表达，毕业试验之笔试与口试须有校外委员参与。学生成绩分为五等：80—100分为甲等、70—79.9分为乙等、60—69.9分为丙等、45—59.9分为丁等、45分以下为戊等。每科目以平时试验及学期试验成绩平均为该科目之学期成绩；学生每学期所得各科目之学期成绩与该科目学分数相乘之总和以该学期所习之学分总数除之，为该生所得之该学期成绩；学生照前项所得第一学期与第二学期总成绩之平均数为该生所得之该学年总成绩；各学年各科目所得之成绩与各该科目学分数相乘之总和以各该科目学分之总数除之即为各学年学业总成绩；毕业试验成绩笔试占90%，口试成绩占10%；毕业成绩中学业成绩占70%，毕业试验成绩占15%，教学实习成绩占10%，论文占5%。另外，本院学生须于寒暑假从事社会服务或劳动服务。如社会教育、义务教育、新生活运动、农业或工厂实习、社会调查等，服务时间不少于四星期，无此项服务证明者，不许毕业。

第四，毕业相关规定。

《国立西北师范学院学则》规定：本院学生须具备肄业期限已满、曾于假期内从事社会服务或劳动服务已满四周取得训导处之证明、修足规定之学科及学分、呈交毕业论文经审查及格者方准毕业。本院毕业生依所属系别给予毕业证书授予教育学士学位，并依所习科目性质给予某种科目教师合格证明书。

第五，转学生、旁听生之规定。

《国立西北师范学院学则》规定：本院招收转学生仅限二、三两个年级，经审查后承认学生在原校所习之科目并给予学分。

本院各学系一、二、三、四年级有空额时得招收旁听生。凡公私立高级中学、师范学校、高级职业学校之毕业生及公私立大学专科学校之毕业生或肄业生志愿在本校旁听者，得向注册组申请登记并呈验文件，经核准后得在本院旁听，但上课时间已逾全学期三分之一时不得申请旁听。旁听生须每年缴纳注册费二元，旁听费每学期五元。旁听生应切实遵守本校章则，如违犯时视其情节轻重得停止旁听。旁听生须同正式生一起接受各种试验，其成绩及格者给予旁听科目成绩及格证明书。

第六，制定缺课扣分表，加强课堂管理。

《国立西北师范学院学则》规定：本院学生因事或因病（须有本院校医证明）不能按时上课时须到注册组填写请假单经核准后方认为完备请假之手续。本院学生于一学期中无论是何原因于某科目缺课（请假与旷课合计）满三分之一者不得参与该科目之试验，取消学分，必须重修。本院学生于一学期中因前条情形被取消之必修科目学分达该生所习必修科目学分二分之一者留级一年。本院学生在每一科目缺课时数应按照缺课扣分表扣除该科目之学期成绩。表6-2为缺课扣分规定。

表6-2　　　　国立西北师范学院学生缺课扣分标准

扣分数＼周上课时数＼缺课时数	1	2	3	4	5	6	7
1	1.0	0.5	0	0	0	0	0
2	2.0	1.0	0.5	0	0	0	0

续表

缺课时数＼扣分数＼周上课时数	1	2	3	4	5	6	7
3	4.0	1.5	1.0	0.5	0.5	0.5	0
4	8.0	2.0	1.0	1.0	0.5	0.5	0
5	16.0	3.0	2.0	1.0	1.0	1.0	0.5
6	32.0	4.0	2.0	1.5	1.0	1.0	0.5
7	△	6.0	2.5	2.0	1.0	1.0	1.0
8		8.0	3.5	2.0	1.5	1.0	1.0
9		12.0	4.0	2.5	2.0	1.5	1.0
10		16.0	5.0	3.0	2.0	1.5	1.0
11		24.0	7.0	3.5	2.0	1.5	1.5
12		32.0	8.0	4.0	3.0	2.0	2.0
13		△	10.0	5.0	3.0	2.0	2.0
14			14.0	6.0	4.0	2.5	2.0
15			16.0	7.0	4.0	2.5	2.0
16			20.0	8.0	4.5	3.0	2.5
17			28.0	10.0	5.5	3.5	3.0
18			32.0	12.0	6.5	4.0	3.0
19			△	14.0	7.0	4.5	3.5
20				16.0	8.0	5.5	4..
21				20.0	9.0	6.0	4.0
22				24.0	11.0	6.5	4.0
23				28.0	13.0	7.5	5.0
24				32.0	15.0	8.0	5.5
25				△	16.0	9.0	6.5
26					18.0	11.0	7.0
27					22.0	12.0	7.5
28					26.0	13.0	8.0
29					30.0	15.0	9.0
30					32.0	16.0	10.0

续表

缺课时数 \ 扣分数 \ 周上课时数	1	2	3	4	5	6	7
31					△	18.0	11.0
32						22.0	12.0
33						24.0	13.0
34						26.0	15.0
35						30.0	16.0
36						32.0	18.0
37						△	20.0
38							22.0
39							24.0
40							26.0
41							29.0
42							32.0

说明：△为缺课超出一学期上课时间三分之一，不得参与试验之符号。

资料来源：西北师范大学校史资料编研组：《国立西北师范学院史料摘编》（上），中国文史出版社2014年版，第279页。

另外，本院学生迟到早退满三次者按旷课一小时计，满六次者按旷课两小时计，以此类推。[1]

这一时期，除国立西北师范学院外，西北其他各高校也制定了详细而严格的学则规定，有效规范管理教学，为培养大量优秀高素质人才提供有力保障。

二　教师管理制度

西北各高校加强教师队伍建设，同时制定相关规定，着重教师队伍管理规范化。以国立西北大学为例。《国立西北大学教员服务规则》

---

[1] 《国立西北师范学院院务概况》，1941年，第14—22页。

规定：

> 1. 本大学教员分为专任教员、兼任教员两类。专任教育包括教授、副教授、讲师、助教。兼任教员包括特约讲座、兼任教授、兼任副教授、兼任讲师。2. 专任教员不得兼任校外带薪职务。3. 教授副教授讲师每周任课九小时，不足九小时者，在七小时以上按照兼任教员扣薪，在六小时以下者改为兼任教员。4. 教授兼系主任者，每周任课六小时。5. 教授兼院长教务长训导长总务长秘书或组主任等职者，每周任课三小时。6. 教授兼主任再兼院长者，每周任课三小时。7. 讲师兼组主任及校内其他职务者，其授课时数可酌量减少。8. 体育教员须担任课外运动教师。9. 助教不得兼课，但遇必要由系主任决定兼课时数，并发给薪金。10. 兼任教员薪俸按授课时数计算，全年按十二个月计算。11. 教员因故请假在一月以内时，假满应将所缺课程设法弥补，如请假在一月以外时，须请人代理，如无人代理，除病假公假外，扣发薪津。12. 教员遵照部令规定，有担任导师及其他法令规定事项之义务……①

这一时期，西北其他高校也制定了相应的教员服务规则，明确教师职责，全面细化教师管理。如国立西北农林专科学校《本校教职员服务规则》特别强调教师对学生的责任：

> 本校教员对于学生课内课外之学习及实验均有切实指导之责；教员须切实改正学生笔记报告及练习簿等，并须依照学生学业成绩考查规程切实考查随时报经组主任转交教务处查核；教员须随时考查学生之个性操行志趣等作为施教标准并备教务处考查

---

① 《国立西北大学概况》，1947年，第37页。

之用；教员授课时对于学生秩序及卫生状况有指导之责；教员应切实考查学生之出席名额随时登记于点名册以备考查；教员对于学生各种活动及组织有参加指导之责……"①

三　学生日常管理制度

西北各高校纷纷成立学生自治会，如国立西北大学学生自治会、国立兰州大学学生自治会等，通过建立学生组织倡导学生自治，正如北大校长蒋梦麟所提倡的："好的生活是自动的，他人带动的不是好的生活，学生自治是自动的一个方法。"通过这个方法培养自动的人才，"所谓自动之人才，具有远大眼光、进取精神。事事改良，著著求进步。人未能敢行者，我独行之，人未能及知者，吾独察先机而知之"②。学生自治会制定相应规章制度，开展学生自治各项工作。1947年12月，国民政府为控制学生思想行为，颁布《学生自治会规则》，欲将自治会纳入学校训导处管理体系，学生自发成立的自治会组织遭到限制与取缔。

在那个特殊时代，西北各高校学生关注国家的前途和命运，思想非常活跃，除了学生自治会以外，纷纷自发成立各种社团，课外活动丰富多彩。诸如国立兰州大学的兰州大学通讯社、风风艺文研究会、兰光学会、新光剧团、伊斯兰学会、天地旬刊社；国立西北大学的大地社、冰社、自由风、半月读书会、春雷文艺社、科学月报社、新潮剧团等。

基于学生团体之健康成长，西北各高校严格学生团体之管理，制定了相应的规章制度。如《国立西北医学院学生团体组织规则》规定：

> 本院学生组织团体范围暂以研究学术及无地域观念之各种组

---

① 《国立西北农林专科学校一览》，1936年，第24页。
② 曲士培编：《蒋梦麟教育论著选》，人民教育出版社1995年版，第56页。

织为限；学生发起组织学生团体应由发起人代表向训导处申请登记核准后方得组织成立；学生团体经核准成立后应将章程职员及会员名单送请训导处备案，遇有修改章程或更动职员时应随时向训导处报告更正；学生团体应就本院教职员中聘请一至三人为顾问；学生团体在一学年中无成绩表现者得停止成立；学生团体各种活动越轨时由训导处随时制止，必要时并得令其解散；学生团体之通告应由常务干事具名负责，出版物之稿件应送训导处审核后方得付印，如有抵触法规或不照手续办理者训导处得直接干涉取缔；学生团体集会训导处得随时派员出席指导。①

上述规定一方面透露出国民政府对西北高校学生思想与行动的严格规约与限制，但另一方面对学生团体也确实需要制定严谨细致的管理制度，学生团体需要遵守相应的章程与规范。

西北各高校还制定了学生宿舍章则，整顿学生秩序，加大学生日常管理。如《西安临时大学学生宿舍规则》规定：

学生宿舍设男女二部，凡男生宿舍禁止女生出入，女生宿舍禁止男生出入，如有要事可于接待室中接洽；凡寄宿学生，须听斋务组职员之指导，经斋务组指派之寝室铺位不得擅自移动；宿舍内床铺用具由学校供给，寄宿学生应加爱护，不得损坏；每斋视寝室之大小设值日生一人或二人，负责检查清洁、洒扫寝室及整理物件等；宿舍内应注意公共卫生，力求整洁，不得自行烹饪、任意吐痰、乱扔衣物纸屑等；宿舍内须注意公共安宁，不得有妨碍秩序或破坏风纪之行为；宿舍内不得携带危险性物品；不得留宿外人，如有亲朋到访须在接待室中会面，非斋务组组长允许不得擅入寝室；学生应照学校规定时间睡眠；宿舍内电灯于每

---

① 《国立西北医学院学生团体组织规则》，《国立西北医学院院刊》1941 年第 11、12 期合刊，第 6—7 页。

日晚六点后开起,十一点熄灭。学生不得擅自开闭及私装电灯,不得于熄灯后点燃蜡烛;如有违反规定者,由斋务组报告生活指导委员会,予以相当处罚。①

此外,西北其他高校也颁行学生宿舍规则,规范学生行为,如《国立兰州大学寝室规则》规定:"兴寝按一定时刻;起床后被褥叠放整齐;床位不得私自变动;寝室一切用品应保持清洁;墙壁等不许涂抹、悬挂物品;寝室不得留宿外宾,不得喧哗吵闹……"②

严格的管理制度,以强制、规约的形式帮助西北高校师生建立起良好的行为规范,有助于形成西北高校崇尚学术、艰苦朴素之校风、有助于实现西北高校人才培养之目标。但是,从另一个角度来看,不得不承认在这一时期西北高校管理制度的制定与运行中掺杂了过多的政治因素,在一定程度上钳制了师生思想与行为,甚至妨碍了师生的自由。

第三节　建设师资队伍

汇集优秀师资、建设科学合理的师资队伍是促进高校发展、实现高校人才培养目标的重要助力。西北社会贫穷落后、交通不便,高校经费紧张,延揽优秀师资实属不易,但各高校校长却对此极为重视、用力甚巨,千方百计延聘人才,成效显著。

以国立兰州大学为例。据著名学者吴相湘回忆,1946年,"辛树帜先生受任为国立兰州大学校长,自长沙往南京时,邀约我和刘宗鹤兄同往。若干戚友颇不以为然:'多数人都自西南往东南跑,你为什么还向西北跑呢?'但辛先生曾详细告我:教育部计划对国内若干城市的国立大学特予扩充,使其成为学术研究中心,并担负辅助新设立的若干国立大学发展的责任。国立北京大学自然是北平学术研究中

---

① 《本校学生宿舍规则》,《西安临大校刊》1937年第2期,第11—12页。
② 兰州大学档案,1-1-23,1-1-261(国立兰州大学)。

心，并担负辅助国立兰州大学的责任。因此，我乐于随同辛先生工作。"但当时的情况是"战时西北、西南各大学教授都纷纷回到东南或平津等地，很少人愿往兰州的。辛先生运用各种关系邀约，黄文弼、顾颉刚先生等都应允每一学年去讲授一学期。上海兰州之间有中央航空公司班机来往，交通是便利的"[1]。国立兰州大学校长辛树帜凭借自身的声望与执着、凭借自己深厚的关系资源，在短短数年间，就从国内外延聘了一大批不同学科、专业的优秀专家学者来兰州大学任教，为兰州大学的发展贡献了巨大的力量。

国立西北师范大学也十分重视延揽优秀人才，师院有一批德高望重的著名教授，院长经常委派他们赴全国各地探访、延聘教授，效果极佳。同时，学院积极营造尊师重道、尊重人才的校园氛围，1940年，学院以院长名义致函在校服务满20年之教职员，勉励嘉奖，发给特别贡献纪念品。1943年5月14日及23日，学院为李建勋、齐国梁两位先生举办六十寿辰宴会，袁敦礼教授代表学校讲述两位先生从事教育事业之经过，及其对于国家社会之贡献。西北师院选留与引进年轻教职员，向来注重才学品行，重视老教师的推荐。此外，西北师院大力促进中青年教师的专业发展，凡遇进修机会，必然奋力争取，在学校经费拮据的情况下依然坚持选送年轻教师出国深造。[2]

西北各高校经过积极努力，在艰难困苦中仍然建设了一支支非常优秀的师资队伍。表6-3是1941年国立西北师范学院主要任职教员履历。

表6-3　　　　1941年国立西北师范学院主要教职员履历

职务	姓名	履历
院长	李蒸	国立北京高等师范学校毕业，美国哥伦比亚大学教育硕士，哲学博士，中央大学副教授，江苏民众教育院实验部主任，国立北平师范大学代校长，教育部社会教育司司长

---

[1] 吴相湘：《三生有幸》，中华书局2007年版，第103、106页。
[2] 刘基、王嘉毅、丁虎生主编：《西北师范大学校史》，教育科学出版社2012年版，第145页。

续表

职务	姓名	履历
秘书	易价	北京高师毕业，北京法大、民大、畿大、河北工业学院讲师，师大秘书，教育部聘任编审
教务主任兼国文系主任	黎锦熙	前清优级师范史地部毕业，教育部编审处文科主任，国语统一筹备委员会常务委员，国立北京女师大国文系主任，国立北平师大文学院院长兼教授
训导主任兼体育系主任	袁敦礼	北京高等师范毕业，美国芝加哥大学理学士，获霍普金斯大学公共卫生证书，哥伦比亚大学师范院硕士，历任本校专任教员，体育系主任，浙江大学文理学院教授
事务主任	汪如川	北京高师数理部毕业，历充本校会计课长，附中教员，志成中学校长
国文系		
主任	黎锦熙	见前
教授	谭戒甫	省立湖南大学、国立武昌大学国文系教授
教授	易忠箓	前清留学日本早稻田大学政学士，曾任湖北省立图书馆馆长，私立武昌文华图书馆学专科学校教授
英语系		
主任	张舜琴	英国伦敦大学、上海光华大学、广西大学教授，香港大律师
教授	叶意贤	美国帝坡大学毕业，文学士、帝坡大学文学硕士，美国西北大学教育硕士，西北大学神学院宗教教育博士，美国芝加哥大学神学院讲师，英属马来亚美以美会教育干事兼英文中学校长，中央陆军军官学校上校，英文教官兼英文编纂委员会编辑
教授	包志立	美国密歇根大学哲学博士，东吴大学教授，平大女子文理学院讲师
史地系		
主任	谌亚达	日本东京高等师范学校毕业，英国伦敦大学研究员，历任国立北平大学教授，东北大学教员

续表

职务	姓名	履历
教授	陆懋德	美国威斯康星大学、俄亥俄大学文科学士、硕士，历充清华大学教授、北师大讲师
教授	邹豹君	美国利物浦大学硕士
教授	殷祖英	英国伦敦大学本部地理系研究生，师大史地系助教、讲师，河北教育厅秘书科长
公民训育系		
主任	王凤岗	美国斯坦福大学教育科学士、硕士及哲学博士，河南大学教授兼教育系主任，国立武汉大学哲学教育系教授兼文学院主任导师
教授	李镜湖	日本明治大学法科毕业，直隶法政专门学校校长，国立法政中国大学教授
数学系		
主任	赵进义	法国里昂大学理学硕士、数学博士，法国里昂天文台研究员，国立广州中山大学数学、天文系教授，中央研究院天文研究所特约研究员
教授	刘亦珩	日本广岛高师毕业，日本广岛文理科大学理学士，北平师大讲师，安徽大学教授
教授	张德馨	德国柏林大学数学博士
教授	傅种孙	本校毕业，女师大教授，北大、女大讲师，本校教授，本校附中及江西二中教员
理化系		
主任	刘拓	美国俄亥俄大学工业、农业、化学博士，历任北平大学农学院及本大学教授、主任、院长等职
教授	杨立奎	日本东京高等师范学校毕业
教授	蔡锺瀛	日本东京帝国大学理学士，师大教授
教授	张贻侗	英国伦敦大学理学士，曾任北京大学教授，中央大学教授
教授	朱有宣	美国俄亥俄大学化学硕士，罗威染织专科学校研究员，历充北平大学及东北大学化学讲师

续表

职务	姓名	履历
博物系		
主任	郭毓彬	美国葛林乃尔大学生物学学士，任师范大学动物学教授前后共11年，任苏州东大学动物学教授三年
教授	汪堃仁	国立师范大学生物学系毕业，曾任师范大学生物学系助教，协和医学院生理学系助教
教育系		
主任	李建勋	天津北洋大学师范科，日本广岛高师毕业，美国哥伦比亚大学师范院哲学博士。曾任北京高等师范教授，教育研究科主任及校长，世界教育会议中国政府代表，教育部派欧美师范教育考察专员，东南、清华、北大各大学教授及北平师大教育学院院长、研究所主任兼教育系主任
教授	程克敬	美国哥伦比亚大学心理学博士，基特开省立大学理学硕士，特尔斯大学教育硕士，北平师大教授兼研究所导师，西安临大、西北联大、西北师范等教授
教授	金澍荣	前国立清华大学留美预备部毕业，美国斯坦福大学教育学硕士，哥伦比亚大学哲学博士。曾任国立北平师范大学教育系教授，国立西安临时大学及国立西北联合大学教育系教授
教授	马师儒	具有师范大学、柏林大学、瑞士曲里溪大学学历，曾任北京大学、青岛大学、北平大学教授
教授	郝耀东	美国加利福尼亚大学文学士，斯坦福大学教育心理硕士，哥伦比亚大学师范学院研究员。曾任前西安中山大学教务长，中央政治学校计政学院教务主任，安徽大学教育系主任，西北联大、西北师院教育系教授等职
教授	鲁世英	国立北平师范大学毕业，美国哥伦比亚大学硕士，曾充北平师范大学、西安临时大学及西北联合大学教授
教授	高文源	美国密歇根大学文学士、科学硕士，国立西安临大、西北联大教授

续表

职务	姓名	履历
教授	方永蒸	国立北京高等师范学校教育研究科毕业，美国哥伦比亚大学教育研究院研究生，历充奉天省视学，东省特别区教育厅一科长，东省特别区驻美教育调查员，河北省立女子师范学院讲师，东北大学教育学院院长，文学院院长等
教授	胡国钰	任职北京高等师范英语系，于同校教育科毕业，河北省立女子师范教授
教授	唐得源	美国哥伦比亚大学教育硕士，西安高中校长
体育系		
主任	袁敦礼	见前
教授	董守义	美国麻省春田学院体育硕士，师大体育教授
教授	徐英超	美国春田学院硕士，北平师大等大学体育讲师
家政系		
主任	齐国梁	天津北洋大学师范科日本广岛高师毕业，美国斯坦福大学文学士，河北省立女子师范学院院长，河北省教育厅科长
教授	孙之淑	美国哥伦比亚大学师范院理学硕士，河北省立女子师范学院及东北大学教授
教授	王非曼	美国哥伦比亚大学教育学院家政学硕士，河北省立女子师范学院教授
劳作专修科		
主任	果沈初	北平师大职工教育专修科毕业，曾任清华、燕京、北平市政府及南开大学修理厂长、工程师，北洋工学院教员，师大劳作科讲师，中国工业合作协会西北区工程师
其他		
文书组主任兼校务汇报编辑	佟学海	曾任西北大学女子大学注册课长及女师大注册出版文书各课课长，师大文书组组长
会计室主任	袁剑雄	沪江大学商学院毕业，欧中烟公司会计部查账员，司法行政部科员

续表

职务	姓名	履历
教育系副教授兼注册组主任	康绍言	北京高等师范学校英语部毕业,北京师大教育研究科毕业,历任北师女大及师大等校教员,北平师大预科教授
图书组主任	何日章	北平高等师范学校英语部毕业,前河南省立图书馆馆长兼博物院院长
主任教官兼军事管理组主任	王佐强	中央军校十期步科毕业,中央训练团将校班、军政教官班、党政班毕业,历任排连长、队长、大队长、军事教官
卫生组主任兼校医	李元复	齐鲁大学医学院毕业,齐鲁大学医学院耳鼻喉科医生兼讲师
庶务组代理主任	胡铭佑	日本大森体操学校毕业,沈阳高等师范体育教员,京师第一中学总务,师大附小事务主任
出纳室主任	高鸿图	前北洋大学预科肄业,前直隶公立法政专门学校毕业,历充福建警务处秘书,福建省道局会计主任,直隶省立第一中学教员,河北省政府科员,北平大学区组员,河北省教育厅民众教育股主任,教育部社会教育司第二科科员
教育系教授兼附中主任	方永蒸	国立北京高等师范学校教育研究科毕业,美国哥伦比亚大学教育研究院研究生,历充奉天省视学、东省特别区教育厅一科长、东省特别区驻美教育调查员、河北省立女子师范学院讲师、东北大学教育学院院长、文学院院长等职

资料来源:西北师范大学校史资料编研组《国立西北师范学院史料摘编》(下),中国文史出版社2014年版,第904—907页。

表6-3列出了国立西北师范学院各系主任、教授的主要履历,其中,有31人毕业于海外知名大学,占总人数的75.61%;有硕博学位的人占总人数的31.71%;更有教授同时具有两个或两个以上学位,如教育系教授程克敬同时具有哥伦比亚大学心理学博士学位、基特开省立大学理学硕士学位,以及特尔斯大学教育学硕士学位;教授金澍荣也同时具有美国斯坦福大学教育学硕士,哥伦比亚大学哲学博士两个学位。可见,国立西北师范学院高学历、高水平教师数量较多,师

资阵容较强。

以国立西北工学院为例。土木工程系共有教授 5 人，副教授 1 人，助教 5 人，其中 3 位教授毕业于美国知名大学，2 位有博士学位；矿业工程系共有教授 6 人，助教 4 人，6 位教授都曾在美国知名大学肄业，其中有 3 位工程师；机械工程系共有教授 7 人，讲师 1 人，助教 5 人，4 位教授有海外留学经历；电机工程系共有教授 8 人，讲师 1 人，助教 4 人，7 位教授毕业于美国、日本等国知名大学；化学工程系共有教授 2 人，副教授 1 人，兼任讲师 1 人，助教 4 人，2 位教授中一位毕业于英国伦敦大学，另一位毕业于日本东京工业大学；纺织工程系共有教授 5 人，助教 2 人，4 位教授毕业于法国、英国、美国等知名大学；水利工程系共有教授 6 人，助教 3 人，4 位教授有海外留学经历，2 位教授取得博士学位；航空工程系共有教授 4 人，助教 3 人，4 位教授都毕业于欧美知名大学；社会科学及英文教授、数学教授、物理教授、理化教授等共 7 人，有 3 位教授曾留学海外。此外，还有 1 位党义副教授、两位国文讲师、1 位数学讲师、英文等各科助教 7 人。①

再以国立西北农林专科学校为例。表 6-4 是该校 1936 年农艺组教员名单和履历。

表 6-4　　1936 年国立西北农林专科学校农艺组教员录

职务	姓名	年龄（岁）	籍贯	履历
主任兼教授及农场主任	徐治	36	湖北	清华大学毕业，美国明尼苏达大学博士，专攻植物病理及植物育种。曾任岭南大学副教授、河南大学教授
副教授兼技师	翁得齐	37	广东	美国明尼苏达大学农学硕士，专攻作物育种。曾任国立中央大学农学院农场麦作育种技士，浙江省农林局作物育种技师，金陵大学、燕京大学、广西大学农学院讲师

---

① 《国立西北工学院概要》，1940 年，第 41—52 页。

续表

职务	姓名	年龄（岁）	籍贯	履历
副教授兼技师	沈学年	32	浙江	美国康奈尔大学农学硕士，专攻作物育种。曾任金陵大学及中央大学农艺组助教，浙江省立农业改良场技士
农场事务管理员兼技士	郭晓鸿	45	河南	河南农业专门学校本科毕业，河南党政训练班毕业。曾充新乡甲种农校教员、河南农专学校农场主任、任河南第一农校教员、河南第二模植棉场技术员、河南省政府视察员及青海省民政厅视察科科长
助教	李秉才	28	辽宁	国立北平法商学院毕业
助理	马德命	27	陕西	金陵大学农专科毕业
助理	刘秉宸	26	陕西	金陵大学农专科毕业
助理	郭世杰	25	陕西	陕西第一职业学校毕业
助理	范士毅	24	山西	陕西省立农业学校农科毕业
助理	李芳	28	陕西	陕西省立第一职业学校农科毕业，陕西建设人员训练所毕业。曾任陕西商县建设局技术员

资料来源：《教职员录》，《国立西北农林专科学校一览》，1936年，第184页。

据表6-4资料分析，国立西北农林专科学校农艺组共有教师10人，其中教授1人，副教授2人，助教及其他共7人，博士1人，硕士2人，教授及副教授均有海外留学经历。

据1946年统计资料，国立兰州大学拥有文史专家顾颉刚、史念海、冯国瑞、张舜徽、徐褐夫，语言学家水天同、沐允中、杨志夫；法学家李镜湖、吴文瀚，数学家段子美、程宇启，物理学家陈祖炳、聂崇礼，化学家张怀朴、陈时伟、左宗杞，动物学家常麟定、杨浪明，植物学家董爽秋、孔宪武，地理学家王德基、刘焕珍，医学家于光元、乔树民、张查理，兽医学家盛彤笙等，一时间百花齐放、名家荟萃。[1]

---

[1] 张克非主编：《兰州大学校史》（上编），兰州大学出版社2009年版，第131页。

这一时期，西北各高校发挥多方面力量，积极招揽人才，建设优秀教师队伍。西北各高校教师队伍建设呈现出以下特点：

第一，教师队伍规模有较大发展。

以国立西北大学为例。学校自建立伊始就注重教师队伍建设，不断延揽、增聘优秀教师。据学校校刊记载，1942年10月，学校"外文系聘张舜琴等3位教授；历史系陆懋德、物理系张宗盛、地质地理系王恭睦等均已先后到校，另有多人，尚在途中。新聘俄文讲师赵燕，体育讲师王树棠，兼任讲师物理系叶梧、生物系吴仲贤、郭毓彬、地质地理系刘仲则、政治经济两系贾振华、张兆荣各位先生，均已到校授课。"① 1945年1月，"学校又新聘教授讲师多人，外国文学系教授陈克孚等4人，讲师魏直等2人；历史学系教授陶元珍等2人；边政学系副教授苏莘1人；法律学系教授白世昌1人；政治学系教授兼主任1人；经济学系教授兼主任王国忠、教授王文光等3人；商学系教授1人，副教授兼秘书1人等"②。国立西北大学发展到1946年，全校下设文、理、法商、医四个学院，共有教授87人、兼任教授10人、副教授32人、兼任副教授5人、讲师28人、兼任讲师11人、助教37人。③ 与1945年统计结果相比（不计兼职），教授增加20名、副教授增加7名，讲师增加4名，助教增加7名。

第二，教师学历层次较高。

西北各高校教师多有海外留学经历，许多教师曾获博士、硕士学位，甚至有教师同时拥有多所大学、不同学科硕博学位，上文已有详细叙述，此处不再赘言。高学历教师云集西北，极大地推动了西北高校发展，有效提升了西北高校人才培养的水平与质量。

第三，教师履历丰富。

以1947年国立西北大学法商学院商学系为例。该系共有教师10

---

① 《本校新聘教职员》，《国立西北大学校刊》1942年第2期，第3页。
② 《本学期教职员新阵容》，《国立西北大学校刊》1945年复刊第15期，第5页。
③ 《国立西北大学概况》，1947年，第5—9页。

人，主任孙宗珏曾任东北大学杭州之江文理学院教授、齐鲁大学经济系主任；教授刘纪之曾任吉林大学、河北农学院、西北工学院教授，河北大学系主任；教授刘景向曾任国立西北农学院教授；教授王含英曾任山西大学、陕西省立商业专科学校教授；副教授李亦人曾任中央建设专款审核委员会稽核中央战干团会计班主任教员、陕西省立商业专科学校、私立铭贤学院教授；副教授廖兆骏曾任国立中央大学商学院专科主任、国立暨南大学教授、中央战干团少将高级教官、陕西省立商专教授等。[①] 丰富的教学与社会实践经验，开阔了教师视野，提升了教师专业水平，提高了教师解决实际问题的能力。同时，面对不同的学生，丰富的经验有助于教师快速、准确了解学生，根据每个学生的不同潜质帮助其发展与成长。

第四节　保障学校硬件

高校人才培养必须借助学校相关硬件设施建设，诸如校舍建筑、设备采购、图书购买等，提供与营造整洁美观的校园环境、宽敞明亮的教室和宿舍、丰富优良的图书设备，有助于提升高校人才培养质量。

这一时期，战火频仍、经费拮据，加上西北落后的政治经济文化生态环境，高等学校办学条件艰苦非常，简单的校舍、鄙陋的住房、匮乏的书籍、短缺的实验设备等并没有消散师生火热的学习热情。

1938年春，西安临时大学更名为国立西北联合大学，校址迁驻陕南，校舍分散在三县六处，许多院系的教室设在庙宇和破旧的公房里，宿舍和其他教学设备短缺，没有自来水，没有电灯，联大师生的物质生活完全得不到保障。联大医学院初迁陕南时，因校舍缺乏，暂借一部分南郑联立中学校舍作为校址，后又租借陕西省银行南郑中学

[①] 《国立西北大学概况》，1947年，第60页。

的房屋立足，重新改造门楼、添设饭堂与厕所，翻修砌补房顶、走道及墙壁。1939年春，日军飞机轰炸频繁，院址又迁往南郑城东之孙家庙、黄家坡等地，仅留一年级在城固授业。学院所寻教室大多破损不堪，为了维持学生课业，教师仍然克服困难坚持上课。①

1938年《国立西北联合大学图书馆工作概况》载：

> 本馆于1937年九月起，向各处订购图书杂志，但因战区转变，交通梗阻，以及学校迁移等事，致所订书籍杂志均不能按期如数到馆。截至六月底，已到西文书籍，计677种，970册；中文书籍计1168种，2190册；尚有地图20余种。此区区者，虽不敷教职员及学生所需，然在非常时期，一切事业多不能布置裕如，本校于艰难困苦，颠沛流离中有次2000册书籍，亦可谓琳琅满目也。②

在正经历抗战岁月的西北社会中筹集2000册图书实属不易，但2000册图书实在无法满足联大师生正常学习使用，平均下来，师生每人只有一本左右的图书，学校消息闭塞，甚至无法看到全国性报刊，学生买不起书也买不到书，学习主要依靠课堂笔记，课后参加读书会进行交流。学生晚上自习，只能点油灯照明，灯光昏暗、烟气呛人。由于纸张严重缺乏，连半月一刊的《西北联大校刊》也改用地方黄土纸印刷……如此境况并未撼动联大学子孜孜求学、奋力拼搏的意志，学生们争抢座位勉力读书，经常是一批学生晚上读书累了又换另一批，联大灯火彻夜不息。

1938年8月，西北联大被改组为国立西北大学、国立西北师范学院与国立西北医学院。1940年4月，国民政府令国立西北师范学院迁

---

① 李永森、姚远主编：《西北大学史稿上卷（1902—1949）》，西北大学出版社2002年版，第227—228页。
② 《本校图书馆周年工作概况》，《西北联大校刊》1938年第1期，第54页。

往兰州。院长李蒸在详细考察兰州环境后认为：

> 一、为防止敌军空袭、避免城市商业氛围对学生的负面影响，学校不能设在城内；二、不能离城太远，最好仿照北平清华大学、燕京大学的方式，离城始至二十里之间；三、交通要方便，最低限度能通汽车和人力车；四、必须见到黄河，一则为风景问题，二则为吃水问题，万一用水发生恐慌，还可以到黄河去取水。①

按上述条件，选定兰州十里店为学院永久校址。李蒸院长为国立西北师范学院之建设精心选址、细致设计，在黄河北岸描绘着学院建设、发展的蓝图。但由于经费支绌，物价猛涨，学校建设遭遇困难。1943年，兰州分院改为本院，招生规模日益扩大，而兰州的校舍"两年来所建筑者，仅能容两个年级，约计学生四百人教学、食宿之用。本年增加新生三百余人，原属无法容纳，幸赖多方努力收回甘肃社会处实验救济院所借十里店留充教职员居住之房屋，得以腾挪容纳。"② 收回房屋，将总办公厅移入，原来办公厅的房舍作为新生宿舍，设上下铺，作为学生宿舍，解决了新生住宿问题。由于食堂狭小，学生须分两批开饭。当时学校可容纳两个年级学生的校舍，已容纳了三个年级的学生，不知来年新生如何食宿？住宿条件尚且，教学设备、图书资料更是寥寥无几、匮乏严重。当时学校没有电灯，晚上开会、举办集体活动便用汽车照明，学生晚上自习，只得燃蜡烛借光，每周每人领取两三支蜡烛根本不够使用，学生日日早起，盼望日出天明。学校没有浴室，师生就用干毛巾搓擦身体，按摩健身，还趣称此举为"干浴"。学生彼此相互理发、自己换洗缝补被褥、装订书

---

① 《国立西北师范学院校务汇报》，1940年，第27页。
② 《为呈报本年暑假以来迁校情形及急需经费请鉴核筹拨等由呈教育部文》，西北师范大学档案馆馆藏档案，民国档案33号，全宗0016卷。

本、制作墨水……西北师范学院师生生活如此俭朴、艰苦，却依然发奋自强、自得其乐、虽苦犹甜。在全院师生的共同努力下，学校建起了史地绘图室、理化实验室、博物实验室，以及裁缝、技艺、洗染、烹调、看护等六个家政实验室，还建立了锻工、翻砂、案工、木工、农产制造、畜牧园艺等八个劳作实验室，大大改善了教学条件，有助于学生实践能力的培养。为美化校园环境，李蒸院长提出："树人树木贵在同时，文化绿化乃能并进"，大力植树，美化校园环境，使这所矗立在荒凉西北的高等学府绿树成行、满目青翠、鸟语花香。

在国立兰州大学筹办期间，校长辛树帜即着力充实图书、仪器、设备。著名学者吴相湘回忆说：

> 辛树帜先生为争取时间，托请中央大学教授开示一二年级需要的西文书刊及仪器设备，及时向上海订购。同时，每遇夜间有暇，即与我同往南京夫子庙一带旧书店选购国学书籍。旋又往苏州、上海各书肆选购。时京、沪、苏各书肆各种国学书刊、日本刊行中国考古历史专籍、敌伪时期刊物甚多，各国立大学忙于复员，还没有注意这些书刊，兰州大学乃捷足先登，图书馆藏书相当丰富。[①]

1946年8月，学校又与中国科学仪器公司、实学通艺馆、大丰公司等签订仪器订购合同。8月底，这批图书设备先由轮船经长江运至汉口，转由平汉火车运至郑州，再沿陇海线西行，于10月底运抵兰州，其中不乏精密仪器、珍贵图书。同时，国立兰州大学还向英美等国订购科学期刊200余种，并购得龙门联合书局影印出版的大部外文图书。经过近两年的辛苦索求，国立兰州大学共购得图书5万余册，加上原甘肃学院存书4万余册，到1948年底，共有图书9万余

---

① 吴相湘：《三生有幸》，中华书局2007年版，第106页。

册，相比甘肃学院时期增长一倍多。学校仪器设备购置，几年间也不断增加，到1947年秋，购置设备仪器基本满足理科各系试验需求，如2名学生组成一组，一学期可做29次化学实验，基本符合教育部规定之理科学生实验课数量标准。① 此外，国立兰州大学还积极扩建校舍，1947年11月天山堂、祁连堂、贺兰堂三座教学楼全部落成；1948年11月，图书馆改造工程竣工，命名积石堂。到1948年夏天，兰州大学有教室154间、学生宿舍282间、办公室52间、教职员宿舍253间、图书馆56间、仪器标本及实验室335间、运动场地面积15.3亩。② 经过师生的共同努力，截至1948年，国立兰州大学初步建成现代综合性大学，从根本上改变了原甘肃学院旧貌。

这一时期，西北高等学校身处艰苦环境，办学经费紧张、交通梗阻，加上战争之影响，学校校舍建设、图书购置、教学设备及仪器添设都遭遇许多困难，但各高校想方设法寻求、创造各种条件，竭尽全力改善校园环境、办学条件，在各校校长、师生的共同努力下，这一时期西北高等学校设施有了较大程度的完善，学校环境也得到了较大改善。

第五节 西北地区高等学校人才培养保障机制的特点

总体来看，西北高等学校人才培养保障机制的建立有以下特点。

一 创造条件，改善办学环境

这一时期的西北社会，经济政治文化相对落后、交通不便，加上战争的影响与困扰，社会发展整体滞后。尤其是抗战胜利后，国民政府不思建设惠民，一意推行反共反人民之内战政策，不断扩充军费，消耗大量的人力物力购买军火装备。据1947年学生散发的反内战的

---

① 张克非主编：《兰州大学校史》（上编），兰州大学出版社2009年版，第151页。
② 兰州大学档案，1-1-239（国立兰州大学）。

传单揭露，国民政府每天支付战争费用竟高达1000多万元，而可怜的文教经费仅占国家预算的3.7%。[①] 在如此境况下，西北各高校办学经费更是捉襟见肘、紧张非常。各高校校长、院长只得加入"叫花子团"，不断电请中央讨要经费。更糟糕的是，由于军费猛增，全国生产萎缩、经济发展倒退，导致通货膨胀严重，物价飞涨，1939年到1946年国立西北大学经费决算数字涨幅高达七百余倍，即便如此，仍无法支撑学校日常用度，教师和学生经常食不果腹，冬日里寒风刺骨，许多学校无钱购买煤炭取暖，师生饥寒交迫、苦不堪言。国立西北师范大学院长易价的辞职呈请，流露出当时西北高校校长、院长多少辛酸与无奈！

办学经费的严重短缺，致使西北各高校硬件建设困难重重。简陋的教室、短缺的设备、少量的图书、拥挤的宿舍……1946年6月《青年日报》一篇文章这样描述当时的国立西北大学：

> 学校的阅览室，狭小可怜，而且是永远挤满了人，如果你立志要在阅览室读书，你就必须挟一本书，站在那儿，不放松任何一个机会，占定位子，应该立刻将你的书放在案头，表示你已经占领了这个地方……晚间，学校里只预备了几盏油灯，分燃在几个教室里，每天过午下课后，学生们跑奔向教室，来占位子。稍迟一些，就会满座，而只能望桌兴叹了。[②]

在经费短缺、艰苦条件下，西北各高校师生虽有微词但无弃念。各高校校长、院长、教师通过各种途径、想尽方法提高办学条件、改善校园环境。国立兰州大学校长辛树帜辗转各地搜集图书，通过各种渠道订购书籍、仪器，着力校舍建设，扩大办学规模。国立西北师范学院院长李蒸为师院建设尽心竭力，精心选址、谋划发展、设计蓝

---

① 李永森、姚远主编：《西北大学史稿上卷（1902—1949）》，西北大学出版社2002年版，第378页。

② 卢苇：《自城固迁西安的国立西北大学》，《青年日报》1946年6月30日。

图，李蒸院长曾独自坐在黄河岸边，心中设想着师院未来的发展，竟每每心潮澎湃、激动不已。"树人树木贵在同时，文化绿化乃能并进"，李蒸院长抓住每一个机会改造西北师范学院，西北师范学院从此绿树行行、书声琅琅。这一时期，通过西北各高校师生的共同努力，各校办学条件不断改善，校园环境齐整美好。

二 制度规范，保障培养质量

困难与阻力并没有击垮西北各高校培养高等卓越人才的信念，各高校围绕人才培养目标，制定详细的规章制度，严格教学管理，规范师生行为，以制度保障人才培养目标之实现。

通过制定严格细致的学分制度、学籍制度、试验考试制度、学生毕业规定、转学生旁听生规定等，强化课堂管理，加大教学管理力度，有助于提高学生培养的质量与水平。在教师管理方面，规定教员任课时数、薪资计算、请假手续、辅导学生之义务等，规范教师教学环节，约束教师日常行为。通过严格学生社团管理，整顿学生宿舍秩序，限制学生违法行为，规约学生生活习惯。

制定与颁行严格的规章制度有利于建立平稳的校园秩序，推动学校良性运行；有利于规范师生言行举止，保障人才培养质量。但如此一来，当制度演变成捆绑师生的锁链时，又不免有钳制自由、阻碍进步之嫌，尤其是对于师生言论、行为的严格控制，更有意识形态化的笼络与束缚之意。

三 诚意延聘，广纳优秀教师

西北各高校校长、院长深知优秀师资队伍建设对于高校发展、人才培养之重要意义，即便百般艰难，也要想尽方法延揽人才。校长、院长、教授各出其力，运用各种关系资源、凭借自身学界声望与荣誉，辗转全国各地真诚相邀挚友共谋西北高校发展。此外，西北各高校更是着力营造、建设尊师重道之优良校园氛围，积极拓展教师发展途径，广泛吸引人才、挽留人才、为优秀教师提供施展才华、不断提升修炼自己的机会。由于经费缺乏，西北各高校不可能与国内京津沪等地高校一较长短，重金延聘人才，西北高等学校凭借的是广大师生对西北的情怀、建设西北的决心；凭借的是真诚相待、尊师重教的情义；凭借的是其乐融融、虽苦犹甜的和谐氛围；凭借的是节衣缩食、奋力拼搏的学子之勇气与毅力。正是这些撼动了许许多多优秀教师的心，正是这些留住了许许多多著名学者的心，从此扎根西北，热爱西北，教导西北高校之学子，推动西北社会现代化的进程。

四 卓越精神，引领校园发展

这一时期，西北高等学校经费拮据、办学条件艰苦，但西北各高校学生怀揣兴学强国、共纾国难的抱负，坚定信念、刻苦求学。

我国著名金属学及材料科学家、两院院士师昌绪回忆说：

> 他是国立西北工学院1941年入校的学生，当时与八十年代曾任清华大学校长的高景德院士同住一间宿舍，竟然几个星期见不到一面，原因是师昌绪每天吃了晚饭就去教室看书学习，一直到深夜两三点钟才回到宿舍；回宿舍时，高景德又出去学习了。山区没有电灯，都是蜡烛和煤油灯，由于"开夜车"的学生都衔接起来了，教室灯光彻夜通明，夜里从远处看，点点灯光错落有致，甚是好看。
>
> 由此，便传出了"坝上长夜，七星灯火"的佳话。师昌绪院士讲，那时的学生有着一股近似于古代"头悬梁、锥刺股"的用功劲头，教师严谨治学、学生刻苦求学，正是如此方才成就了这所飞机炸不倒、艰苦难不倒的抗战大学。[①]

[①] 何宁主编：《西北联大与中国高等教育——纪念西北联大汉中办学》，世界图书出版西安有限公司2014年版，第342—343页。

西北各高校教师生活困难，抗战期间仅以"米贴"与微薄薪资维持生计，学生们缺衣少粮、没有宿舍，就在教室席地而眠。然而，艰苦卓绝的环境并没有消磨师生的意志，相反却成就了西北高校师生奋斗拼搏、迎难而上的勇气与决心，坚定了师生求民族独立与自由之信念，形成了西北高校公诚勤朴的校风校训。精神与信仰的力量似一盏盏明灯，指引着西北高等学校在艰难困苦中前行。这种精神力量吸引并凝聚了西北高校师生在这片偏僻荒凉的土地上薪火相传、沿承中华文脉、培养优秀人才、建设西北社会。

需要补充的是，西北各高校人才培养保障机制大致有上述特点，但新疆省立新疆学院是一个例外。新疆省立新疆学院的发展一波三折，从总体上看，新疆学院规模较小，招生有限、师资力量较弱，虽在林基路、杜重远时期发展较快，但很快又卷入了政治风暴的漩涡，办学经费时被侵吞，管理制度朝令夕改，教师队伍极不稳定，学院硬件建设更是屡遭劫难，学院整体发展反复经历进步与倒退的恶性循环。究其缘由，新疆省立新疆学院虽表面为新式学校，但实为旧式学堂，从建立伊始就一直是新疆各军阀培养统治力量的场所，是为政治而生、因政治而动、缘政治而消亡的工具。

第七章　西北地区高等学校人才培养成效及评价

这一时期，西北地区交通不便、信息闭塞，经济政治文化相对落后，抗日战争的硝烟弥漫全国，中国人民濒临生死存亡的边缘。抗战刚刚结束，国家又陷入了内战的深渊，全国经济、政治、社会等的发展又一次遭受重创，西北社会发展更是严重滞后。就是在这样的大背景下，西北地区卓然挺立着一座座文化的堡垒，正是这些高等学府支撑着西北民族的文化与精神。西北开发、西北社会建设急需各类优秀专业人才，西北地区各类高等学校毅然走出精制的象牙塔，积极回应国家与西北社会的需求，通过师生艰苦卓绝的努力，西北地区各高等学校确立了较为明确的人才培养目标，通过不断构建与完善人才培养机制、体系，培养了一大批优秀人才，许多毕业生立足行业发展成为领军人物，极大地推动了西北地区乃至全国的建设与发展。

对这一时期西北地区高等教育人才培养成效的考察与评价，不仅应关注西北各高校人才培养的数量与质量，而且要关注西北高等教育人才培养的长远影响。十年树木、百年树人，教育效果的评估应该体现在所培养人才参与社会实践的深度与广度上，体现在所培养人才从更宽广意义上对社会的作用与贡献方面。基于此，本书探讨西北地区高等教育人才培养的成效与评价，一方面侧重这一时期西北地区高等学校培养人才的数量与质量分析；另一方面拓展思路，深入思考西北地区高等学校人才培养的广泛、长远之社会效应，关注西北地区各高校通过人才培养从哪些层面间接推动了社会的整体改造，并将时段拉长，考虑这一时期西北高校人才培养对新中国成立伊始西北建设的作用和价值。

第一节 为西北地区培养了社会急需的专业人才

这一时期，战乱频仍、政治动荡、风雨飘摇，西北社会贫瘠落后，在这般苦难的岁月里，西北地区各高等学校克服重重困难，扎根西北社会，人才培养成效显著，为西北开发、国家建设提供了大量优秀的人力资源，改变了西北社会的面貌，推动了西北社会的现代化进程。

人才培养成效可从培养的人才数量和质量两方面考察，受史料限制，要准确完整地统计西北地区高等学校培养的人才数量几乎不可能。在这一过程中，笔者对有关史料进行分析整理，并采用交叉验证的方法，获得了部分高等学校培养的人才数量。

表7-1　　1938—1939年国立西北联合大学毕业学生人数统计　　（人）

校院 年份	北平大学					北平师范大学			北洋 工学院	河北省 立女子 师范学院	总计
	女子文 理学院	法商 学院	农学 院	医学 院	工学 院	教育 学院	文学 院	理学 院			
1938	44	37	28	—	33	14	42	41	39	3	291
1939	10	39	—	3	—	22	37	41	—	4	156
总计	54	76	28	3	33	46	79	82	39	7	447

说明：1939年以前西安临时大学、西北联合大学毕业的学生均发原校毕业证书。
资料来源：李永森、姚远主编《西北大学史稿上卷（1902—1949）》，西北大学出版社2002年版，第433页。

在1938年、1939年两年间，国立西北联合大学共毕业学生447人。自1937年10月西安临时大学筹设伊始至1938年7月教育部电令国立西北联大第一次分解、1939年9月第二次分解，至此西北联大不复存在，取而代之的是国立西北大学、国立西北农学院、国立西北工学院、国立西北医学院与国立西北师范学院西北五所高等学校。西安临大及其更名后的国立西北联大实际存续时间很短,表7-1统计之毕业生多为组建西安临大、西北联大原校学生,1938年7月,西北联大原有之北平大学工学院、北洋工学院从母体分出,与东北大学工学院、私立焦作工学院合并改组为国立西北工学院,同时,西北联大农学院也与国立西北农林专科学校合并,独立为国立西北农学院,所以表7-1中1939年西北联大工学院与农学院毕业生无统计结果。

表7-2　　1940—1948年国立西北大学历届毕业生人数统计　　　　（人）

年份	文学院 中国文文学系	文学院 外国语文系 英文组	文学院 外国语文系 俄文组	文学院 历史学系	理学院 数学系	理学院 物理系	理学院 化学系	理学院 生物系	理学院 地质地理学系 地理组(系)	理学院 地质地理学系 地质组(系)	法商学院 法律学系 法理组	法商学院 法律学系 司法组	法商学院 政治学系	法商学院 经济学系	法商学院 商学系	法商学院 边政学系	医学院	总计
1940	25	17		22	10	12	20	4	8		25		20	18	5		14	200
1941	20	15		20	11	15	17	10	11		32		12	33	9		24	229
1942	14	15		27	7	11	13	3	9		15		30	39	33		30	246
1943	10	7	7	23	8	6	23	6	4	9	11		30	66	36		30	276
1944	19	11	6	14	5	11	27	4	5	10	36		29	81	40		35	333
1945	15	10	6	14	5	10	30	2	4	14	23		27	54	15		31	260
1946	8	16		15	8	4	24	6	4	2	39		30	57	46		34	297
1947	9	16		27	9	13	14	6	13		9	29	30	42	26		46	301
1948	10	6	3	14	7	11	20	7	12	8	10	37	16	33	19	11	55	279
合计	130	113	30	176	70	93	188	50	63	56	266	224	423	229	11	299	2421

资料来源：李永森、姚远主编《西北大学史稿上卷（1902—1949）》，西北大学出版社2002年版，第433页。

在1940—1948年的9年时间里国立西北大学共培养毕业生2411人,从表7-2中毕业生分布情况来看,1940—1948年文学院、理学院、法商学院及医学院毕业学生总数分别为449人、510人、1153人、299人，各占毕业生总数的18.6%、21.2%、47.8%、12.4%。经分析比较，法商学院毕业学生最多，文学院、理学院次之，医学院毕业生数量相对较少。究其原因，首先与学校学科建设、师资力量等资源配置有关，其次与当时社会需求关系密切。例如，法商学院经济学系在9年中毕业学生共423人，占该院毕业学生总数的36.7%，这与西北社会落后的经济环境及其对经济学科人才的急需有很大关系。法商学院毕业学生较多还与我国传统"学而优则仕"的就业观念有关。

表7-3　1939—1949年国立西北工学院毕业生人数统计　　　（人）

年度	总计	土木	矿冶	采矿组	冶金组	机械	电机	电讯组	电力组	化学	纺织	水利	航空	工管
1939	144	65		15	6	13		7	13	6	7		12	
1940	143	50		14	5	15		18	12	10	5		14	
1941	194	67		13	8	39		10	13	6	12		14	
1942	227	61		27	17	37		8	17	11	9	19	21	
1943	168	39		19	9	34		5	11	6	18	13	14	
1944	177	35		19	13	37		13	9	8	22	13	8	
1945	171	32		12	14	34		6	13	9	21	22	8	
1946	233	41		23	16	37		16	10	24	30	16	13	7
1947	267	47		22	12	45		16	24	19	33	16	24	5
1948	255	49		25	18	26		11	26	13	43	20	13	11
1949	243	31	5	16	4	37	5	10	19	21	49	13	20	13
合计	2222	517	5	205	126	354	5	120	166	140	243	144	161	36

资料来源：陶秉礼主编《西北工业大学校史》，西北工业大学出版社1995年版，第40—41页。

在1939—1949年的11年间，国立西北工学院共培养各类高等人才2222人，对西北地区工业发展、经济振兴贡献非常大。经对比分析，11年间国立西北工学院土木、矿冶、机械、电机、化学、纺织、水利、航空、工管九个学系的毕业生人数分别为：517人、336人、

354人、291人、140人、243人、144人、161人、36人，各占毕业生总数的23.3%、15.1%、15.9%、13.1%、6.3%、10.9%、6.5%、7.2%、1.6%。从总体上看，土木、矿冶、机械、电机、纺织五个学系毕业学生较多，化学、水利、航空、工管毕业学生较少，除工管系开设较迟外，其余三系毕业生数量少多半源于师资力量较为单薄、教学设备仪器较多限制等原因。

西北工学院教学严谨，严格执行"严进、严管、严出"的管理制度，学生淘汰率在10%以上，甚至达15%。如1941年，一年级淘汰率为12.4%。1947年，一年级留级生为50人，淘汰率高达15.2%。西北工学院毕业学生供不应求，主要服务于铁路沿线的工厂、铁路局、煤矿、油矿、水利等部门。如1939年，川滇东路工务局致函西北工学院："贵院载驰盛誉，本局为广集人才，提高效能，如有成绩优良之本届土木工程系毕业生，拟请惠予介绍6名来局试用，月薪80元至120元，其外各费照章支给，学生来局乘车旅费由局支付。"[①] 抗战期间，国立西北工学院矿冶、纺织两个学系为全国高校仅有，毕业学生更是不敷分配、炙手可热。

表7-4　　1938—1947年国立西北农学院历届毕业生人数统计　　（人）

学系	第一届	第二届	第三届	第四届	第五届	第六届	第七届	第八届	总计
农艺学	11	20	25	34	14	14	23	29	170
植物病虫害学	2	2	1	4	3	1	6	5	24
农业经济学	3	11	15	37	36	33	26	40	201
森林学	7	18	21	23	9	5	6	9	98
园艺学	6	12	8	16	9	4	3	12	70
畜牧兽医学	6	14							20
畜牧兽医学畜牧组			12	19	20	14	6	10	81
畜牧兽医学兽医组			7	13	15	6	3	4	48

---

① 陶秉礼主编：《西北工业大学校史》，西北工业大学出版社1995年版，第41页。

续表

学系	第一届	第二届	第三届	第四届	第五届	第六届	第七届	第八届	总计
农业化学	12	6	7	17	11	12	18	22	105
农业水利	28	17	11	7	15	21	14	39	152
农业经济专修科	45	52	45	16	29	29	18		234
合计	120	152	152	186	161	139	123	170	1203

资料来源：《历届毕业学生人数统计表》，《国立西北农学院院刊》1947年第7期，第6页。

国立西北农学院自西北联大分出独立发展到1947年，共培养毕业生八届，总计1203人，其中农艺学170人、植物病虫害学24人、农业经济学201人、森林学98人、园艺学70人、畜牧兽医学（包括后设的畜牧兽医学两组）149人、农业化学105人、农业水利152人、农业经济专修科234人。农学院毕业学生服务西北农业成长、服务西北农村改造、服务西北水利建设、服务西北林业规划、服务西北畜牧发展……为西北地区农业经济现代化转型做出了极大的贡献。

表7-5　　1943—1947年国立西北师范学院毕业生人数统计　　（人）

年度	国文系	英语系	史地系	数学系	理化系	教育系	家政系	博物系	体育系	劳作专修科	国文专修科	史地专修科	理化专修科	体育专修科	国语专修科	公民训育（练）系	总计
1943	9	9	17	5	8	25	6		12	24							115
1944	16	10	21	5	9	43	6	4	26	16						7	163
1945	19	13	22	3	6	49	7	11	11	8						15	164
1946	8	5	9	3	7	40	1	6	8	10	23	24	13	12	18		187
1947	32	21	24	7	14	50	5	7	7	4	16	21	13	13	34		268
合计	84	58	93	23	44	207	25	28	64	62	39	45	26	25	52	22	897

资料来源：《国立西北师范学院毕业纪念册》，1947年，第9—20、41—66页。

1943—1947 年，国立西北师范学院共培养各类毕业生 897 人（若将 1944 年、1945 年初级部培养的 90 名学生计算在内，共培养毕业生 987 人），其中，国文系 84 人、英语系 58 人、史地系 93 人、数学系 23 人、理化系 44 人、教育系 207 人、家政系 25 人、博物系 28 人、体育系 64 人、劳作专修科 62 人、国文专修科 39 人、史地专修科 45 人、理化专修科 26 人、体育专修科 25 人、国语专修科 52 人、公民训育（练）系 22 人，分别占毕业生总数的 9.4%、6.5%、10.4%、2.6%、4.9%、23.1%、2.8%、3.1%、7.1%、6.9%、4.3%、5%、2.9%、2.8%、5.8%、2.5%。教育系、国文系、史地系毕业学生人数较多，与师范学院性质、学科建设、师资力量、学生就业等原因有关。经纵向考察，1943—1947 年毕业生人数分别为 115 人、163 人、164 人、187 人、268 人，呈现出逐年增加的趋势。西北师范学院以培养中等学校教师为己任，充实西北中等教育师资，推动了西北地区教育事业的整体进步。

国立西北技艺专科学校自 1939 年设立以来，1942 年 6 月，农业经济科第一班学生 37 人毕业；1943 年 7 月，农业经济科第二班学生 24 人毕业。1944 年 7 月，该校共毕业学生 107 人，其中，二年制农业科 6 人、森林科 5 人、畜牧科 5 人、兽医科 2 人、农业经济科 24 人、农田水利科 9 人，五年制农艺科 16 人、森林科 11 人、畜牧科 12 人、林科 17 人。在 1939—1944 年的 5 年里，国立西北技艺专科学校共毕业学生 171 人。[①] 1945 年 8 月，该校更名为国立西北农业专科学校。

1946 年 8 月，国立甘肃学院与国立西北医学院之兰州部分合并，成立了国立兰州大学，表 7-6 是该校 1946 年度各考区录取新生数。

---

① 《本校成立五年来之概况》，《国立西北技艺专科学校校刊》1944 年第 31—33 期，第 2—5 页。

表 7-6　　　　1946 年度国立兰州大学各考区招生统计　　　　（人）

系别	兰州区	西安区	武汉区	南京区	合计
中文	6	11	1	1	19
历史	7	13	1	2	23
数学	14	8	1		23
物理	7	13	1		21
化学	13	10	2		25
动物	5	7			12
植物	5	2	2	1	10
地理	17	7	2		27
法律	17	12	10	5	44
司法组	16	14			30
医学院	5	9	4	2	20
兽医学院	19	7		2	28
先修班	134	51		11	196
总计	265	164	24	25	478
报考人数	843	1424	184	178	2629
录取率（%）	31.44	11.52	13.04	14.04	18.18

资料来源：张克非主编《兰州大学校史》（上编），兰州大学出版社 2009 年版，第 142 页。

国立兰州大学成立较迟，无法统计毕业生人数，只能从招生情况入手考察人才培养情况。根据表 7-6 统计数据分析，1946 年，兰州大学录取本科新生 282 名，先修班新生 196 名，总计 478 名。在表 7-6 中，4 个考区以第一志愿报考兰州大学的学生多达 2629 人，其中西安、武汉、南京 3 区报考人数为 1786 人，占报考总数的 67.9%，可见当时的国立兰州大学地位和社会声誉比较甘肃学院时期有了较大幅度的提升。就表 7-6 中的录取率来看，18.18% 的新生录取率有利于保障兰州大学学生培养的质量，兰州、西安、武汉、南京 4 个区新生录取率分别为 31.44%、11.52%、13.04%、14.04%，说明兰州大学始终坚守为甘肃和整个西北地区培养人才的理念，在新生录取上也适当向甘肃、西北考生倾斜。从 1946 年起，国立兰州大学通过扩大招生规模、扩充师资力量、大力发展校园建设等途径，全面提升学校办学水平，人才培养的数量与质量均有显著提升。

国立西北农林专科学校存续时间较短，1936 年 8 月设立，1938 年 7 月与西北联大农学院合并，独立为国立西北农学院，无法完全统计该校毕业学生情况。因搜集的资料有限，仅知 1937 年该校水利组毕业学生 24 人，大部分服务于陕西南郑、蓝田、绥德等水务部门。①

1939 年 8 月，西北联大医学院独立，更名为国立西北医学院，1946 年 5 月，教育部令国立西北医学院汉中部分并入国立西北大学，1946 年 8 月，国立西北医学院兰州部分并入甘肃学院，成立国立兰州大学。因该校资料现存数量较少，且不完整，本书只能根据现有资料做简要分析：1941 年 5 月，国立西北医学院决定定期招生，每期招收新生 40 名。② 1941 年 8 月，西北医学院奉教育部令，本年度招生名额增至 60 名。③ 1941 年 10 月，新生录取名单揭晓，西北医学院于兰州、西安、南郑分设考区，报考学生总数为 260 余名，录取新生 50 名，备取学生 20 名，录取率为 26.9%。④ 从 1941 年西北医学院招生情况来看，招生数量相比以往增加明显，报考学生数量较多，录取率相对较低，可见该校报考生源充足，从侧面反映出该校毕业生就业情况良好，尤其是在战争年代医学人才更是供不应求。

这一时期，新疆省立新疆学院发展艰难，自 1935 年 1 月 1 日正式成立起，先后遭遇多重变故，从整体上看，虽然新疆学院曾在俞秀松、林基路、杜重远等人的带领下，凭借师生坚持不懈的努力与探

---

① 《本校本届水利组毕业生服务地点》，《西北农专周刊》1937 年第 1 卷第 9 期，第 18 页。
② 《本院定期招生》，《国立西北医学院院刊》1941 年第 6 期，第 1 页。
③ 《本院新生名额增为 60 名》，《国立西北医学院院刊》1941 年第 9、10 期合刊，第 3 页。
④ 《本院三十年度招考新生揭晓》，《国立西北医学院院刊》1941 年第 11、12 期合刊，第 1 页。

索，学院建设逐渐步入正轨，师资规模渐次扩大，教学质量不断提高。但新疆学院始终处在政治的风口浪尖上，新疆统治者盛世才一次又一次地炮制阴谋暴动案，残害学院师生，新疆学院也在政治斗争的血雨腥风中几经浮沉，摇摇欲坠。俞秀松、林基路、杜重远、李一欧、李树祥、万昌言、许莲溪、包尔汉……在 1935—1949 年的 25 年里，新疆学院领导人频频更迭，更加印证了新疆学院的坎坷经历。考据现有史料，在 25 年里，新疆省立新疆学院共毕业 26 个班的学生，毕业学生总计 451 人，其中女生 11 人。[①] 客观地说，新疆省立新疆学院培养了一批高等人才，为西北民族地区的发展做出了一定的贡献。但新疆学院纯粹是政治的产物，也是新疆混乱政治斗争的牺牲品，在这种环境下培养出来的学生不论数量还是质量都无法与西北其他高等学校相提并论。

在 1927—1949 年国民政府统治的 22 年里，在当时西北地区恶劣的自然环境、社会环境、政治环境、经济环境下，西北地区高等教育事业顽强地扎根、成长。在各高校领导与教职员工的执着与坚守、孜孜不倦的追求与奉献中，西北地区各高等学校培养了一批批各类高素质专业人才，为开发西北、建设西北、改造西北输送了宝贵的人力资源，极大地推动了西北教育、经济、政治、文化乃至整个社会的全面进步。

第二节　为维护西北边疆安全与稳定做出了贡献

政府发展西北高等教育的首要目的就是维护西北边疆安全与稳定。西北边疆的安全包括军事的安全与文化的安全，其中，军事安全只能凭借外部强制的力量，是一种短暂的、外在的安全。若要长期保持安全，则需要耗费大量的人力物力。抗战爆发、内战频仍，经济萎

[①] 管守新、罗忆主编：《新疆大学建校 80 周年丛书：新疆大学校史（1924—2004）》，新疆大学出版社 2004 年版，第 131 页。

缩、政局混乱，西北边疆军事力量维持艰难，这就凸显了建设西北文化安全的战略意义。建设西北文化安全从表面上看是一种"软安全"，没有强大的武器装备，也没有正规的军队驻扎，但实质上，文化安全是一种真正意义上的安全，侧重的是区域内人民的国家意识、民族意识的养成与坚守，侧重的是面向全社会的公民教育质量。大力发展西北地区高等教育，培养大批优秀人才，发挥高等学校的文化辐射功能，在这一时期西北地区文化安全的建立与巩固过程中至关重要。

西北地区各高等学校参与构筑与维护西北区域文化安全，维护西北边疆稳定主要通过以下两种途径实现：

第一，注重公民教育，训育理想人格。

这一时期在政府西北高等教育人才培养目标的设定中，对比全国高等教育人才培养理念，更加突出培育学生对中华民国、中华民族之双重认同，以及为西北地区建设服务之观念。

西安临大的"吾辈最高学府中人当泣血锥心，锻炼磨砺，与暴敌周旋"；西北联大的"刻苦砥砺，做一个俯仰无愧的中华国民"；西北大学的"遵从三民主义，树立国民的精神"；甘肃学院的"挥起铁拳还我河山"；西北工学院的"成为优秀健全有为有守之国民"；西北农学院的"以实现科学救国为目的，忠诚服务国家"；西北医学院的"应抱保卫民族健康之宏愿，担负救国救民之职责"；西北师范学院的"陶冶国民人格，奠定复兴民族之基础"……在西北各高校人才培养目标形成与建立过程中，学生爱国主义、民族主义观念的培育与养成，一直是这一时期西北各高校关注的重点与核心。知识与技能的培养固然重要，但道德、情感、价值观的培育却从根本上决定了学生生活、行动的取向和方式。高等专业人才的培养，首先应着力学生思想道德建设，最低限度是要将学生培养成合格的公民，热爱国家、保卫民族独立，是每位公民基本的责任。如果培养之学生，拥有丰富的知识和精湛的技术，却在道德品质方面低劣不堪，将给国家、社会造成危害。人才培养首先为人，而后为才，这一时期西北各高校在人才培养上同时注重学生道德品格与知识技能的双重养成，培养德才兼备的理想人才。

西北各高校开辟各种渠道，通过尽可能丰富的方式、方法帮助学生实现公民身份之认同，提升学生品德修养。西北各高校开展"国父纪念周"演讲活动，通过邀请校外、校内知名学者、官员为学生讲演，以集体参与之方式，用庄严的氛围、强烈的情感、煽动的话语感染学生，教育学生，激发学生捍卫国家、民族独立与复兴的愿望。西北各高校开展训育活动，以军事训练、导师谈话、师生讨论、课外活动、社会服务等方式，从学生生活、学习的方方面面施加立体性的影响，在真实的情境中让学生体验与感受，深层次地理解与认同公民教育的本质。

美国著名社会学家塔尔科特·帕森斯（Talcott Parsons）认为：塑造公共的价值观念与行为规范是高等教育的重要功能，高等学校通过建立系统的人才培养机制，帮助学生完成社会化，将社会基本价值观念内化，实现由自然人向社会人之蜕变，借助学生参与社会实践，以主体的行动方式，地位、声望的影响全面作用于社会，从而完成维持社会稳定、改良社会文化、促进社会发展的目的。西北高等学校的具体措施与帕森斯的 AGIL 理论以及社会化理论所主张的路径不谋而合，培养优秀公民、高等专业人才来作用于社会，建筑西北文化、精神安全，稳定西北社会秩序，服务西北发展建设。

第二，设立专门学系，培养边疆人才。

1944 年秋，国立西北大学成立边政学系，下属文学院，设维吾尔文组和藏文组，1946 年秋增设蒙古文组。边政学系成立的初衷与使命在于造就一些专门人才，服务边疆、巩固边疆、繁荣边疆。黄文弼曾说："边政学系牵涉甚广，学科方面，以考古学、民族学、人类学、社会学为主，以法律学、政治学、地质学、边疆史地、边疆语文等为辅，技术方面，本系同学要学会游泳、马术、绘画、摄影……可以说是包罗万象。"① 西北大学边政学系开设必修课程不仅包括普通的社会科学、自然科学类科目，还包括边政学概论、边疆语文、中国边疆地理、中国边疆历史、边疆社会调查等特色科目，同时注重知识体系的完备性，以及边疆人才培养的特点。

国立西北大学边政系特别注重学生民族语文的学习。

> 边政系学生终日孜孜不倦，辛苦学习，他们非但不以为苦，尚嫌自修之时间不够用，除了预备正课，随时随地练习各语文会话外，还要天天跑到图书馆里去找英文、康藏史。蒙文组必修蒙古文、蒙古史、俄文。俄文的学习，同学们感觉困难，最吃力，在语文是硬性的，非多联系会话，是决不会有成就的，尤其蒙文、维文两组，以从未读过的几种语文同时并进，真要尽大力，好在同学们都有刻苦硬干的精神。②

西北大学边政系为学生提供学以致用的机会，利用暑假组织学习蒙古文、藏文、维吾尔文三组学生分别赴蒙古族、藏族、维吾尔族三族聚居区，开展实际的调查研究。此外，该系还成立了"边政学会"。"同学们深知彼此不但应在学识上相互砥砺，在感情上应取得密切联系，而且在事业上更应该携手，更应该同甘共苦，更应该步伐一致，同向一个目标迈进，不容许任何人畏缩，不允许任何人变节……"③

除国立西北大学外，国立兰州大学于 1947 年 9 月在文学院内设立边疆语文系，包括蒙古文、藏文、维吾尔文三个组，负有"研究边疆、沟通文化"的重任，旨在造就"通语言""娴风俗"，能够适应西北民族地区工作、研究的专业人才。

民族语文学习是了解民族历史、文化、传统、习俗等的前提条

---

① 习之：《西北大学的边政系》，《西北通讯》1947 年第 6 期，第 33 页。
② 习之：《西北大学的边政系》，《西北通讯》1947 年第 6 期，第 33 页。
③ 陈克：《西北大学边政系素描》，《西北文化月刊》1947 年第 1 卷第 3 期，第 30 页。

件，从事边疆民族工作首先需要掌握娴熟的民族语言；其次，了解民族历史发展变迁、谙习民族地理环境特征等也为更好地开展边疆民族工作奠定了基础。从事边政工作、维护民族团结与边疆稳定，必须赢得民族地区群众的认可与支持，高等学校毕业生代表着先进文化，是知识与文化的化身，理应获得民族地区群众的支持和爱戴，但如果高校毕业的学生不能深入理解民族文化、不尊重民族群众的风俗礼仪、不了解宗教的仪式与规范，民族地区群众就不会认同与接纳他们，甚至还可能引起民族矛盾，无法胜任边政工作。这一时期，西北各高校设立的边政学系、边疆语文系等，坚持理论与实践相结合，培养学生宽广的知识基础，同时突出边疆人才培养的特殊性，给予学生实际社会调研的机会，让学生接触边疆社会，亲身体验民族生活，了解宗教文化，形成对边疆、民族、宗教的正确认识，这些学生信念坚定、刻苦勤奋，毕业后为西北边疆建设、民族团结、巩固边防付出了自己的才智和力量。

第三节　促进西北地区社会经济的发展

西北地区地域广阔，铁矿、铜矿、锡矿、锰矿、金银等储量充盈，煤炭、石油蕴藏丰富，畜牧业较为发达，祁连山脉、天山南北林木茂盛，但西北地区交通不便、信息闭塞、文化落后，反致农业不兴、工业不振、经济整体落后，人民生活困苦。究其根本原因乃是各类专门人才的缺乏，人才缺乏导致矿藏无法勘探、棉毛无法纺织、水利无法兴修、林木无法培植、农业无法改良……西北社会建设严重滞后，经济发展水平低下。

针对上述情况，西北各类高等学校积极回应西北社会需求，通过培养大批各类高水平专业人才，服务西北社会各个行业，有力地推动了西北地区社会经济的发展。特别是国立西北农林专科学校、国立西北工学院、国立西北农学院、国立西北技艺专科学校等工科、农科类高校的相继设立，明确为西北边疆建设培养服务人才的目标，通过合理的院系架构、开设各类相关课程,农业类诸如植物学、土壤学、园艺学、化肥学、农具学、麦作学、棉作学、农田水利学等;畜牧兽医类诸如家畜饲养学、养马学、饲料作物学、养牛学、养羊学、动物生理学、传染病学、家畜育种学、家畜病理学、内科学、外科学、乳肉检查学等;工业类诸如力学、工程材料、电工、铁道测量、钢筋混凝土、道路工程、结构学、水力学、航空材料、机动学、应用地质学、物理冶金学、探矿采矿学、纺织学、漂染学、水文测量、灌溉工学等,安排学生从事实验实习,如各类育种实验、种植实验、土壤试验、收获实验、病虫害标本采集、林木抗旱实验、松土试验、畜牧养殖实验等,或利用暑期开展专门实习,赴相关农场、林场、园艺场,水利专业学生赴各渠道工程处、测量队服务等,全面培养学生理论知识与动手实践的能力。这些手脑兼备的专业人才在毕业后服务西北地方社会,将相关知识技能传授给民众,改变西北农村落后的生产方式、提高西北工业的制造水平、帮助西北畜牧业获得科学发展,从整体上推动了这一时期西北社会经济的发展。

在国立西北农学院校刊1947年4月统计的毕业校友113人中,赵培果等5人,就职于宝鸡国立高级职业学校;袁博文等2人就职于西安中央训练团;刘人纪等2人就业于西安空军第二军区司令部;武宝善等3人就职于陕西省地政局;段登洲等2人就职于西安后源银号;吴含曼就职于西安中央银行;陈承亮等5人就职于西安金城银行;王与民就职于陇海路局审计处;崔浚灌等2人就业于黄委会咸阳水文站,崔浚灌任主任;张显莫任南郑青职班农科主任;杜金城任南郑陕农所陕南农场主任;刘学伊任南郑陕南水力公司主任;王幼汉任褒城县中教务主任;郭心宽等4人就职于南郑交通银行、南郑金城银行、南郑直接税局、南郑第六农业推广辅导区;卫怀璋任南郑青年班农科主任;赵维新等9人分别就职于南郑中国银行、南郑地方法院、南郑农业职业学校、南郑第六农业推广辅导区、南郑青年中学、南郑区团部;白德修等12人分别就职于陕西农业改进所、乾县农职筹备处、扶风中学、眉县农校、眉县梅惠渠公务科、眉县林场、兰大兽医系等。在113名毕业生中服务西北建设者总计52人，占总数的46%。[①]

国立西北工学院对其1942年毕业学生就业情况做了统计。表7-7是1942年国立西北工学院土木系毕业生服务西北地区的资料统计。

表7-7　1942年国立西北工学院土木系毕业生服务西北资料统计

序号	姓名	就业单位
1	吴敏	兰州黄委会上游工程处
2	洪文治	兰州黄委会上游工程处
3	刘炳煊	兰州黄委会第五测量队
4	□致海	兰州黄委会第二测量队
5	兰继春	兰州马坊街二十四号水利林牧公司
6	徐海	兰州马坊街二十四号水利林牧公司
7	赵政和	兰州市政府
8	李树荫	天水宝天铁路工程局
9	王作□	天水宝天铁路工程局
10	徐守贞	天水宝天铁路工程局
11	王大华	天水宝天铁路工程局
12	马□杰	天水宝天铁路工程局
13	韩好富	天水宝天铁路工程局
14	王肇欻	天水宝天铁路工程局
15	沈启印	天水宝天铁路第四总段
16	张邦理	西安陇海铁路工程处
17	傅瑶	西安陇海铁路工程处
18	杨士敏	西安陇海铁路工程处
19	叶大明	西安陇海铁路工程处
20	王宝臣	西安黄委会
21	林夏	西安黄委会

---

① 《校友近讯》，《国立西北农学院院刊》1947年第7期，第18—20页。

续表

序号	姓名	就业单位
22	刘文坤	宝鸡拓石宝天铁路工务第三总段
23	李海□	宝鸡拓石宝天铁路工务第三总段
24	张尚□	宝鸡拓石宝天铁路工务第三总段
25	王树岩	宝鸡宝天铁路第一总段
26	骆凤岐	宝鸡宝天铁路第一总段
27	张德盛	宝鸡宝天铁路第一总段
28	张聪生	宝鸡宝天铁路第一总段
29	米钦堂	宝鸡石门宝天铁路第二总段
30	白□琦	黄堡镇陇海铁路咸同工务段
31	张汝刚	黄堡镇陇海铁路咸同工务段
32	和鸣谦	南郑航空总站
33	董振钟	南郑航空总站
34	张向贤	三原咸同支路工务段
35	南尚义	国立西北工学院
36	梁尚武	国立西北工学院
37	孔繁智	国立西北工学院
38	朱熙	国立西北工学院

资料来源：《本届毕业校友就业统计》，《西工友声》1943年第2卷第4期，第4—5页。

1942年，国立西北工学院土木系共毕业学生61人，就业人数统计共48人（另有13人未统计），38人服务于西北工业发展，占当年该系就业人数的79.2%，另有10人就业于广西、河南等省。

1942年6月，西北国立技艺专科学校第一届学生毕业，此届毕业生系农业经济科三年制学生，总计37名，除一名由绥远省教育厅报送外，其余毕业生基本留驻西北，服务于西北社会农业及其他行业建设，为西北经济发展贡献了力量。表7-8为该校第一届毕业生就业统计情况。

表 7-8　　1942 年国立技艺专科学校毕业生就业统计

序号	姓名	就业单位
1	李争□	甘肃省政府秘书处编辑
2	宋合洁	甘肃省政府秘书处编辑
3	朱允谦	甘肃省政府秘书处编辑
4	李有缘	甘肃省政府统计处
5	祁礼安	甘肃省农业改进所
6	孙世新	甘肃省农业改进所
7	崔庆禄	甘肃省农业改进所
8	沈彦蔚	甘肃省合作事业管理处
9	卫护国	甘肃省合作事业管理处
10	张殿阁	甘肃省合作事业管理处
11	朱品彦	合作辅导团
12	沈广松	合作辅导团
13	花润泽	合作辅导团
14	马仲康	合作辅导团
15	王嘉悌	合作辅导团
16	程启云	合作辅导团
17	王世□	甘肃省银行
18	薛国瑾	甘肃省银行
19	王俊	兴隆工业股份有限公司
20	王世昌	甘肃省贸易公司
21	常永清	甘肃省贸易公司
22	焦之琪	甘肃省贸易公司
23	吴挣	国立西北技艺专科学校
24	张希颜	国立西北技艺专科学校
25	许昌	国立西北技艺专科学校
26	□仁	国立西北技艺专科学校
27	乔作标	甘肃省农业学校
28	包宇	甘肃省驿迁管理处
29	张永堂	甘肃省驿迁管理处
30	方笃祯	农林部河西垦区

续表

序号	姓名	就业单位
31	张绥疆	农林部河西垦区
32	沈克敬	黄惠渠土地整理事务所
33	安国藩	岷县农业学校
34	张景汕	未详
35	谢云端	未详
36	李□鲁	国立绥宁师范

另外，这一时期西北地区各高校着力特色学科建设，如抗战时期国立西北工学院的矿冶系、纺织系当时为全国仅有；西北工学院的航空工程系，国立西北农学院的农艺学、森林学、农业水利系；国立西北技艺专科学校的森林科、农艺科、畜牧科等当时在全国享有盛誉，不仅培养了大批优秀人才，而且这些特色学科继续发展壮大，为新中国成立后的人才培养作出巨大的贡献。

从总体上看，这一时期西北地区各高校为西北社会培养了农林、畜牧、兽医、水利、土木、机械、矿冶、化工、纺织、电机、航空等专门人才，极好地满足了西北社会建设的需求，促进了西北工业、农业、交通业、畜牧业、林业等的发展。

第四节 带动了西北地区科、教、文、卫事业的进步

这一时期，西北地区各高等学校大力培育各类人才，通过自身的文化影响，以及毕业学生的社会贡献，有力地带动了西北地区科、教、文、卫事业的进步。

第一，推动了西北地区科学知识普及和科学技术的应用。

1919年五四运动之后，科学与民主就已成为民国时期知识分子救亡图存的新理念，新文化运动孕育而生。以传承与创新文化为使命的高等教育，运用自身强大的智力资源，发展科学技术、推动科学技术

的创新与应用，满足旧中国向现代社会转型中的各类需求，推动经济、社会的全面进步。

这一时期，西北地区各高等学校的人才培养目标涉及"科学救国、科学兴国"理念，通过设置自然科学、社会科学等相关课程、开展学术演讲与交流、组织学生实地考察与调研、成立各类学术研究会、辅导学生撰写相关学术论文等多种形式，培养学生科研兴趣、提升学生科研能力，并运用高等学校自身的影响，以组织学生从事社会考察、西北区域实践等形式，联合西北地区各建设部门共同开发西北资源、治理西北环境、发展西北经济。此外，西北地区各高等学校借助毕业学生就业实践，将科学知识、科学技术全面应用与推广于西北社会，助力西北兴修水利、开发矿产、修筑公路、兴建铁路、发展畜牧业、加工皮毛、提高棉纺质量、植树造林、防御植物病虫害、提升农作物产量……由此提升西北社会农业、工业、林业、畜牧业等发展之科技水平，带动西北地区建设与进步。

第二，创建西北地区高等教育基础，全面提升基础教育质量。

这一时期，特别是抗日战争全面爆发后，随着高校西迁，原北平大学、北平师范大学、北洋工学院等校合并成立了西安临时大学，1938年更名为国立西北联合大学，迁驻陕西城固。1938年7月、1939年9月国立西北联合大学两次分解，形成国立西北大学、国立西北工学院、国立西北农学院、国立西北医学院、国立西北师范学院五所各具特色的高等院校。西安临时大学发展为国立西北联大，在分立为五所西北高等学校的过程中体现了政府平衡全国高等教育布局的意图，更为重要的是通过这一演变，国立西北大学等西北五校分属综合类、工科类、农科类、医科类、师范类高校，基本上奠定了西北高等教育发展的格局与基础，不论从学科建设，还是专业发展方面都为西北高等教育的起步与振兴建立了坚实的基础。

另外，这一时期西北地区各高校，尤其是国立西北师范学院、国立西北大学等培养了大批基础教育教师，从整体上提高了西北地区基础教育的水平与质量，为西北地区基础教育事业发展贡献了很大的力量。据《国立西北大学校刊》载，学校 1944 年度就业学生共有 77 人，其中 16 人就职于西北地区各中学，占就业总人数的 20.8%。[①] 表 7 - 9 是国立西北大学第一届至第七届毕业生服务情况统计。

表 7 - 9　　国立西北大学第一届至第七届毕业生服务情况统计

工作性质	服务人数（人）	百分比（%）
工程部门	152	8.30
医务部门	198	10.81
行政部门	285	15.57
教育部门	432	23.60
经济部门	493	27.00

资料来源：《历届毕业生服务情形比较表》，《国立西北大学校刊》1947 年复刊第 31 期，第 13 页。

　　国立西北大学作为一所综合性质的大学，下设文学院、理学院、法商学院、医学院，培养治人治事之通才。根据表 7 - 9 对西北大学七届毕业生就业走向的统计分析，就职于教育部门的学生共有 432 人，占总人数的 23.6%。就职于教育部门的学生除少数服务于本校、本省教育厅、各类职业学校、专科学校以外，大部分服务于西北各省、各县中学，为西北基础教育发展做出了很大的贡献。

　　此外，以专门培养中等学校教师为首要任务的国立西北师范学院从建校开始，沿承原北平师范大学的传统与精神，秉持"公诚勤朴"之校训，为西北社会培养了大批优秀教师，有力地推动了西北地区基础教育的发展。根据国立西北师范学院《师声》刊载的李蒸院长之《本校成立四十周年纪念日感言》，1942 年"为本院成立四十周年（自原北平师范大学成立算起），四十年中，本校始终保持专业训练之任务，为国家负培养中等学校师资之重任，截至现在已有毕业生五千

---

① 《三十三年度毕业生就业调查》，《国立西北大学校刊》1945 年复刊第 16 期，第 7 页。

余人，其中服务教育界者估占百分之八十以上，对于国家之教育建设实际已有相当之贡献"①。虽然统计结果中的大部分毕业生由原北平师范大学培养，但国立西北师范学院始终坚守北平师大之精神，迁驻西北、建校兰州，肩负"在校内为训练未来的中等学校健全师资与研究高深教育学术，在校外为协助西北各省教育当局发展西北文化与普及西北教育"②之重任，努力为西北社会培育教师，发展西北地区基础教育，改变西北文化面貌，为西北社会整体转型服务。

第三，革除陋习，作育西北地区文化建设。

西北社会交通不便、信息闭塞、文化落后。陕西褒城普通民众对当时执政之政府鲜有了解，以为中国尚有皇帝，首都设在陕西南郑。国立西北联大所在的陕西城固，"很多人染上鸦片烟瘾，鸦片大烟往往供不应求。至于文化食粮的供应，仅有小型的城固日报，西京日报等"③。"城固的同胞们，一个个面黄肌瘦，无精打采的神情，证明鸦片流毒在陕南仍然是异常严重。在抗战最紧张的阶段中，我们想到了那些终日躺在床上喷云吐雾的瘾君子，同时也想到了那些艰苦浴血杀敌的前方将士，对比之下，真令人有说不出的感慨。"④当时的西北社会，文化凋敝，普通民众心中既没有中华民国的概念，也全然漠视中华民族所遭受的苦难；民风颓废，民众思想陈旧保守，妇女裹脚、地位低下，男子吸食鸦片、精神不振……

面对西北地区这种文化境况，这一时期西北各高校积极应对，一方面大力推行社会教育，组织学生下乡宣传，倡导抗日救国；开展扫盲活动，推广国语教育；普及科学知识，组织各种训练……另一方面通过培养大量优秀人才，服务西北社会，以实践形式逐步渗透，化育民风，革除陋习，变革西北落后文化。西北地区各高等学校是先进文

---

① 《本校成立四十周年纪念日感言》，《师生》1942年创刊号（1）。
② 《本校成立四十周年纪念日感言》，《师生》1942年创刊号（2）。
③ 尹赞钧：《城固印象记》，《南开校友》1939年第4卷第5期，第5页。
④ 《禁烟在城固》，《西北联大校刊》1939年第18期，第26页。

化的代表，通过人才培养的具体过程与结果，综合高校与其培养之人才的双重优势，着力作用于西北社会，在一定程度上改变了普通民众的观念意识，唤醒了民众爱国救国的民族情感，在新旧文化多层次的碰撞与融合下，推动了这一时期西北文化的现代转型。

此外，西北社会民族众多，蒙古族、藏族、回族、维吾尔族等少数民族既有强烈的民族观念，又有强烈的宗教意识。文化构成极为复杂，一方面存在着民族、宗教文化之间的隔阂，另一方面存在着传统文化与现代文化的差异，高等学校作为文化传承与创新的主体，本身也是各种文化相互碰撞、相互博弈、相互理解、相互融合的焦点，此中不仅包含各宗教文化、各民族文化、各区域文化等域内文化之间的交流，也暗含着中西文化等域外文化之间的沟通，在相互的平衡与融合中，西北高等学校首先代表着现代文化，代表着社会主流文化，这种文化选择基于国家与民族的考虑；其次，西北高等学校必然吸纳西北区域文化、民族文化、宗教文化等养分，取其精华，去其糟粕，逐渐形成具有西北地区本土特色的文化现代化道路，帮助西北文化实现转型。在这一过程中，人才培养作为中介与桥梁，高等教育通过培养人才的过程与结果作用于社会实践，完成自身的功能与使命，使得主流、优秀文化得以延续与传承，并最大限度地被扩散与接纳，从而维持社会稳定，推动社会发展。

第四，建设健全的医疗卫生机构，着力改善民众健康状况

国立西北医学院的设立以及其他高校分设医学院、附属医院，为西北社会培养了一批专业医疗卫生人才，并借助这批人才建立起健全的西北地区医疗卫生机构，充实医疗卫生队伍，大力改善西北地区民众的健康状况。

1937年，西安临时大学成立，学校下设文理、法商、教育、农、工、医六个学院。1939年8月，西北联大医学院独立，成立了国立西北医学院，下设解剖、生理、化学、病理等科，附属医院及医科公共卫生教学区办事处研究所。国立西北大学于1946年迁回西安，除原

有的文学院、理学院、法商学院外，又并入原国立西北医学院之汉中部分，设为医学院，并积极筹建公共卫生教学区及高级护士学校和附属医事职业学校等。同年，国立西北医学院之兰州部分与原甘肃学院合并组建国立兰州大学，下设文学院、理学院、法学院、医学院四个学院，并设立附属医院。

《国立西北医学院院刊》载："我院每逢暑期即派学生赴各城乡宣传或施诊，陕南文化较低，人民多不讲卫生，因之地方病之种类甚多"，故设立地方病研究所，"一面积极调查，一面从事研究"，以便当地人民常见病之诊疗，改善民众健康状况。[①] 此外，西北医学院还成立了中药研究所，就地取材，治病救人。

西北各高校医学院的办学目标在于造就医学专业及医学从业人员，并以提高学术研究水平，促进西北医药卫生事业的发展为宗旨，在人才培养方面质量并重，通过医疗专业课程设置、医院诊疗实习操作，竭力创造条件为教学与科研服务，兼顾学生理论与实践能力的提升。在教育教学过程中，注重学生思想品德、道德观念之养成，使学生立坚忍不拔之志、求日臻完善之术、怀济世救人之情、恪尽职守、吃苦耐劳、救死扶伤、服务大众。如此育人理念配合课程设置、教学活动的有效开展、营造积极向上的校园氛围，以显性与隐性的多重渠道共同作育人才培养，借助优秀医疗人才服务西北社会，改变西北地区医疗环境、提高西北民众卫生意识、改善广大民众的健康状况。

第五节　为国家发展储备人力资源

这一时期西北地区高等教育，着重陶铸学生品格，培育具有国家意识、民族担当之优秀国民；树立学生学为西北、服务西北、建设西北的责任意识，同时关注学生知识与技能的双重积累与提升，并立足

---

① 《成立地方病研究所》，《国立西北医学院院刊》1941年第4期，第3页。

高校类型，严格培养机制，不仅为西北社会建设培养了各类优秀人才，也因人才发挥社会效应的连续性，其人才作用延伸至新中国成立时期，为这一时期西北地区乃至全国社会政治、经济、文化发展储备了宝贵的人力资源。

1949年10月1日新中国成立。建国伊始，百废待兴，全国经济社会政治文化事业开始了一个崭新的发展历程，国家建设既充满着希望与机遇，也遭遇着困难与阻碍，高等专业人才的缺乏成为问题的症结。西北高等学校培养的各类优秀人才成为新中国成立时期西北地区建设的主力，同时也为全国各行业发展贡献了力量。

在国立西北工学院培养的人才中，有11人为新中国建设立下汗马功劳，荣任中国科学院院士、中国工程院院士，他们为西北地区乃至全国工程、物理、材料、矿冶、电机等行业的发展做出了杰出的贡献。表7-10是从史料整理中得出的11位"两院院士"的研究领域及其主要贡献。

表7-10　　毕业于国立西北工学院的"两院院士"资料

姓名	研究领域	成就与贡献
师昌绪	金属学家、材料科学家	1945年毕业于国立西北工学院矿冶系。1980年当选为中国科学院学部委员（院士），1994年当选为中国工程院院士，1995年当选为第三世界科学院院士。中国高温合金开拓者之一，发明了中国第一个铁基高温合金，领导研发我国第一代空心气冷铸造镍基高温合金涡轮叶片，可用作低温、耐热材料和无磁铁锰铝系奥氏体钢等，具有开创性。曾获国家级奖10项、光华工程科技成就奖、国际实用材料创新奖等。2010年，荣获国家最高科学技术奖
吴自良	物理冶金学家	"两弹一星"功勋奖获得者。1939年国立西北工学院航空工程系毕业，1980年当选为中国科学院学部委员（院士）。20世纪50年代率先完成苏联低合金钢40X代用品的研制，对建立中国自己的合金钢系统起了推动作用；60年代自力更生研制出分离铀同位素的核心部件甲种分离膜，打破了核垄断，为中国成功爆炸原子弹做出了重大贡献；70年代提出和指导了大规模合成电路用硅材料品质因素研究，取得多项成果。1984年荣获国家发明奖一等奖和国家科技进步奖

续表

姓名	研究领域	成就与贡献
叶培大	微波与光纤通信专家	1938年国立西北工学院电机系毕业并留校任教。1980年当选为中国科学院学部委员（院士）。曾任北京邮电学院院长、北京邮电大学名誉校长。中国微波通信与光纤通信的开拓者之一
史绍熙	工程热物理学家	1939年国立西北工学院机械工程系毕业并留校任教。1980年当选为中国科学院学部委员（院士）。曾任天津大学校长、中国内燃机学会理事长、国际燃烧学会中国分会主席，发明的柴油机复合式燃烧系统曾获国家发明二等奖
张沛霖	物理冶金学家	1940年毕业于国立西北工学院。1981年当选为中国科学院学部委员（院士）。曾获国家发明二等奖、国防科技成果特等奖及国家科技进步特等奖。中国科学院金属研究所创始人之一，我国核燃料事业的主要奠基者之一
李恒德	核材料和金属物理学家	1942年国立西北工学院矿冶系毕业。1994年当选为中国工程院院士，是中国最早开拓离子束材料改性领域的专家。主持并参与了中国第一台离子束辅助沉积设备的研制
陈秉聪	农业机械设计制造专家	1943年国立西北工学院机械系毕业。1995年当选为中国工程院院士。曾任吉林工业大学教授、副校长，开创了我国"仿生软地面行走机械"新领域，为水田机械化和农业机械化做出了重大贡献
高景德	电机工程学家	1945年国立西北工学院电机系毕业。1980年当选为中国科学院学部委员（院士）。曾任清华大学校长。获国际电气与电子工程师学会一百周年奖、国家自然科学二等奖、国家教委科技进步一等奖
刘广志	探矿工程专家	1947年国立西北工学院矿冶工程系采矿专业毕业。1955年当选为中国工程院院士。曾任地质矿产部探矿工程装备工业公司总工程师，中国地质大学、长春地质学院兼职教授
高为炳	自动控制学家	1948年国立西北工学院航空工程系毕业。1991年当选为中国科学院院士。在变结构控制理论、机器人控制领域及航天科技方面取得多项具有世界先进水平的研究成果，获部委级奖多项，是我国自动化领域学术带头人之一

续表

姓名	研究领域	成就与贡献
雷廷权	金属材料与热处理专家	1949年国立西北工学院机械系毕业。1997年当选为中国工程院院士。曾任哈尔滨工业大学教授、中国金属学会理事、材料科学学会理事等。开创了我国变热处理基础研究和双相钢及双相组织热处理研究，提出新的强度理论，多次获得国家及省部级奖励

资料来源：根据西北工业大学校史介绍材料整理。

表7-11是国立西北大学部分优秀毕业生资料的整理汇集。

表7-11　　国立西北大学部分优秀毕业生资料汇总

姓名	研究领域	成就与贡献
阎隆飞	植物生物化学家	1945年西北大学生物系毕业。1949年获清华大学研究院植物生理学理学硕士学位。1950年于北京农业大学任教，教授，植物生理生化开放实验室主任，博士生导师，中国科学院生物学部委员，国务院学位委员会委员，清华大学生物科学与技术系兼职教授，中国生物化学学会常务理事，中国生化学会农业生化专业委员会主任。在生物化学、植物生理学、分子生物学方面造诣很深，取得重大科研成果，其中不少属于首次发现，达到国际先进水平，曾获国家自然科学二等奖，及各省部级奖项
于美文	光学专家	1944年至1948年就读于西北大学物理系，后为北京理工大学教授、博士生导师。我国光学全息方面的学科带头人，先后受聘为国家科委发明评选委员会委员、国家自然科学基金委员会评审
李耀增	地质学家	1945年毕业于西北大学地质系，任新疆工学院地质学教授。被评为新疆维吾尔自治区"教书育人、为人师表"优秀教师，有突出贡献的优秀专家，全国少数民族地区先进科技工作者，是"国家级普通高校优秀教学成果特等奖"和"国家级科技工作40年成绩显著荣誉证书"获得者。不仅是开创新疆地质教育的先驱，而且是研究新疆矿产分布规律，指导新疆矿产资源勘探的专家
田在艺	石油地质学家	1939年考入西北大学理学院地质地理系，曾任原石油工业部北京石油勘探开发科学研究院副院长、教授级高级工程师，曾四次获得石油工业部科技进步奖，"大庆油田发现过程中的地球科学工作"自然科学一等奖、"中国油气资源评价"科技进步一等奖

续表

姓名	研究领域	成就与贡献
王如芝	试验爆炸学专家	1941年毕业于西北大学化学系；1959年，国家搞"751试验"，她负责放炮、测试，计算数据精确；1962年，国家成立工程兵科研三所，她被任命为副所长，搞核试验，为攻关小组成员，研制的"三向加载地质力学模型"和"1485抗爆激波管"荣获国家科技进步一等奖，达到和接近世界先进水平。她和我国著名核物理学家朱光亚、程开甲等一起参加了首次核试验的当量测试，是新中国第一代女实验爆炸力学专家，为我国核试验的测量、防护做出了突出的贡献
赵玉珉	会计学家、教育家	1941年毕业于西北大学法商学院经济系，是中国人民大学会计专业创始人之一，为会计教学和理论研究做出了重大贡献。他治学严谨，著述甚多，多次获奖，培养了一批高层次财经管理和教学科研人才。1992年被国家教委评为有突出贡献的专家
康永孚	乌矿地质学家	1942年毕业于西北大学地质地理系，曾任中国地球化学学会副理事长、中国地质学会常务理事、中国地质学会名誉理事、中国矿床地质专业委员会副主任等职。他为发展我国有色金属工业，勘查和研究矿产资源做出了重要贡献
张庆余	火箭技术专家	1945年毕业于西北大学化学系。中国科学院长春应用化学研究所研究员、博士生导师。1958年以来，一直从事火箭助推剂研制，在他的领导下研制出多种火箭固体助推剂品种，在我国固体火箭技术的发展中作用巨大，性能上达到了世界先进水平。此外，他在国内较早开辟了低聚物研究的学科领域，指导培养了大批科研人员，为我国火箭技术的发展做出了重大贡献。荣获国家科学技术进步一等奖一项、国防科委授予重大科技成果二等奖三项、三等发明奖一项、"献身国防科技事业"荣誉证章等
陈怀孝	优秀教育工作者	1947年毕业于西北大学数学系。1949年西安解放受任西安中学教育主任、副校长。1952—1978年任西安市第六中学、西安市第一中学、西安中学副校长。1980年任西安大学校长。1983年任西安市副市长。服务于西安中等、高等教育事业，致力于西安教育事业发展

续表

姓名	研究领域	成就与贡献
孙颖州	农业经济学教授	1947年毕业于西北大学经济系，后于河北农业学院从事教学工作。他治学研究，造诣较深，为国家培养了大量高层次农业经济人才。著述甚丰，出版专著6部，发表学术论文近40篇，编写了22个县的农业发展总体规划和9份农业技术报告书，多次被授予省部科技进步一、二等奖
张克勤	钻井、泥浆专家	1949年毕业于西北大学化学系，后任中国石油天然气总公司石油科学研究院钻井液质量监督检测站教授、高级工程师。从1950年起开始从事石油钻井液研究，领导并参与了有关重大钻井液技术的实践与科研项目，获得多项技术成果，为新中国石油开发、泥浆技术创新做出了卓越贡献
段玉琏	优秀教育工作者	1949年毕业于西北大学中文系，1949年服从国家需要，到新疆从事教育工作。先后荣获全国优秀教师、全国和新疆维吾尔自治区关心下一代先进个人、全国家庭教育先进个人等称号。为普及家庭教育知识，她走遍天山南北，行程逾万里，调查访问6000多个家庭、10000多名家长和青少年。她的事迹多次被新疆广播电台、《新疆日报》《新疆教育》等报道

资料来源：梁克荫、王周昆主编《西北大学英才谱》，西北大学出版社1992年版。

表7-10和表7-11列举的仅仅是国立西北工学院及国立西北大学部分优秀毕业生，他们都是各行业中的精英与模范。此外，这一时期西北各高校更多的毕业生则在平凡的岗位上默默地辛勤工作，奉献着自己的聪明才智，这些西北各高校培养的优秀人才，为新中国成立后西北地区社会发展、祖国的繁荣昌盛，做出了自己的贡献。

基于功能主义理论观点，社会中每一个不同的系统，包括教育系统在内，都具有与更大的元系统以及它的其他部分相联系的重要功能，只有正确认识与发挥教育系统的功能，才能处理好与社会中其他系统，诸如经济系统、政治系统、文化系统等的关系，才能带动、推动社会各系统的整体进步与发展。帕森斯在其《经济与社会》一书中提出了著名的AGIL模式，认为A、G、I、L（适应、目标获取、整合、模式维护）反映和表现了社会行动的四个不同的子系统，并具有不同的功能。帕森斯将高等教育划归为"模式维护"系统，提出高等教育的功能正是通过文化传播和传递知识等维系整个社会运行的，高等教育的基本功能就是传承与创新社会的文化，包括知识、信念、价值观等。在社会系统内高等教育正是通过培养人才，帮助学生积累知识、习得技能；帮助学生提升科学研究的兴趣与能力；帮助学生完成社会化过程，使学生接受并认同社会的主流文化规范，并自愿服从与遵守这一规范，进而通过学生改造社会。

西北高等教育通过培养大量优秀人才作用于社会，参与西北经济建设，改造西北政治文化环境，改善西北医疗卫生条件，化育民众，改良风气，从各个方面参与实践，以积极的引导和隐性的影响共同介入并作用于社会系统中其他子系统，以最广泛的方式多维度多渠道地维护这一时期西北地区的安全与稳定，全面推动西北社会发展与进步。

第八章　西北高等教育人才培养若干问题的理论思考

人才培养大致包括两方面内涵:"培养什么样的人"和"如何培养人"。"培养什么样的人"涉及培养目标问题;"如何培养人"则包括培养内容、培养过程、培养途径、考核评价、保障措施等要素。

高等教育有别于普通教育,从它的性质来看,"高等教育是建立在普通教育基础上的专业性教育,以培养各种专门人才为目标"①。专业性与高深性是高等教育的基本价值属性,"高深的专门知识是研究高等教育一切问题、一切现象的逻辑起点"②。"高等教育作为一种专业性教育,既可以是精英学科型专业性教育,也可以是大众应用型专业性教育,因而,高等教育培养高层次专门人才类型多种多样,既有学术研究型、工程研究型,也有工程应用型、技术应用型等等。"③

高等教育培养高层次专门人才需要设置培养目标、需要高校院系架构与学科设置、需要具体课程的支撑、需要教育教学活动的维系,也需要各类机制的保障等,这些要素共同构建了高等教育人才培养的体系。

回到西北地区高等教育人才培养研究上,西北地区各高校定位准确,严格按照高校类型区分,以区域性高校地方服务的特殊职能为依

---

① 潘懋元:《关于高等教育学科建设的若干问题》,《高等教育研究》1993年第2期。
② [美]约翰·S.布鲁贝克:《高等教育哲学》,王承绪等译,浙江教育出版社2001年版,第2页。
③ 潘懋元主编:《应用型人才培养的理论与实践》,厦门大学出版社2011年版,第16页。

据确立学校办学理念与目标，制定了较为科学合理的人才培养目标，并在人才培养目标的指导下开展院系与学科设置，以课程为载体，通过丰富的教育教学活动的开展具体实现人才培养目标，最后通过制定严格的规章制度、着力高水平师资队伍建设、创造条件改善办学环境等措施有效地保障了各高校人才培养各个环节的顺利推进。因此，西北高等教育人才培养取得了显著成效，为西北社会安全与发展做出了巨大贡献。

本书前面几部分基本上围绕西北地区各类高校人才培养的具体情况，依据翔实的史料展开的讨论，为进一步推进研究的深入，下面将对西北高等教育人才培养所涉及的基本问题进行理论探讨，希望能从具体上升为一般，以归纳的方式呈现出这一时期西北高等教育人才培养的本质与特征。

第一节　人才培养过程中政府与院校的博弈

在西北高等教育人才培养过程中，不论是高校人才培养目标、院系设置，还是课程与教学、管理与制度，几乎所有层面都渗入了政府的影响。与此同时，西北高等学校也在具体办学活动中不断改变，形成了各具特色的人才培养体系。在学统与政统的关系角逐中，虽然政府占据着主导地位，但西北各高校仍坚守高等教育的理念与精神，以传授高深知识为逻辑起点，捍卫了高等学府的内在价值。

一　人才培养目标政治设计意图与实际办学中的疏离

人才培养目标在人才培养体系中占据着最高的地位，是人才培养体系的灵魂，指引与规定着人才培养活动开展的性质与方向，是所有教育活动的起点与归宿。人才培养目标也是一个体系，包含着国家教育目的、教育宗旨等宏观政策调控，也包含着学校层面根据自身办学定位、办学特色、办学条件等做出的微观的具体规定。

依照中华民国教育"发扬民族精神，培养国民道德，训练自治能力，增进生活知能，以造成健全国民"的理念与要求，政府制定、颁行了各类高教政策、法规，对各类高校人才培养目标做出了明确的规定：大学以研究高深学术、养成专门人才为目标；专科学校以教授应用科学、养成技术人才为目标；师范学院以养成中等学校健全师资为目标。政府对西北高等教育人才培养目标的设定不是一日之功，而是在风云变化时局中的应对与思忖、建构与成形，在设计西北高等教育人才培养目标过程中，主要考虑巩固西北边疆安全与稳定、开发西北经济与文化的需要。国民政府在给西北各高校的电文、训词中均明确表达了西北高等教育须培养为西北社会服务人才的意图，突出高校人才培养目标的区域指向，同时极为强调人才培养过程中爱国意识与民族精神的陶铸，重视国家认同的构建。可以说，政府对西北高等教育人才培养目标的设定，首先是从政治、国防的角度着手的，考虑的是如何通过高等教育人才培养服务国家政治与文化安全，如何开发西北经济贡献抗战建国。

当这种国家层面的人才培养理念落实到西北地区各高校的时候，就开始发生了变化。西北各高校根据自身情况制定符合各自特点的人才培养目标，其中既有对政府期望的回应，也有依据自身类别、性质，以及加入高校校长个人远见卓识之后所产生的转变与特色。不难发现，即便是类型相同的高校，人才培养目标设定也存在差异，如西北工学院与西北医学院，这两所独立学院的性质不同，人才培养目标也有所不同。再如西北师范学院更是当时西北高等师范教育的一枝独秀，在全国高师教育中也是数一数二的佼佼者，该校人才培养目标的形成与院长李蒸对师范教育的理解与实践息息相关，密不可分。政府要求高等师范学院以培养中等教育师资为目标，专才教育性质明显，但李蒸作为原北平师范大学的校长，西北师范学院很好地继承了北平师范大学的传统，在注重师范教育的同时强调通识教育的可能性，人才培养指向"教育者"，而非"教书匠"。此外，李蒸还特别关注服务西北地方社会，参与区域文化建设，这也是李蒸对高等师范教育人才培养目标的延伸。西北高等学校人才培养目标的形成过程内含着政府与西北高等学校之间的博弈，政府试图通过西北高等教育达到政治目的，在特殊的战争岁月中，西北高校选择了遵从政府指导，但各校人才培养目标的生成却灵活多变，体现出鲜明的个性特征。

二 高教课程整改的影响与西北高校课程体系的特色化

国民政府对西北高等教育的影响不仅体现在人才培养目标的设定上，同时还体现为颁布各项政策法令，对高等学校院系与学科设置、课程体系、高校管理、教师与学生管理做出严格详细的规定。

以高校课程为例。国民政府于1928年召开了第一次全国教育会议，与会代表深感大学课程混乱之危害，提议严格设定标准，全面改革大学课程。1929年，国民政府教育部颁布《大学规程》，规定大学各学院及独立学院共同必修科目及学分制标准。1931年，教育部颁行《专科学校规程》，对1929年之规定稍作修订。1932年1月，教育部公布了"学分制划一办法"，通令全国：

> 各校自二十学年度起，一律采用学年兼学分制，凡采用积点或其他名称者，一律改为学分，并规定大学学生应修学分最低标准，除医学院外，四年须修满一百三十二学分，始准毕业。其学分计算标准亦有规定。凡需课外自修之科目，以每周上课一小时满一学期者为一学分，实习及无须课外自修之科目，以二小时为一学分。[①]

1938年春，陈立夫接任教育部部长，继续整改高教课程。针对大学课程所存在的问题，陈立夫一方面函请各专家及大学教授，提供课

---

① 沈云龙主编：《第二次中国教育年鉴》（第5编），文海出版社1995年版，第7页。

程整改建议；另一方面通令各高校各学系集会商讨本系课程之编制，拟送合理适用之分年科目表，以备参考。首先选取文、理、法三学院，制定了《文、理、法三学院各学系课程整理办法草案》，奠定了大学课程整改之基础。1938年9月，政府教育部召开第一次课程会议，参会专家基本上赞同上述原则、要项，但也提出一些重要意见："大学课程设置应留有伸缩余地；教育部只规定最低标准，各校可根据自身具体情况加以损益；各科学分数不宜规定太过严格；一年级可不分系，但须增加初步学程。"[①] 本次会议还详细讨论了共同必修课程名称、数目、学分、修习年限等，形成文、理、法三学院共同科目表，于当月正式公布，要求各高校从当年招收的一年级新生开始实施。此外，农、工、商各学院共同必修科目表也于当年10月公布，并于当年一年级新生开始实施。至此，形成了大学文、理、法、农、工、商学院共同必修科目及学分标准，分列各表详细规定大学各学院共同必修科目、学分、内容及时间安排。此后，国民政府教育部在此基础上又有多次修订。

此外，政府也制定了师范学院与专科学校科目表，严格规范高等学校课程尤其是必修公共课程的设置。客观地讲，在政府的努力下，高校课程设置不断科学化、规范化、本土化，步入良性发展的轨道。

这一时期，西北地区各类高校谨遵国民政府高校课程安排，各校开设的必修公共课程及专业必修课程严格按照国民政府的规定，至于选修科目和新设学科之专业必修科目可依据各校自身情况及社会需要设置，但必须报教育部审核备案。选修科目以及新设学科科目开设体现了西北各高校办学的自主性，例如，西北大学边政学系开设的课程均由学校自拟，涉及面广，类型多样，偏重少数民族语言、宗教、历史研习与民族社会调查，充分体现了学科特点与边政人才的培养目标。再如，西北大学城固时期法商学院法律学系选修科目开设共达24

---

① 沈云龙主编：《第二次中国教育年鉴》（第5编），文海出版社1995年版，第8页。

种之多；国立兰州大学俄文系课程也由学校自拟，"关于本系所设课程，因教育部未颁有标准，现由本系自行拟定呈部备核，所拟科目除侧重俄国语言文字及文学等外，以应事实之需要。"① 但总体来看，除个别实力较强高校外，其余高校基本遵照政府要求，自主开设的选修科目数量较少，并且多数依据教师专长、喜好开设，不够稳定与标准。因此，以课程设置状况作为西北地区高等教育人才培养的过程考察结果来看，国民政府的政策导向是主要影响，其中虽有西北各高校的努力与变动，但始终以政府规定为蓝本，并未跳出政府规制的限定。

以上课程设置只是冰山一角，可以说，在西北各高校人才培养过程中，政府的主导作用可谓贯穿始终，影响着西北各高校教学与管理的方方面面。其实，在战乱频仍、政局变动，国家各方面还未走入正轨的特殊背景下，西北高等学校只能也必须同国民政府加强合作，在国家领导之下尽力争取高校自主权，依据西北社会实际需求与高等教育的内在逻辑做出相应的改变。

三　政治权力的牺牲品：新疆学院

在高等教育人才培养中，要平衡学府与政府的关系，明确知识与权力的限度，如若片面强调高教人才培养为政治、国家服务势必会破坏高等教育自身的传统与体系，造成不可挽回的严重后果。

以新疆省立新疆学院为例。1935年省立新疆学院成立，应社会发展需求培养法政、税务、政治经济专门人才，以供应新政府建设新疆之需要。1939年9月，《新疆学院组织大纲草案》颁布，规定："本学院根据六大政策以研究专门学术、陶冶健全品格、训练实践能力、培养建设人才为宗旨。"② 1944年，国民政府接管新疆，积极宣传三

---

①　《文理学院概况》，《兰州大学校讯》1948年第1卷第3期，第3页。
②　马文华：《民国时期的新疆学院》，《新疆大学学报》（哲学社会科学版）1991年第19卷第4期，第64页。

民主义,力图扩建新疆学院,将其建成综合性大学,发展新疆高等教育,培养各项建设人才。从表面上看新疆学院人才培养目标明确,学院发展也曾经历了林基路、杜重远领导下的短暂春天,但实际上不论是军阀盛世才,还是后来的国民政府都将学院作为培植亲信,维持政治统治的工具。盛世才不断炮制"阴谋暴动案",林基路、杜重远、李一鸥等先后遭到迫害,新疆学院发展一波三折,特别是1942年李一鸥被捕后,院长由盛世才兼任,新疆学院的政治性更加明显。由于新疆政局变幻莫测,学院发展几经沉浮,所设定之人才培养目标几为泡影,直至包尔汉接手新疆学院前,新疆学院因经济问题及师资学生来源诸多问题,大有解教之危。1947年3月22日,土木工程系的一位学生投书《新疆日报》,揭露新疆学院的"三混主义":"院长混地位,教授混饭吃,学生混资格。"[①] 学院教师学生所剩无几,院风颓废、毫无生气,虽仍号称高等学府,却陷入奄奄一息的惨境中。

　　新疆学院的历史演变告诫我们:当高校沦为政治的奴仆,高等教育也就丧失了本来的意义与价值。高等教育作为教育系统的一个子系统,与社会政治系统分属不同,高等教育有其自身发展的内在逻辑,如果强行使用政治的力量干预或变革,势必会破坏高等教育的内生结构,造成不可挽回的损失。英国著名教育家阿什比曾说:"大学需要完成一种改革,一旦这种改革成功,一切其他改革都可迎刃而解。这就是养成自动地进行大学内部改革以适应社会的能力。""大学的变革必须以固有的传统为基础,它的进化很像有机体的进化,外力推动的变革往往非常激烈,大规模的突变会导致毁灭。"[②] 的确,高等学校应主动适应社会需求并依据内在传统逐渐变革,好的状态是高等学校能够引领社会发展与进步,但须注意高等学校与社会环境之间的关系一

---

① 管守新、罗忆主编:《新疆大学建校80周年丛书:新疆大学校史(1924—2004)》,新疆大学出版社2004年版,第114页。

② [英]阿什比:《科技发达时代的大学教育》,滕大春、滕大生译,人民教育出版社1983年版,第20页。

直都是双向互动、相互影响的。

四 政治乎？学术乎？

从人才培养的角度探讨高等学校与政府之间的关系，上升到教育目的层面就涉及了个人本位论与社会本位论之争。说到底就是从本原上探究人才培养的目的与标准，究竟是认识论的还是政治论的？

教育目的的社会本位论主张教育的社会价值高于个人价值，应以社会发展需求为中心构建教育目的、开展教育活动。教育目的的社会本位论以柏拉图、涂尔干、凯兴斯坦纳为代表，认为教育首要的目的是完成个体的社会化，个体的发展完全依靠社会供给营养，个体仅仅存在于人类当中，存在于社会当中，社会才是人所以为人的基础，社会人才是人唯一的存在形式。涂尔干说："人实际上因为生活在社会中才是人。"[1] 教育目的的社会价值是至高无上的。孔德说："真正的个人是不存在的，只有人类才存在，因为不管从哪方面看，我们个人的一切发展，都有赖于社会。"[2] 纳托尔普也认为："在教育目的的决定方面，个人不具有任何价值，个人不过是教育的原料，个人不可能成为教育的目的。"[3] 凯兴斯泰纳也持有同样的观点，以为国家教育的目的只有一个，那就是造就合格的公民。

教育目的个人本位论主张教育目的个人价值高于社会价值，应以个人本性发展与完善的内在需求为中心构建教育目的、开展教育活动。以卢梭、福禄贝尔、爱伦·凯、罗杰斯等为代表的教育目的的个人本位论者坚信个人本性的力量，认为人才是万物的尺度，反对社会的束缚，主张诱导与发展个体潜在的本质力量，促使个体自然地成长。卢梭说："出自造物主之手的东西，都是好的，而一到了人手里，

---

[1] 张人杰：《国外教育社会学基本文选》，华东师范大学出版社1989年版，第13页。
[2] 转引自吴俊升《教育哲学大纲》，商务印书馆1943年版，第147页。
[3] 转引自吴俊升《教育哲学大纲》，第149页。

就变坏了。"① 卢梭主张人生来具有理性、善良、自由等美好的本性，教育应尊重人的天性，合乎自然地将其培养成"自然人"。瑞典教育家爱伦·凯也强调每个人本身具有真善美的天性，教育的目的就是让其自然而然地生长，而不是机械地干预。

社会本位论与个人本位论在社会与个人之间选择了两个极端。社会本位论者注重社会对人的影响与作用，希望通过教育，通过个体的社会化，达到个体认同、服务社会的目的。但他们过于强调社会的力量、强调社会稳定与社会制度的建构与维系，忽视了个体能动性的存在与发挥，忽视了个人对社会积极的改造作用。相比之下，个人本位论者注重个人价值，希望通过教育发展个人的内在品质，反对社会对个人的侵害与压迫，但却走向了另一个极端，他们没有将个人看作社会中的个人，而是抽离了个人存在的背景与条件，单纯探讨抽象化人的本性。必须说明的是，现实中的爱弥儿是不存在的，哪怕是漂流到孤岛的鲁滨逊也依然要返回到人类社会。

高等教育目的价值论中关于社会本位论者与个人本位论者的区分不是机械的。这种划分主要源于不同学者关于教育中个人与社会的价值选择与思想侧重，以及据此所做的抽象概括。在现实生活中，纯粹的社会或个人本位论者是不存在的。"从根本和普遍的意义上讲，其实并没有必要把人的个性化与人的社会化割裂开来和对立起来，而应使二者尽可能达到某种统一，但这种统一必须是历史的、具体的统一，而不是超历史的、抽象的和一劳永逸的统一。""在具体历史条件下，社会价值与个人价值会有一个孰重孰轻的问题，就有一个价值取向和价值选择的问题，就有一个以谁为基点来达成二者统一的问题。所以，教育目的中社会价值与个人价值的权衡与选择，要受具体社会历史条件的制约，是随社会历史条件的改变而发生变化、有所侧重的。"②

---

① ［法］卢梭：《爱弥儿》，李平沤译，商务印书馆1978年版，第1页。
② 扈中平：《教育目的中个人本位论与社会本位论的对立与历史统一》，《华南师范大学学报》（社会科学版）2000年第4期。

回到本书的研究论题上，西北地区高等学校人才培养目标制定有其具体的时代与社会背景，抗日战争全面爆发，西北地区战略地位迅速提升，西北地区民族团结、边疆安全与稳定以及开发与建设等需求亟待回应。政府对西北高等学校有要求，有期望，希望西北各高校人才培养目标设定中更加强调学生国民意识教育，同时注重人才培养的区域性特征。国民政府对西北高等教育人才培养目标的设定从国家与社会需求出发，着眼造就优秀国民，有明显的社会本位论倾向。在国民政府主导下，西北各类高校在办学过程中逐渐形成了各具特色的人才培养目标。国民政府的主导体现在西北各高校对政府期望的遵循与回应上，在战争年代里西北高等教育资源配置、高校经费等基本上来源于国民政府的支持与供给（此处西北高校主要指本书所选取的11所高校，其中除新疆省立新疆学院为省立，经费来源由新疆省政府提供外，其余10所高校均为国立，由政府教育部统筹规划），高校人才培养目标设定必然受到国民政府的影响与制约，因此西北各高校人才培养的目标价值取向也偏向社会本位论，以国家与西北社会需求为重点，强调教育的政治与社会价值。

在特殊的时代背景下，西北高等学校人才培养目标以社会本位为主导，同时也兼顾了学生个体发展与完善的内在需求。以国立西北师范学院为例。该校致力于培养具备教师修养、服务精神、丰富学识与健全体格之中等学校合格教师，在其人才培养目标上不仅突出了学生家国观念培养与服务西北教育事业的社会本位特征，也显示出为学生身心全面发展的考虑。对教师修养的培养具体包括自制、自立、可靠、守时、勇敢、负责、切实、忠诚、合作、和善十项要求，这十项要求是为了教师高尚人格的塑造，可见在品德培养中国家与民族观念的养成也只是其中的一个方面，对教师健全人格的培养才是品德培养的本意。国立西北医学院人才培养要求学生学有所成贡献国家，需立志、服务、求进步、负责任、习勤劳、应征调，此外还须有仁爱精神、和平态度。这一人才培养目标的制定一方面突出了培养学生须为国家与社会服务，另一方面也强调了一般性质的品德养成，以及对医学人才的特殊要求，在偏重社会本位前提下突出了对个体成长与发展的关注。

高等教育目的的价值取向究竟应是社会本位的，还是个人本位的？我想，任何时代对这一问题的讨论都需要有一种变化与侧重，但同时也需要有一种调和与平衡。西北高等教育人才培养问题，特别是人才培养目标的厘定与变化，不仅要考虑国家、社会的需求，还要兼顾学生个人的成长与发展。虽然这一时期西北其他高校人才培养中也带有大量的国民政府干预与控制，这里且不讨论西北各高校是主动迎合还是被动接纳，这种实际的政治或是社会本位的倾向都源于当时动荡的社会环境、政治经济状况，以及高校自身发展的不完善，所以是一种具体的、历史的偏向，也就是一种"合理"的偏向。

第二节　高等学校人才培养的目标：通才教育还是专才教育

一　高深学问的性质：学理的还是应用的

高等教育处在教育系统的顶层，教授与传播高深学问是高等教育的基本属性。究竟什么是高深学问？正如 19 世纪美国著名高等教育家布鲁贝克所说："高等教育研究高深的学问。在某种意义上，所谓'高深'只是程度不同。""高深学问处于已知与未知的交界处，或者是虽然已知，但由于它们过于深奥神秘，常人的才智难以把握。"① 布鲁贝克对高深学问的哲学化释义自然不易引起分歧，但由于教育家们对于高深学问性质的争议，往往将其区分为学理性的与应用性的，呈现出"学"与"术"的差别。

纵观高等教育发展的历史，洪堡、弗莱克斯纳、赫钦斯，以及蔡

---

① ［美］约翰·S. 布鲁贝克：《高等教育哲学》，王承绪等译，浙江教育出版社 2001 年版，第 2 页。

元培等都认为高等教育研究的对象是纯粹的科学与学理。

德国著名教育家洪堡曾说:"高等学术机构,乃是民族道德文化荟萃之所,其立身之根本在于探究深邃博大之学术,并使之用于精神和道德的教育。""每名成员如果能最大限度地认同于纯学术的观念,高等学术机构才可望实现其目标。"[①] 在洪堡心目中,高等教育机构的任务在于深入探究纯粹的科学,这种科学以哲学为代表,不以任何自身以外的价值为目的,仅是一种纯理论、纯知识性质的探索活动,并且只有在这种追求纯粹科学的过程中才能培养人才。

按照美国教育家弗莱克斯纳的观点:"学者和科学家们主要关心四件事情:保存知识和观念、解释知识和观念、追求真理、训练学生以'继承事业'。"[②] 在他看来,高等教育的理念就是传承与创新知识,学术性是唯一的核心。弗莱克斯纳注重的学术性与洪堡的纯粹科学是一回事,他引用了一位医学院教授的话:"我们至今多少还在黑暗中摸索,而且我相信今后将永远如此;否则医学中就不再有冒险的乐趣。我们的身后不乏光明之处,前方却仍漆黑一片。"[③] 这种源于好奇、探索知识的热望与冲动,才是弗莱克斯纳心中大学的特质。弗莱克斯纳认为,大学的任务就是追求科学与开展学术研究,除此之外再无其他,大学可以与现实保持接触,但它不是风向标,不能流行什么就迎合什么,必须对社会政治与经济现象采取"客观立场"[④]。

作为永恒主义教育的代表人物,赫钦斯认为:根据人性不变与真理永恒的原则,训练人的理性以达到至善才是大学的唯一和永恒的目的,大学的基本职能是实施以古典名著为主要内容的普通教育。赫钦

[①] 赵卫平编:《走向一流的历史轨迹——中外著名大学校长治校理念与办学制度文献选编》(外国卷之一),浙江大学出版社2015年版,第2页。
[②] [美]亚伯拉罕·弗莱克斯纳:《现代大学论——美英德大学研究》,徐辉、陈晓菲译,浙江教育出版社2001年版,第4页。
[③] [美]亚伯拉罕·弗莱克斯纳:《现代大学论——美英德大学研究》,徐辉、陈晓菲译,第12页。
[④] [美]亚伯拉罕·弗莱克斯纳:《现代大学论——美英德大学研究》,徐辉、陈晓菲译,第3页。

斯一生中极力反对大学的"职业教育化",在他看来,大学的目标主要是追求知识,而不应仅仅局限于经济方面,他曾说:"一所大学统一的原则就是为真理而追求真理。"

蔡元培深受德国教育家洪堡的影响,提出了"学"与"术"分别的主张。"学为学理,术为应用",一方面,蔡元培认为"学"与"术"关系密切,所谓"学必借术以应用,术必借学为基本"①,此二者可以并进;另一方面又谨慎区别了二者不同的修习旨趣:

> 文理,学也。虽亦有间接之应用,而治此者以研究真理为的,终身以之。所兼营者,不过教授著述之业,不出学理范围。法、商、工、医,术也。直接应用,治此者虽亦可有永久研究之兴趣,而及一程度,不可不服务于社会;转以服务时之所经验,但其学术进步与治学者之极深研几不相伴也。②

此处,蔡元培以学科性质为依据,分为文理、法、商、工、医等,认为各类学问有的偏重"学"、有的偏重"术"。在此基础上,蔡元培提出大学应研究文理之学,专研学理;而其他农、工、医、法等科类,可以效仿德国工、商高等学校制度,建立高等学校,实现其"治学"与"治术"之分别。

此外,高等教育史上也有不少教育家反对上述将高深知识限定于纯粹科学探索的层面,主张高等教育也涉及应用知识与技术的发展。自19世纪中叶开始,伴随着英国功利主义与美国实用主义教育思想的兴起,康奈尔大学提出将任何学科交给任何人的办学思想,随后,威斯康星大学将社会服务纳入高校职能中,各类应用型学科在大学中获得了快速发展。美国著名教育家博克指出:美国高等教育的办学经验与其他国家有所不同,"美国人往往把高等教育视为向快速发展的

---

① 高平叔编:《蔡元培教育论著选》,人民教育出版社1991年版,第329页。
② 高平叔编:《蔡元培教育论著选》,第136页。

社会提供所需知识和训练有素人才资源的一种手段"①。而且"绝大多数教育工作者相信，只有当实用性教学和应用性研究与基础研究和一种只有在大学环境内存在的教学相结合时，专业学院的质量才能达到很高的水平"②。博克的意思是将学理与应用联系起来，倡导大学中两类知识的重要性。英国著名教育家阿什比说，"任何类型的大学都是遗传与环境的产物"，客观上承认了政府与社会需求对大学的实际影响，主张大学要主动适应变化的社会，运用"大学独具的多种学科的多类智慧，解决适应社会变化的研究"③。引用美国当代教育家科尔的观点——"有些人担心大学将被远远引离基础研究，而去搞应用研究。然而，这类问题本身就没有明确的界限。而且在基础研究与应用研究之间，甚至在应用知识及应用之间，已经产生了许多新的知识"④，认为在大学人才培养方面，不仅应设立与完善应用性专业，甚至可以采用非学术性质的职业培训。

对高深知识类型的不同认识与见解引发了学理与应用的争论，"学""术"之间的关系从泾渭分明已然演变为逐渐融合，但是从大学的理念出发，不论何时，强调纯粹性知识与学术探究的传统一直得以保存与传承，即便因为社会时代快速发展偶尔偏离了方向，但总是在恪守大学内在逻辑中再次回归。

二 培养怎样的人才：博通与专精的选择

既然高等教育以高深学问为基点，那么对高深学问性质的把握必然会影响到对高等教育培养人才的认识。究竟高等教育是侧重培养知

---

① ［美］德里克·博克：《走出象牙塔——现代大学的社会责任》，徐小洲、陈军译，浙江教育出版社2001年版，第70页。
② ［美］德里克·博克：《走出象牙塔——现代大学的社会责任》，徐小洲、陈军译，浙江教育出版社2001年版，第81页。
③ ［英］阿什比：《科技发达时代的大学教育》，滕大春、滕大生译，人民教育出版社1983年版，第149页。
④ ［美］克拉克·科尔：《大学的功用》，陈学飞译，江西教育出版社1993年版，第81页。

识广博、学问高深、品德高尚之通才，还是偏重应用科学教育、培养精通技艺之专才？

所谓的通才与专才其实都是相对而言的，能够贯穿一切学科与领域的人才是不存在的。"我们在讨论通才与专才时，也不能将目光仅仅局限于知识结构上，还应注意其在职能、个性、价值观等方面素质的差异。""通才不但具有广博的知识，而且智能高度发达、个性充分发展并形成了自己的价值观。而专才是指仅在某特定学科、专业或领域拥有高深知识，而智能未达到高度发达、个性发展受到忽视或限制、未能形成独立的价值观的人。"①

西方高等教育史上许多教育家都认为大学的任务是培养通才。纽曼认为：大学中所塑造的不仅是绅士的言行举止，而且是心智力量、理解力、稳定性以及各种才能的培养，要能够控制自身的能力，正确地判断事物。② 雅斯贝尔斯也赞同大学教育的目的是培养"全人"，即通才，他指出大学正是通过苏格拉底式的教育参与学生精神生活的，"培养学生深具内涵的自由"，学生应有广博的知识、基本的科学态度、责任意识与独立性，拥有理解能力、分辨能力，以及坚强、诚实的性格特征等。面对飞速发展的现代社会，高等教育职业化趋势日益明显，在这种情况下，赫钦斯极力维护大学通才教育的传统。他认为不论学生毕业后从事何种专业工作，都必须接受普通的教育计划，"学生将牢固掌握各个学科的基础知识。他将能够辨别和思考学习内容，能运用语言和推理，对人以及人与人之间的关系有一些理解，拥有一定程度的智慧"③。

19世纪三四十年代，我国高等教育界也曾掀起了一股推崇通才教育的热潮。蔡元培虽然没有直接表述通才教育，但他对"学"与

---

① 刘宝存：《大学理念的传统与变革》，教育科学出版社2004年版，第210页。
② 赵卫平编：《走向一流的历史轨迹——中外著名大学校长治校理念与办学制度文献选编》（外国卷之一），浙江大学出版社2015年版，第12页。
③ [美]罗伯特·M. 赫钦斯：《美国高等教育》，汪利兵译，浙江教育出版社2001年版，第53页。

"术"的严格区分,所谓的"教授高深学术,养成硕学闳才"的大学宗旨,实际上就是要求大学培养通才。面对大学人才培养目标的通才与专才之争,梅贻琦明确提出大学就是要培养通才:"大学期内,通专虽应兼顾,而中心所寄,应在通而不在专。"①"大学之文、理、工、农、法等学院所要培植的是几个方面的通才,甚至于两个方面以上的综合的通才。它的最大效用,确乎是不在养成一批一批限于一种专门学术的专家或高等匠人。"至于专才培养应交于高级专门学校、研究院等承担。梅贻琦甚至认为,大学中的工学院都应培养通才,他说:

  工学院毕业的人才,对于此一工程与彼一工程之间,对于工的理论与工的技术之间,对于物的道理与人的道理之间,都应当充分了解,虽不能游刃有余,最少在杂合、错综复杂的情景下,能有最低限度的周旋能力。唯有这种人才能有组织工业的力量,可成为国家最迫切需要的工业建设之领袖,而这种人才必须依靠大学工学院方可造就。②

  浙江大学校长竺可桢也有类似主张,他说:"大学教育的目标,决不仅是造就多少专家如工程师、医生之类,而是在养成公忠坚毅、能担当大任、主持风气、转移国运的领导人才。"③ 竺可桢虽然认为大学应通才教育与技术教育并行,但仍偏重通才教育,认为专才应由专科学校培养。

  显然,政府对高等学校的分类基本上符合上述教育家之探讨,规定大学(包括独立学院)培养研究高深学术之通才,专科学校培养应用技术人才,师范学院为中等学校培养健全师资。其中大学(包括独

---

 ① 梅贻琦:《大学一解》,杨东平主编:《大学精神》,文汇出版社2003年版,第51页。
 ② 梅贻琦:《工业化的前途与人才问题》,周谷平、赵师红编:《走向一流的历史轨迹(中国卷之一)——中外著名大学校长治校理念与办学制度文献选编》,浙江大学出版社2015年版,第321页。
 ③ 高奇:《中国高等教育思想史》,人民教育出版社1992年版,第314页。

立学院）与专科学校人才培养目标泾渭分明，通才与专才教育指向清晰，师范学院培养师资之概括虽然过于笼统，但从政府角度来看，师范学院人才培养指向专才教育，仅为培养中等学校师资服务。

西北各高校人才培养目标大致遵循政府之顶层设计，综合性质的大学培养治人治事之通才；大学类别下之独立学院在倾向于通才教育的同时更加强调培养学生动手能力与解决实际问题的能力；高等专科学校培养实用技术之专才；高等师范学院即国立西北师范学院人才培养也倾向于通才教育，要求同时培养学生健全体魄、优秀品质、丰富学识，以及服务精神，但同时这种通才教育是有特殊指向与边界限制的，是在培养中等学校师资的大前提下的通才教育，与普通大学之通才教育有着明显的区别。

西北各高校人才培养目标生成过程中受到全国通才教育思潮的影响，在中国特有的"学而优则仕"的精英教育本土化理念的作用下，除高等专科学校培养专才外，各高校基本都致力于通才教育，无论学生选择何种专业，都希望可以遵循下学而上达的路径，为治理国家、改变文化、发展社会服务。在当时的环境与经济社会发展水平下，高等教育尤其是西北高等教育自然是精英教育，精英教育决定了国家意图利用有限的教育资源投入产出的人才不仅是专一的技术人才，而且最好在任何领域、任何岗位上都能最大限度地发挥作用，这种人才应是人事皆通的通才。因此，西北高等学校中大学（包括独立学院）选择了通才教育，高等师范学院人才培养目标虽有特殊指向，但其中通才教育特征明显，甚至以培养专才为己任的专科学校人才培养目标中也同时注重了学生品德养成，可见通才教育理念对当时西北高等教育的影响之大。

第三节　区域性高校人才培养的指向

区域性高等学校定位应准确，将服务区域社会、推动区域发展作为高校办学的主要思路与理念。考察南京国民政府时期西北地区各高校服务区域社会的途径，虽有直接社会服务职能的发挥，但从整体情况来看，更偏重通过人才培养间接作用于区域社会，推动社会建设与进步。

一　区域性高校的使命与责任

"高等教育区域化、地方化在全球范围内展开，起源于19世纪初的美国。独立战争以后，美国面临着开拓西部疆域，建设新国家的任务，迫切需要具有实际本领的开发人才和建设人才。"[①] 在这种背景下，美国开始发展地方大学，注重高等学校为区域社会服务的功能。

1862年，美国国会通过了《莫雷尔土地赠予法》，根据各州的国会议员人数，由联邦政府按每名议员拨地3万英亩，各州用这些土地的收入至少举办、资助一所农工学院，帮助各州农艺和工艺教育的发展。该法案颁布实行以后，绝大多数州都按照法案的要求相继建立起农业和机械工程学院。这些"赠地学院"的建立，标志着大学开始走出"象牙塔"，承担起为国家经济发展、为社会服务的责任。1904年，威斯康星大学校长范海斯和他的同事立足该州社会的实际需要，在注重教学与科研的同时，着力发挥威斯康星大学在本州社会经济发展中的作用。从理论上讲，威斯康星大学的办学理念标志着美国大学摆脱了象牙塔的束缚，开始回应现实社会的需要，大学为社会服务的职能日益凸显。1910年，威斯康星大学的35位教授在该州各类委员会中兼职。其中，政治学教授从事法律文件的起草，农业科学教授助力乳制品业的发展，大学工程师从事道路规划和设计建筑等。此外，大学教授还须响应社会需要，亲自前往工厂、商店或乡村进行指导，将教学、科研与社会实践有机结合在一起。同时，该校大批本科生、研究生也积极参与社会公共服务，加强与某些部门的合作。为更好地

[①] 刘献君：《建设教学服务型大学——兼论高等学校分类》，《教育研究》2007年第7期。

促进校企合作，威斯康星大学还诚邀各类专家及各州政府官员到校授课。① 威斯康星大学的实践是地方大学为地方服务的一个创举，不仅标志着高等学校开始确立社会服务职能，而且更重要的是，美国高等教育开始摆脱因袭他国办学模式的局限性，开创出一条高校呼应社会需要，为社会服务的特色之路。

美国著名当代教育家博克所著的《走出象牙塔——现代大学的社会责任》一书是西方论述大学服务社会的代表作，对世界高等教育的发展产生了深远的影响。大学为什么要为社会提供服务？为什么大学必须走出象牙塔，承担必要的社会责任？博克在书中说：

> 首先，某些有价值的资源几乎是大学所独有的。仅凭此类资源就可使学生获得若干理想职业所不可或缺的学位。此外，这些资源所赋予的专门知识和教学、科研能力是其他任何机构都难以达到的。因此，有人主张大学应该利用其独特的资源去满足重要的社会需要。再者，高等教育机构从政府那里得到了大量的经费补贴。州立大学大部分业务性的收入是依靠纳税人缴纳的公益基金获得的。正是因为有了这种大量的公共资助，大学有理由承担自己的义务，应该向公众提供有助于解决重大社会问题的服务，回报于社会。②

在论述大学服务社会的具体途径时，博克说：

> 大学因拥有众多的图书馆、实验室、教室和办公室等综合设施而成为其所在社区的重要组成部分。在小城镇里，大学很可能

---

① 王保星：《威斯康星观念的诞生及对美国高等教育的影响》，《河北师范大学学报》（教育科学版）2000年第1期。
② ［美］德里克·博克：《走出象牙塔——现代大学的社会责任》，徐小洲、陈军译，浙江教育出版社2001年版，第73页。

主宰着整个地区的经济……在大城市里，它们也会为当代美国城市存在的所有问题所困扰。①

许多年来，大学已向社区推出各种服务项目：大学长期向社区开放图书馆、博物馆和体育馆；大学的本科生不仅在社区担任家教服务，而且还开展陪老人和盲人读书的志愿活动；专业学院的学生则为社区提供急诊服务，或在市政机构实习。②

1963年，美国著名教育家克拉克·克尔发表了名为"大学的功用"的演讲，克尔总结现代大学演变的三种模式：传统的英国模式即近代的纽曼模式、德国的洪堡模式和美国的克尔模式。克尔认为：纽曼的传统"大学观"是一个居住僧侣的村庄。洪堡的"现代大学观"是一座城镇——一座由知识分子垄断的工业城镇。克尔的"多元化巨型大学观"是一座充满变化的城市。"与村庄和城镇相比，'城市'随着自身的发展，愈加类似于文明的整体和文明不可缺少的部分；它进入或脱离周围社会的速度已大大加快。"③克尔观察到现代大学所面对的复杂的社会环境，必须对多元需求做出多元应对。对于地方大学服务地方社会，克尔也做了这样的论述："'参与社会生活'有了巨大发展。大学甚至已被'市政厅'所吸引。同长期以来服务农村社区一样，对于许多大学来说，怎样为城市服务如今成了一个错综复杂的问题。各种新的压力集团坚持认为，知识要真正为'所有的人'服务。"④克尔的意图在于说明不论是为原来的农村社区服务，还是为现代的城市服务，地方大学在承担服务责任的同时，强调现实的情况使

---

① [美]德里克·博克：《走出象牙塔——现代大学的社会责任》，徐小洲、陈军译，浙江教育出版社2001年版，第247页。
② [美]德里克·博克：《走出象牙塔——现代大学的社会责任》，徐小洲、陈军译，第267页。
③ [美]克拉克·科尔：《大学的功用》，陈学飞译，江西教育出版社1993年版，第26—27页。
④ [美]克拉克·科尔：《大学的功用》，陈学飞译，第93页。

这种服务的广度和深度正在扩张。

英国地方高等学校的建立源于19世纪新大学运动,为了推动高等教育与城市工商业发展的紧密联系,自伦敦大学学院建立以来,许多新型大学如雨后春笋般相继出现。这些英国高校突破了剑桥大学、牛津大学等传统大学的局限,与地方城市发展建立了共生、合作的关系,高校课程紧紧围绕城市工商业发展需要而设置与调整,为地方社会、经济发展培养了一大批应用型专业人才。1985年,英国政府在《20世纪90年代英国高等教育的发展》绿皮书中指出:

> 政府所关注的主要问题,仍然是如何使高等教育更有效地为改善国民经济做出贡献,为此,要求英国的高等学校必须做到:第一,关心其对于社会的态度,特别是对工商业的态度,要注意提防"轻视经商"的势利观念;第二,走出校门,加强与工商业的联系;第三,加强与地方企业和社区的联系,特别是发展与那些现在和未来需要学生的用人单位的关系。[①]

除了美国与英国之外,西方其他发达国家在其高等教育改革实践中也非常重视高等教育区域化、地方化问题。

> 1984年,法国总统密特朗签署并颁布了《高等教育法》,要求高等学校更多地与工商业界合作,同时让校外人士更多地参与高校的决策与管理,提高高校的对外开放程度。德国联邦政府1985年通过的《高等教育法》明确要求高等学校必须参与地方经济建设,主动为地方经济发展做贡献。[②]

---

① 张立娟:《地方大学与地方社会发展关系研究》,硕士学位论文,南京师范大学,2008年,第12页。
② 张立娟:《地方大学与地方社会发展关系研究》,硕士学位论文,南京师范大学,2008年,第12页。

亚洲国家如印度、泰国、日本等也强调区域性（地方性）高等学校的建立与发展，强调高等教育为地方社会、经济服务的功能。区域性（地方性）高等学校的建立在推动当地教育、科技、经济、文化等发展过程中发挥着重要的作用，特别是对保护与发展区域特色文化的作用不可低估。

从威斯康星大学开始，美国和欧洲等发达国家地方高等学校已经以崭新的姿态脱离了象牙塔的包裹，通过多元化、深层次与社会各个子系统以及社会大系统交换能量，在多者之间构筑复杂的关系。

历史与实践共同证明了区域性高校理应承担起为地方社会服务的责任，这种责任源自政府对高校投入的回报，也源自高校独有的专业知识与科研能力的应用。区域性高校为地方服务主要凭借两种途径：一种是产学结合，高校直接为地方社会提供服务；另一种则是最传统的方式，即高等学校充分考虑地方社会的实际需求，根据种种需要制定相应的人才培养目标，通过培养区域性建设人才间接作用于地方社会，推动地方社会的发展。比较以上两种方式，高校直接为社会服务虽然看似投入少、见效快，但从社会发展的长远与深层考量，人才培养虽然周期较长，投入较大，但只有储备充足的各行业急需的高层次专业人才才是社会进步的根本，才能从本质上促进地方社会的长足发展。潘懋元认为：

> 现代高等学校一般具有三种主要职能：培养专门人才、发展科学、开展社会服务。其中，培养专门人才，是高等学校的基本职能；发展科学是高等学校的重要社会职能；以各种形式直接为社会服务是现代高等学校新的社会职能。高等学校的三种主要的社会职能是相互联系、互相渗透的。[①]

[①] 潘懋元、王伟廉主编：《高等教育学》，福建教育出版社2013年版，第49—54页。

同时潘懋元也强调：在三者之中，培养人才是第一位的，然后才是发展科学和直接为社会服务，这和它们产生的顺序是一致的。①

二 西北各高校区域性人才培养的实践

抗日战争与开发西北战略是西北各高校发展中十分重要的两重社会背景。无论是西北边疆的安定统一，还是西北社会的建设发展，都需要高等教育助力。如此一来，这一时期西北各高校的首要任务便是扎根西北社会，培养大量社会各行业急需的优秀人才，为西北社会稳定与发展服务。

从前文西北各高校人才培养目标及具体实施情况考察，当时的西北高校区域性定位非常准确，几乎每所高校的人才培养目标都着重突出为西北地区建设培养专业人才的指向，这种指向是一种自上而下的共识，内含着国民政府的政治考虑，也有西北高校校长、师生的使命自觉，因此，从上位国家层面的西北高等教育人才培养的设计，到下位西北各高校人才培养目标的形成与落实，是一以贯之的，都指向为地方需求服务。西北地区各高校类别不同，有大学、独立学院、专科学校、师范学院之分；性质不同，有综合性的、工科类的、农科类的、医科类的、师范类的，但是这些西北高校始终都能立足为西北区域发展培养各类高层次专业人才，这种区域性高校的准确定位难能可贵。

西北地区各高校为西北建设服务培养人才的理念不仅体现在培养目标的设定上，还渗入人才培养的各个环节、各种方法与途径的具体实践领域，涉及包括培养目标在内的、院系及学科架构、课程体系、教育教学活动，以及各种人才培养的保障机制等整个流程。要真正实现培养之人才在西北地区各行业发展中发挥巨大作用，首先，这些人才要有扎实的专业知识。高深知识是高等教育发展的内在逻辑起点，

---

① 《潘懋元论高等教育》，福建教育出版社2000年版，第253页。

正如19世纪英国著名教育家纽曼所说：知识本身就是目的，这里的知识并非一般意义上的知识，而是"为了永恒的目的"的知识。① 美国教育学家赫钦斯也说："作为教育，这就是真诚地追求知识；作为学术，这就是真诚地献身于知识的进步。高等院校只有献身于这些目标，我们才能对美国高等教育的未来充满希望。"② 这里，我们的讨论并不涉及高等教育哲学方面认识论与政治论的区分，仅是在说明高深知识对于高等教育的意义。高等学校要服务地方社会，培养的人才就必须具有专业的理论知识，结合西北高等学校的实践，这种知识可能是学术型的，也可能是应用型的，这种分别在于各高校种类与性质等的差异。当时，西北各高校非常注重学生专业理论知识的学习，不论是师资力量、课程设置，还是平时的教育教学活动、学生课堂与课后的管理，乃至于对学生修习与毕业的严格要求，都透露出学校对学生掌握专业知识的重视。各高校不同学科的一流教授都必须为一年级本科新生授课，这在当时的西北各高校中是个通例，着重各校"大师"对于本科新生专业理论知识的指引与架构。在课程方面各高校都注重理论课程研习，即便是以培养应用型技术人才为目标的专科学校，也同时强调理论知识的学习。

在西北地区开发过程中急需大量高层次专业人才，既需要能治人治事之通才，也需要专门的应用型技术人才，相比之下，对后者的需求更是急迫。在这种情况下，西北地区各高校直面社会发展需要，在人才培养中强调理论与实际的联系，着重培养提升学生实践能力。从整体上看，理工类学科大力开设实践性课程并组织多次专业实习，尤其是农学院、工学院，以及各个专科学校相关学科，将理论讲解与实践应用有机地结合在一起，加快了理论知识向实践能力的转化速度；文科类学科包括国文、历史、法律、教育等，则从学科性质出发，开展社会教育、组织各类考察及社会调研，了解社

---

① ［英］纽曼：《大学的理想》，徐辉等译，浙江教育出版社2001年版，第34页。
② ［美］赫钦斯：《美国高等教育》，汪利兵译，浙江教育出版社2001年版，第19页。

会现状，在真实情境中激发并培养学生的地方服务意识，提高服务能力。

这一时期西北各高校人才培养的区域性指向还着重体现在学生服务西北的使命与责任意识的养成方面。培养高层次专业人才，夯实专业基础，提升实践技能仅仅是其中的一个方面，更为重要的是怎样在高等教育阶段培养学生为区域服务的使命感与责任感？如果仅有知识与技能，却没有服务的志向与精神，如何能肩负起历史之重任？稍有畏缩，怎能致力于改变贫瘠落后的西北社会生态？服务西北的使命与责任意识的养成贯穿在各高校人才培养目标、课程体系设置、教育教学活动的方方面面，这种精神层面的培养不仅需要制度与机制的硬性保障，而且需要在主体间相互作用场域中情感的触动与交流。西北地区高等教育的实践表明：这种服务意识的养成必须依靠多维度、多层面立体性的途径与方法，包括实践过程中亲身的体验、教师的言传与身教、同学间深度的切磋与探讨，以及校园文化的隐性作用等。

第四节　校长对高校人才培养的影响

优秀的高校校长的学识、智慧、良知、情怀与能力等，会在很大程度上影响高校办学理念的形成，他们对学校培养什么样的人，以及如何培养人等问题有深入、透彻的体认，并且这种认识与理解在切实的教育实践中不断改变与完善，不得不承认高校校长在高等学校人才培养过程中发挥着重要的作用。

西北社会有一群热爱国家、扎根边疆的高校校长。西北高校虽然地处偏远，物质条件跟不上，但西北高校有一群学术造诣深厚、品德高尚、甘于奉献的教师，尤其是还有一群立志发展西北高等教育、服务社会需求、维护西北边疆稳定、促进边疆建设发展的高校校长。国立西北师范学院院长李蒸、曾任西北三所高校（国立西北农林专科学校、国立西北农学院、兰州大学）校长的辛树帜、国立西北工学院院长赖琏、国立西北医学院院长徐佐夏、国立西北大学校长杨钟健、国立西北技艺专科学校校长曾继宽等，他们都为西北高等教育发展做出了巨大贡献，是他们引领和规范了西北高等教育发展的方向与路径，也正是在他们的思想与精神的指引下，西北地区各高校确定了明确的人才培养目标，形成了各具特色的人才培养体系，为开发西北、稳定边疆培养了大批优秀人才。

一　李蒸与国立西北师范学院人才培养

李蒸，字云亭，1919年毕业于北京高等师范学校英语学部。1927年获美国哥伦比亚大学师范学院哲学博士学位。归国后，曾任北京大学讲师，南京中央大学、江苏省立教育学院教授，国民党政府教育部社会教育司司长，北平师范大学校长。在抗日战争期间，任西北联合大学校务委员会常务委员、西北师范学院院长。抗战胜利后任三民主义青年团中央干事会副书记长、中央常务干事兼北平支团部筹备处主任，国民党中央常委，国民党政府立法委员。高深的学术造诣、丰富的教育实践经验以及一定的从政经历，使李蒸成为我国近代教育史上影响非凡的大教育家。

李蒸在攻读博士学位期间，其论文选题为"美国单师制学校组织之研究"，为了完成选题，1925年秋，李蒸赴美国中南部11个州参观和考察乡村学校，其博士论文写作经历为日后从事发展民众教育奠定了基础。归国后，李蒸始终没有放弃民众教育理想，利用各种机会继续开展民众教育实践。李蒸眼中的民众教育是广义的民众教育，"可以说民众教育既是教育，是全民教育，是培养全国民众成为健全公民的教育。健全公民应有最低限度的自治能力，包括基本的知识技能、健康向上的个人修养，以及适度的公共道德意识"[①]。

[①] 李蒸：《民众教育的途径》，《中国建设》1931年第4卷第1期，第5—6页。

李蒸对教育的认识源于民众教育的思想，而这种民众教育的执着更是影响了他对师范教育的理解与实践。1932 年 7 月，李蒸被国民政府教育部任命为北平师范大学校长。1937 年"卢沟桥事变"后北平师范大学西迁，被并入西安临时大学。1938 年 4 月，西安临时大学更名为国立西北联合大学，李蒸任西北联大师范学院院长。1939 年 8 月，西北联大改组为师范学院独立设置，李蒸又被任命为国立西北师范学院院长。国立西北师范学院作为高等师范学院，本来只为培养中等学校之健全师资，而李蒸对西北师范学院使命的诠释却达到了一个更高的层次，认为西北师范学院的真正使命在于促进文化，教育民众，树立国民之道德，复兴民族之责任，紧密结合西北社会发展需要，为西北文化建设服务。1941 年，身为西北师范学院院长的李蒸为《西北师院学术季刊》撰写发刊词，阐明了国立西北师范学院所肩负之使命：

一、遵照教育宗旨及实施方针，促进中等学校教育之发展，并协助西北各省教育行政当局扩充中等学校数量及改进内容。二、遵照青年训练政策，实施青年训练及研究青年问题。三、发扬中华民族固有文化与道德，并充实其生活力。四、倡导尊师重道之义，建立良好学风。五、陶冶国民人格，奠定复兴民族之基础。六、倡导改良社会风气，提高社会文化水准。七、领导教育思想，发挥教育主张。八、扩充教育事业，实现教育功能。九、坚定抗战意志，树立建国精神。十、提倡科学教育，促成国家现代化。简单言之，本院对于国家民族之复兴，社会文化之促进，及西北人民与在学青年之陶冶训练，均负有领导责任。

本院为西北地区师范教育最高学府，其使命实不仅限于课堂教学，及狭义的师资培植，必须致力民族文化之发扬，国民道德之树立。换言之，本院实有参加整个西北文化建设工作之任务。（一）为恢复民族固有道德，（二）为提高社会生活水准，（三）

为推进各省公民教育，（四）为供给人民精神食粮。①

很明显，李蒸心中的师范教育并非为培养"教书匠"，不是工匠就不是纯粹的专业技术人员，他将师范教育延伸到保存与传播文化的高度，认为师范教育应是文化的堡垒，更试图将民众教育的理念贯穿在师范教育的形态当中，利用师资培养的方式，最大限度地影响社会、教育民众、改造文化。

在教育应为提高全民素质的教育理念，对"师范教育担负着继承与传递本国固有文化责任"②的理解，以及对国立西北师范学院使命的深刻认识与体悟的共同作用下，李蒸认为，师范教育之学生应具有四项基本素质："1. 教师修养，2. 服务精神，3. 丰富学识，4. 健全体格。"其中，教师修养最为重要，身为人师首先当有高尚之道德，包括"1. 自制（管理自己），2. 自立（依赖自己），3. 可靠（可以信赖），4. 守时（守约准确），5. 勇敢（有胆量，见义勇为），6. 负责（有责任心，勇于负责），7. 切实（工作实在，不敷衍），8. 忠诚（对国家民族尽忠），9. 合作（能与人合作），10. 和善（不残忍，不欺压弱者）"。此外，还要有服务精神，养成厌恶自私自利的心理与习惯，要能牺牲小我完成大我。③

西北师范学院与北平师范大学一脉相承，在李蒸的领导下很好地继承了北平师范大学的校风，延续了北平师范大学的传统，显然，一方面，李蒸并未将西北师范学院简单地定位为师范学院，而是目光远大，立足西北师范学院中等学校优秀师资之培养，主动参与西北文化建设，担当复兴国家民族、促进社会文化、陶冶训练青年之重任，设定的人才培养目标指向通才教育，要求同时培养学生健全体魄、优秀

---

① 李蒸：《发刊词》，《西北师院学术季刊》1942年第1期，第1页。
② 李蒸：《战后中国师范教育方针》，《教育杂志》第32卷第1期（中国教育专号）1947年，第51页。
③ 李溪桥主编：《李蒸纪念文集》，中国社会科学出版社1996年版，第169页。

品质、丰富学识,以及服务精神。但另一方面,李蒸以办理两所高校的丰富经验,敏锐地意识到师范大学与师范学院的区别,西北师范学院人才培养目标的定位须一直紧紧围绕造就中等学校之优良师资,相比北平师范大学,更侧重于专业训练,更注重师德养成,更偏重于区域服务。① 从总体上看,李蒸建构的西北师范学院的通才教育是有指向的通才教育,是以培养优秀中等学校师资为旨归与边界的通才教育,与普通大学相比,师范教育注重文化的继承与传递;注重学术应用,促进科学知识普通化;强调对教育的研究;要求发展完全人格,重视专门技能与技术之训练与实习。②

可以说,李蒸院长对西北师范学院人才培养的影响是方方面面的,不论是人才培养目标的设定,还是具体培养过程中课程、教育教学活动的开展,其中都凝结了李蒸院长的心血,西北师范学院的人才培养体系是在李蒸院长凭借其高深的学术造诣与丰富的教育实践,经过多年不断摸索形成的;是在李蒸院长依据自身对教育的理解、对师范教育的期盼、对西北高等师范教育事业的构想中生成的。国立西北师范学院就如同李蒸先生的儿女,西北师范学院从校舍建设到花草树木无一不透露出李蒸先生的用心良苦,先生认识师院的每一位教师学生,西北师范学院的建设与发展凝聚着李蒸先生的心血。鉴于李蒸先生对师范教育,尤其是西北高等师范教育的贡献,他不仅享有"师范教父"的美誉,而且被后人称赞为"西北的拓荒者,社会教育的生力军"。

二 辛树帜与西北高等学校人才培养

除李蒸外,辛树帜也是这一时期西北高校校长的杰出代表。辛树帜出身贫寒,9岁入私塾,16岁考入常德西路师范,21岁考入武昌高师

---

① 李蒸:《师大对于国家的贡献》,《师大三七周年纪念增刊》1939年12月17日,第1—3页。
② 李蒸:《战后中国师范教育方针》,《教育杂志》第32卷第1期(中国教育专号)1947年,第51页。

(武汉大学前身),毕业后曾在长沙明德中学、湖南第一师范等校任教。从1924年起先后赴英国伦敦大学、德国柏林大学留学,学习植物分类学。归国后曾任中山大学教授兼生物系主任,1932年任国立编译馆馆长,1936年任国立西北农林专科学校校长,在西北农林专科学校改组为国立西北农学院后任院长,1946年筹建国立兰州大学并任校长。

1932年,辛树帜考察陕西诸地,正值陕西大旱,土地干涸,颗粒无收,饿殍遍地。放眼如此广袤的西北黄土高原,农业生产极其落后,开发西北,发展农业,解万民于倒悬的使命感、责任感在辛树帜心中油然而生。要发展农业,就必须依靠先进的科学技术,需要大量的农、林、畜牧业等专业人才,而当时的西北社会竟无一所高水平的农业院校,此时的辛树帜一心只想为贫瘠的西北社会创办一所自己的高等农林学校。于陕西武功择址建立西北农林专科学校,于右任为校长,1936年7月辛树帜继任校长,为西北创建农林高等学校的设想变成了现实。《西北农林专科学校章程》第三条规定:"本校根据中华民国教育宗旨及其实施方针并参照西北地方之实际需要,以教授应用农林科学养成农林技术专才,改进农林水利事业为宗旨。"[①] 西北农林专科学校为推动西北社会农林水利事业进步,人才培养注重应用知识传授,指向培养农林技术专业人才。可以说,西北农林专科学校的办学理念以及人才培养目标设定完全符合辛树帜校长的设想与期望,辛校长通过多方努力筹措资金、延揽人才,为这所新兴的西北农林高等学府的成长与发展奠定了基础。

1938年,西北农林专科学校与西北联大农学院合并改称西北农学院,辛树帜任校长。西北农学院人才培养目标指向培养农业、水利之专业人才,精研学术、发展农业、复兴农村,为西北开发与建设服务。由于学校类型的转变,西北农学院人才培养目标强调学术研究,强调培养能组织民众改变农村之人才,但与此同时又与大学之通才教

---

① 《国立西北农林专科学校一览》,1936年,第7页。

育有所区别，其中延续了西北农林专科学校培养应用技术人才的指向。这种延续一方面是学校合并后历史的承继，另一方面也与辛树帜院长的个人倾向密不可分。辛树帜早年在湖南第一师范任教时就曾多次带领学生到野外采集标本，主张引导学生从实践中获取与巩固知识，产生了极好的效果。在辛树帜眼中，西北农学院虽然分属独立学院，但是农学院之性质要求其人才培养必须理论联系实际，要为西北农业建设服务，就必须养成手脑并用之人才，培养既有高深知识又有专业技能，既可组织民众改造社会又可解决农民之实际问题的人才。

  不论是国立西北农林专科学校，还是国立西北农学院，甚至是后来的国立兰州大学，虽然学校性质不断改变，但辛树帜作为三所高校的校长试图通过西北、高等教育人才培养开发西北、建设西北的初衷未曾改变，辛校长对于西北社会、西北民众的深厚感情未曾改变。抗日战争结束后，辛树帜奉命担任国立兰州大学校长，他在上呈教育部之"主办兰州大学计划大纲"中说："西北诸省，为我国古代文化发祥之地，亦今后新国运发扬之所，承先启后，继往开来，国防价值，于今亦重，复兴文物，开发资源，实目前最重要之工作。"[①] 为大力发展西北畜牧业、改良兽禽品种、防治畜类疾病，更为促进西北民族团结考虑，辛校长多次上书国民政府教育部以及甘肃省政府，为兰州大学争取成立了兽医学院。此后，辛校长又为西北少数民族地区开发与建设着想，为民族团结边疆稳定谋划，呈文教育部，申请于兰州大学文学院增设边疆语文系，致力于培养"通语文，娴风俗"之边疆工作人才。辛树帜校长认为：国立兰州大学肩负着保障西北地区安全、稳定、开发与文化发展的历史重任，应着重培养适合西北社会特殊环境，包括多民族、多宗教、多文化复杂构造下稳定西北、开发西北、建设西北的多元高级专业人才，国立兰州大学人才培养目标即为培养"通语言""娴风俗""甘奉献"，能够适应西北民族地区工作、研究

[①] 《辛校长树帜上教育部签呈——主办兰州大学计划大纲》，《兰州大学校讯》1947年第1卷第1期，第2页。

的高等专业人才。

担任过三所西北高校校长的辛树帜，主导了这三所不同类型高校人才培养目标的设定，从专科学校到独立学院，再到综合性质的大学。随着高校类型的不断提升，辛校长对西北高等教育的使命以及如何发展西北高等教育，通过西北高等教育培养怎样的人才，如何培养这些人才，如何通过人才培养更好更高效地引领与服务西北社会等问题的思考也愈加深入而全面，看待问题的眼光与胸怀也更加开阔。从西北农林的专才培养到西北农学院的通专才结合培养，再到兰州大学的通才教育，辛树帜眼中的西北高等教育不再是技术层面单纯满足社会需求的工具，而是集传承文化、发展技术、稳定边疆等于一体的引领西北社会变革与发展的利刃。

三 西北地区高校校长的共同气质

国立西北师范学院以及国立西北农林专科学校、国立西北农学院、国立兰州大学在人才培养过程中受到了李蒸、辛树帜两位校长个人特征的影响，形成了具有李蒸、辛树帜色彩的人才培养体系。除李蒸与辛树帜外，西北高等学校还有一群同他们一样优秀的高校校长，在这些校长身上存在着共同的特质。

首先，他们都有海外留学经历，学术视野开阔、学术造诣精深。李蒸曾获美国哥伦比亚大学师范学院哲学博士学位；辛树帜曾先后赴英国伦敦大学、德国柏林大学留学学习植物分类学；赖琏曾赴美国伊利诺伊大学修习机械工程专业；杨钟健曾获德国慕尼黑大学理学博士学位；徐佐夏先后于柏林大学、提兵根大学、格莱夫司瓦尔多大学学习，后在柏林药理研究所担任教研员，获博士学位；曾济宽也曾留学日本，于日本鹿儿岛高等农业学校学习林科专业，后成长为我国著名林学家。

其次，这些校长都有浓厚的爱国之情与高尚的人格修养。如国立西北医学院院长徐佐夏赴德国柏林大学进修时就曾拒绝同事们的挽留，在抗战爆发后毅然回国，决心将自己毕生所学奉献给祖国。国立西北师范学院 1944 级国文系学生邵致新回忆说：

> 李院长有崇高的民族气节与赤诚的爱国精神。1937 年，日本发动了入侵中国的七七事变。北平沦陷后，李云亭院长如果不离开北平，继续留任师大校长，绝无问题。然而，强烈的民族感和炽热的爱国心，驱使他为了反对日本侵略中国，为了维护民族尊严，决不能忍辱为日寇工作！[①]
>
> 李院长非常尊重教师，好房总是让给教师住，自己住差的，新家具总是让给教师用，自己始终用旧的。李院长虽是博士，却非常谦虚，重要事都和教师商量，征求群众意见。对于学生更是爱护备至，为许多家庭困难的学生提供帮助，给予鼓励，大家都说"李云亭是我们永远难忘的恩师。"[②]

最后，这些校长都有丰富的教育实践经验以及教育行政经历。例如，辛树帜曾在长沙第一师范、长沙明德中学任生物教员，后出任广州中山大学生物系教授兼系主任等，也曾担任国民政府教育部编审处处长、行政院经济部农本局高等顾问、湖南省教育会会长等职务。国立西北工学院院长赖琏则有丰富的从政经验，曾任南京市政府秘书长、财政局长、连云港市市长等职。

同时具有开阔的眼界与高深的学术造诣、炽热的爱国情怀与高尚的人格修养、丰富的教育实践与行政经历等使得这一时期西北地区高等学校校长有驾驭与领导高教发展、变革的水平，有准确的高校定位与形成人才培养体系的能力。从实际效果来考察，西北地区各高校也正是在他们的领导下，才不断生成各自的人才培养目标、院系设置、课程体系、教育教学活动、保障机制等一系列完整的人才培养与实施方案，为西北社会发展培养了大量各类高层次专业人才。

---

① 李溪桥主编：《李蒸纪念文集》，中国社会科学出版社 1996 年版，第 350 页。
② 李溪桥主编：《李蒸纪念文集》，第 351—352 页。

附　　录

附表1　抗战全面爆发前（1927—1937年）西北高校

高校名称	学校类型	成立时间	学校校址	备注
兰州中山大学	省立大学	1928年2月	甘肃兰州	1929年初更名为甘肃大学，1932年3月又更名为省立甘肃学院
新疆省立俄文法政专门学校	省立独立学院	1924年	新疆迪化	1931年更名为新疆省立俄文法政学院，1935年1月更名为新疆学院
国立西北大学	国立大学	1924年3月	陕西西安	1927年改建为西安中山学院，1928年又改称西安中山大学，1931年宣告解体
国立西北农林专科学校	国立专科学校	1936年	陕西武功	1938年7月与西北联大农学院合并组建国立西北农学院

附表2　全面抗战时期（1937—1945年）迁入西北的高校（共8所）

高校名称	原址	新址	迁变情况
国立北平师范大学	北平	陕西南郑	1937年8月迁至陕西西安，9月组成西安临时大学，1938年4月迁往陕西汉中后更名为西北联合大学，后分解为国立西北工学院、国立西北农学院、国立西北大学、国立西北医学院，以及国立西北师范学院
国立北平大学	北平		
国立北洋工学院	天津		

续表

高校名称	原址	新址	迁变情况
省立河北女子师范学院	天津	陕西西安	1937年8月迁入西安，并入西安临时大学
私立川至医学专科学校	山西太原	陕西宜川	曾迁入陕西宜川，最后并入国立山西大学
省立山西大学	山西太原	陕西宜川	1939年12月迁入陕西三原，1941年迁往宜川，1943年2月返迁山西，4月改为国立，7月再次迁入宜川
私立焦作工学院	河南焦作	陕西天水	1937年10月迁入西安，后迁往天水，1938年7月与西北联大工学院、东北大学工学院合并组建国立西北工学院
省立河南大学	河南开封	陕西宝鸡	1942年改为国立，1945年春迁入陕西宝鸡

附表3 全面抗战时期（1937—1945年）西北地区新增高校（共13所）

高校名称	学校类型	成立时间	学校校址	备注
国立西北工学院	国立独立学院	1938年7月	陕西城固	1946年6月迁往陕西西安
国立西北农学院	国立独立学院	1938年7月	陕西武功	
国立西北大学	国立大学	1939年8月	陕西城固	1940年4月迁往陕西西安
国立西北师范学院	国立高等师范学院	1939年8月	陕西城固	1941年5月于甘肃兰州设立分部，1944年全校迁往兰州。1946年部分师生复员北平建立国立北平师范学院

续表

高校名称	学校类型	成立时间	学校校址	备注
国立西北医学院	国立独立学院	1939年8月	陕西南郑	
陕西省立医学专科学校	省立专科学校	1938年9月	陕西西安	1938年迁往陕西南郑，1939年回迁西安
陕西省立商业专科学校	省立专科学校	1941年8月	陕西西安	
陕西省立师范专科学校	省立专科学校	1944年7月	陕西西安	
私立知行农业专科学校	私立专科学校	1945年8月	陕西鄠邑	
私立西北药学专科学校	私立专科学校	1940年	陕西西安	
国立西北技艺专科学校	国立专科学校	1939年7月	甘肃兰州	1945年8月改称国立西北农业专科学校
新疆省立女子学院	省立独立学院	1943年3月	新疆迪化	1946年2月并入省立新疆学院
绥远省立绥蒙法政专科学校	省立专科学校			1941年《全国专科以上学校内迁及其分布统计表》后说明中注："省立专科以上学校未据将办理情形呈报者一校：绥远省立绥蒙法政专科学校。"1939年10月《教育部为国民党六中全会撰写的教育报告书》中也提及绥远省设立绥远省立绥蒙法政专科学校。说明绥远省立绥蒙法政专科学校也是抗战时期西北地区新建学校之一

附表4　全面抗战时期（1937—1945年）西北地区原有高校（共2所）

高校名称	学校类型	说明
甘肃省立甘肃学院	省立独立学院	1944年7月改为国立甘肃学院
新疆省立新疆学院	省立独立学院	

附表 5　抗日战争结束至新中国成立前（1945—1949 年）西北高校（共 12 所）

高校名称	学校类型	成立时间	学校校址	备注
国立西北工学院	国立独立学院	1938 年 7 月	陕西西安	
国立西北农学院	国立独立学院	1938 年 7 月	陕西武功	
国立西北大学	国立大学	1939 年 8 月	陕西西安	
陕西省立医学专科学校	省立专科学校	1938 年 9 月	陕西西安	
陕西省立商业专科学校	省立专科学校	1941 年 8 月	陕西西安	
陕西省立师范专科学校	省立专科学校	1944 年 7 月	陕西西安	
私立知行农业专科学校	私立专科学校	1945 年 8 月	陕西鄠都	
私立西北药学专科学校	私立专科学校	1940 年	陕西西安	
国立甘肃学院	国立独立学院	1944 年 7 月	甘肃兰州	1946 年 8 月，国立西北医学院之兰州部分与国立甘肃学院合并，原国立甘肃学院升级为国立兰州大学
国立西北师范学院	国立高等师范学院	1939 年 8 月	甘肃兰州	1946 年部分师生复员北平建立国立北平师范学院
国立西北农业专科学校	国立专科学校	1945 年 8 月	甘肃兰州	1947 年国立兽医学院成立后，西北农业专科学校兽医科奉命合于该院，另改设牧草一科
国立兽医学院	国立独立学院	1947 年 2 月	甘肃兰州	该院前身为国立兰州大学兽医学院
新疆省立新疆学院	省立独立学院	1935 年 1 月	新疆迪化	

附表 6　西北国立高等学校学生、教职员、工人数统计（1943 年 10 月）　（人）

校名	所在地	学生人数 本校	学生人数 附属学校	学生人数 总计	教职员人数 教员	教职员人数 职员	教职员人数 其他人员	教职员人数 总计	工人数
西北大学	城固	1219		1219	151	91	9	251	105
西北医学院	南郑	266		266	36	39	27	102	93

续表

校名	所在地	学生人数 本校	学生人数 附属学校	学生人数 总计	教职员人数 教员	教职员人数 职员	教职员人数 其他人员	教职员人数 总计	工人数
西北师范学院	兰州	1042	585	1627	171	148	11	330	129
西北工学院	城固	1110		1110	134	106	18	258	211
西北农学院	武功	579	322	901	136	72	34	242	228
甘肃学院	兰州	235		235	48	40	2	90	47
西北技艺专科学校	兰州	328		328	57	39	12	108	61
西北医学专科学校	兰州	175		175	33	24	2	59	13

附表7　西北专科以上学校教员人数统计（1945年4月）　（人）

校名	教授数	副教授数	讲师数	助教数
国立西北大学	81	26	26	32
国立西北工学院	39	3	4	35
国立西北农学院	61	15	27	40
国立西北医学院	14	6	8	14
国立西北师范大学	54	26	43	36
国立甘肃学院	20	6	15	7
国立西北技艺专科学校	15	10	18	12
国立西北医学专科学校	5	12	15	2

附表8　西北国立专科以上学校院系设置概况（1943年10月）

校名	学院、学部	系、科
西北大学	文学院	中国文、外国文、历史学系
	理学院	数学、物理、化学、生物、地质地理学系
	法商学院	法律、政治、经济、商学系
	先修班	

续表

校名	学院、学部	系、科
西北医学院	医学院	
西北师范学院	师范学院	国文、英语、史地、数学、理化、教育、体育、家政、公民训育、博物学系
	师范研究所教育学部	
	初级部	于兰州设国文科，城固设史地、理化两科，劳作专修科
西北工学院	工学院	土木、机械、电机、化学、纺织、矿冶、水利、航空工程学系、工业管理学系
	工科研究所矿冶学部	
	工程学术推广部	
西北农学院	农学院	农艺、植物病虫害、农业经济、森林、畜牧兽医、园艺、农业水利、农业化学学系
	农科研究所	
	农田水利学部	
	农业经济专修科	
西北技艺专科学校		农业经济、森林、畜牧兽医、农田水利科
西北医学专科学校		医学专科

附表9　1939—1946年度国立西北大学经常费预算决算比较　　（元）

年度	预算数	决算数	超支	结余
1939	11505472	11483902		21570
1940	46916400	46120268		796132
1941	65792000	65791921		79
1942	143109600	143109596		4
1943	245339500	241980938		3358562
1944	440542800	719020728	278477928	
1945	1746490000	1746490000		0
1946	8043791500	8043594498		197002

附表 10　　　　国立西北大学城固时期文学院科目

院系名称		专业必修科目	选修科目	共同必修科目
文学院	中国文学系	读书指导、文字学、声韵学、训诂学、中国文学史、专书选读、文选（及习作）、诗选（及习作）、曲选（及习作）、词选（及习作）、小说戏剧选、世界文学史、外国文学、毕业论文等	文学专书选读、中国文学批评、唐诗研究等（主要依据本系、本院师资情况决定，时有变化）	1. 国文、中国通史、西洋通史、外国文、伦理学、科学概论、哲学概论（后两门任选一门） 2. 物理、数学、化学、生物学、生理学、地质学（以上六门任选一门） 3. 政治学、社会学、经济学（三门任选两门）
	外国语文学系　英文组	英文散文选读及习作、英语语音学、英国文学史、英诗选读、小说选读、戏剧选读、欧美文学名著选读、文学批评、翻译、毕业论文等	根据教师的情况时有变化和增减	
	外国语文学系　俄文组	基本俄文、俄文文法、俄文短篇文背诵、俄文散文选读及作文、俄文会话、分期俄国文学研究、俄国小说、俄国文学史、欧洲名著选读、俄国文学名家全集选读、俄文翻译、毕业论文等	第二外国语、维吾尔语、法国文学、应用俄文等	
	历史学系	中国近世史、中国断代史、西洋近世史、亚洲诸国史、西洋国别史、专门史、中国地理总论、中国沿革地理、中国史学史、世界地理、西洋史学史、史学方法、史学通论（后四门选修两门）、毕业论文等	中国史部目录学、史前史、中国美术史、西北边疆史、史籍名著等	

续表

院系名称		专业必修科目	选修科目	共同必修科目
教育学系	边政学系	维吾尔文组	1. 社会科学类：社会科学概论、政治学、社会学、经济学、法学概论、心理学、理则学（以上七门任选两门） 2. 自然科学类：科学概论、普通物理学、普通数学、普通化学、普通生物学、普通地理学、普通地质学、地学通论（以上八门任选一门） 3. 专业类：边政学概论、中国边疆历史、边疆语文（蒙古文、藏文、回文任选一种）、中国边疆地理、民族学、人类学、语言学、考古学、边疆社会调查、边疆实习研究、毕业论文	选修科目主要根据教师特长开出
		藏文组		
			教育概论、西洋教育史、中国教育史、普通心理学、统计应用数学、教育心理学、教育统计学、心理及教育测验、发展心理学、中等教育、比较教育、普通教学法、教育哲学、教育研究法、教育行政、初等教育学科心理、社会教育、教学实习、毕业论文等	教育原理、社会心理学、近代教育思潮、变态心理学、心理卫生

附表11　　　　国立西北大学城固时期理学院科目

院系名称		专业必修科目	选修科目	共同必修科目
理学院	数学系	方程式论、微分方程、高等分析或高等微积分、高等解析几何、近世代数学、射影几何学、复变数函数论、普通物理学、微分几何学、普通化学、理论力学、毕业论文等	函数各论、级数论、数论、群论、初级数学研究、数理统计、概算等，根据教师情况，时有增减	党义（后改为三民主义）、军训、体育为当然必修科目，其余共同必修课为： 1. 国文、外国文、中国通史、微积分、高等算学（后两门课任选一门） 2. 社会学、政治学、经济学（三门课任选一门） 3. 物理、生物学、化学、地质学（四门课任选两门）
	物理学系	普通物理学、理论力学、电磁学、光学、热力学、无线电学原理、物理教学法、电工原理、无线电实验、近世物理、理论物理、物性及声学、物理实验、电磁学实验、电磁学、光学实验及毕业论文等	根据教师特长开出，时有变化	
	化学系	普通化学、化学教学法、普通化学实验、理论化学实验、工学化学、定性分析化学、有机分析化学、毒气化学、工业分析化学、专题研究及毕业论文等	高等无机化学、有机分析化学实验、热力学、原子构造等	
	生物学系	组织学、生物学、植物生理学、动物生理学、无脊椎动物学、无脊椎动物学实验、种子植物分类学、脊椎动物比较解剖学、脊椎动物比较解剖学实验、脊椎动物胚胎学、脊椎动物胚胎学实验、植物解剖学、植物解剖学实验、植物形态学、植物形态学实验、生物教学法及毕业论文等	细菌学等	
	地质地理学系	地理通论、地理学、地质学实习、测量学、矿物学、测量实习、地形学、气象学、非澳地志、北美地理、中国区域地理、澳洲地理、政治地理学原理、地理教授法与教材研究、毕业论文等	西北地理等	

附表12　　国立西北大学城固时期法商学院科目

院系名称		专业必修科目	选修科目	共同必修科目
法商学院	法律学系	根据1942年教育部对法律学系科目表修订结果，开设宪法、法学绪论、民法总则、刑法总则、民法债编、国际公法、民法物权、中国司法组织、外国文（二）、刑法分则、民法亲属继承、行政法、中国法制史、刑事诉讼法、商业法概论（或修公司法、票据法、海商法或劳工法四课）、民事诉讼法、法理学、国际私法、劳工法、毕业论文或专题研究等	第二外国语、罗马法、刑事特别法、中国旧律研究、比较民法、比较法学绪论、比较刑法、比较司法制度、中国司法问题、英美法、近代欧洲大陆法、立法学、土地法、破产法、证据法、强制执行法、犯罪学、监狱学、刑事政策、中国政治史、中国经济史、中国法律思想史、西洋政策外交史、法学专题研究等。上述选修课程经常根据教师个人情况变更，其中英美法、罗马法、中国法律思想史、中国旧律研究有时也规定为必修科目	除商学系没有共同标准外，法律、政治、经济各学系公共必修科目包括： 1. 国文、外国文、中国通史、论理学、西洋通史、哲学概论、科学概论（后两门任选一门） 2. 社会学、经济学、政治学、民法概要（以上四门任选两门） 3. 数学、化学、物理、生物学、生理学、地质学（以上六门任选一门） 4. 党义（后改为三民主义）、体育及军训，为当然必修科目 商学系的共同必修科目，增加了商业史、经济地理、会计学、财政学等课程，免去了政治、经济、社会学等
	政治学系	国际政治、中国政治史、国际政治问题讨论、中国外交史、中国地方政府、西洋政治外交史、新闻学研究、日本政治经济研究、中国政治思想史、各国政府及政治、行政学、市政学、欧洲政治思想史、战时地方政治及毕业论文等	根据教师专长开设	
	经济学系	货币银行学、会计学、战时财政、中国经济史、国际贸易与金融、农业经济、经济思想史、银行会计、地方财政、高级会计学、银行学、经济政策、官厅会计及审计、财政法规及毕业论文等	根据教师专长开设	
	商学系	统计学、市场学、会计学、成本会计、商业史、俄文会话、统计实习、俄文讲读、俄文作文、俄文翻译、俄文报章选读、俄文文法及毕业论文等	根据教师专长开设	

附表13　　**国立西北农林专科学校畜牧兽医组一年级课程**

科目	上学期 讲授时数（周）	上学期 实验时数（周）	下学期 讲授时数（周）	下学期 实验时数（周）
动物学	1	2	1	3
普通植物学	2	3		
化学	2	6	3	6
物理学	2	2		
数学	3		2	
国文	2		2	
英语	2		2	
党义	1		1	
军训	1	2	1	2
体育（课外运动）		4		4
植物分类学				
解剖学				
养蜂学			1	3
土壤学			2	
林学大意			2	

附表14　　**国立西北农林专科学校畜牧兽医组二年级课程**

年级、学期	科目	讲授时数（周）	实验时数（周）
二年级上学期	组织学	1	2
	家畜解剖学	1	2
	饲料作物学	1	3
	家畜鉴别学	2	2
	养马学	2	2
	家禽学	2	2
	化学（有机）	3	3
	农学大意	2	
	德文（选修）	2	
	体育（课外运动）		4

续表

年级、学期	科目	讲授时数（周）	实验时数（周）
二年级下学期	动物生理学	1	2
	寄生虫学	2	2
	家畜饲养学	2	2
	家畜管理学	2	3
	养牛学	2	2
	养羊学	2	2
	养狗学	2	2
	药物学	3	2
	德文（选修）	2	3
	体育（课外运动）		4

附表 15　　国立西北农林专科学校畜牧兽医组三年级课程

年级、学期	科目	讲授时数（周）	实验时数（周）
二年级上学期	遗传学	2	2
	家畜病理学	2	3
	细菌学	2	3
	内科学	2	
	外科学	2	
	诊疗实习		6
	乳肉检查	1	3
	德文（选修）	2	
	马术	3	
	体育（课外运动）		4
二年级下学期	家畜育种学	2	
	传染病学	2	3
	免疫学	1	3
	诊疗实习		6
	畜产制造	2	3
	农业经济学	2	
	荒政学（选修）	1	
	畜牧兽医讨论及研究		
	德文（选修）	3	
	体育（课外运动）		4

附表 16　　　　　国立西北师范学院共同必修科目

年级	科目	学分	学时（周）	课程目标	方法	教材要点
一年级	三民主义	4（不计入总学分）	2	树立青年革命的人生观，养成力行进取之精神，完成总理之遗志	演讲、笔记、问题讨论、时事报告	三民主义原理，及伦理、心理、物质、社会、政治五种建设的内容
一年级	国文	8	4	使能阅读古今新旧之书籍，并能作通顺而合文法之文字	各按院系性质，分组讲授（分六组，每组30—40人）诵读，并习作（每两周作文一次，用标记错误、发还自改，再交核证之法。每三周以修养日记代替作文一次）	1. 统一的，各组共用一种国文选本 2. 补充的，视各组所属院系性质，随宜选印
一年级	外国文	8	4	训练阅读英文书籍能力，树立研究高深学术基础	按程度分组（同国文），学生先预习、试读、校正错误，然后范读范讲，整理补充，自由讨论。每两周习作一次	继续中等学校英语科之教材，更加以补充与整理
二年级	政治学	6	3	使了解政治的真意义，养成行使选举、罢免、创制、复决之知能	演讲、笔记、问题讨论及批评	国民政府颁行之法令及运用之政策等
一或二年级	经济学	6				

续表

年级	科目	学分	学时（周）	课程目标	方法	教材要点
一、二年级（合班）	社会学	6	3	对社会现象及原理，有正确的认识，明了社会进化及其阶级性，不致盲从不正确之学说；并养成公正不偏之态度及批评精神，俾能指导社会活动	编印纲要、演讲、笔记、讨论问题	社会生活要素，及社会过程、组织、变迁、进化等
二年级	法学通论（政治学、经济学、社会学、法学通论任选其二）	6	3	使获得法律常识，养成法治精神	编印讲义、演讲、举例证、做笔记	民法总则、债及物权、亲属及继承，以及日常生活所必要的法律常识等
一或二年级	物理学	6				
一或二年级	化学	6				
一年级	生物学	6	（演讲）3（实验）2	使学生获得生物学之知识，明了教育学说在生物学上之根据	演讲、笔记、示范实验、指定阅读参考书	生物的形态、生理、发生、遗传及进化等
二年级	人类学（物理、化学、生物学、人类学任选其一）	6				

续表

年级	科目	学分	学时（周）	课程目标	方法	教材要点
二年级	哲学概论	4	2	使明了研究哲学之目的及方法，并认识哲学所支配之各种问题	编印讲义、演讲讨论，采取启发式、做笔记	唯物论、二元论、唯心论、多元论、知识与真理、道德的教旨、审美与宗教价值等
一年级	本国文化史	6	3	使明了本国民族之伟大，文化之璀璨，民族同化及文化进展之各阶段	编印讲义、演讲、笔记	中国文化之黎明期、夏商周之演进、春秋时代之思潮、战国诸子、秦始皇对文化之影响、汉以后之经术、六朝唐之佛道及文艺、宋理学、明清政制学术，及新文化运动等
二年级	西洋文化史	6	3	研究欧美文化之变迁及其特点，以为建设中国新文化之参考	编印讲义、演讲、笔记、介绍参考书	文化的起源、古文化的西界、拜占庭文化、现代文化与科学等
一至四年级	体育（不计入总学分）	8	2	锻炼体魄、发展体能，并培养公勇合作牺牲之精神及体育道德，养成以体育活动为调剂身心之生活习惯，兼使有争当的体育观念与提倡推进体育之志趣及能力	依照适当的体育设施，予以训练。采取渐进有系统之方法，高年级领导低年级之活动。技术训练与理论讲述并用。正课与课外活动取得联络。在训管方面采取感化、鼓励及辅导之方法等	一年级体格检查、垫上运动、篮球、器械运动、田径运动、垒球。二年级体格检查、垫上运动、大小足球、德国手球、器械运动、排球、田径运动。三年级体格检查、器械运动、篮球、大小足球、垫上运动、垒球、游泳。四年级体格检查、个人运动、篮球、大小足球、垒球、排球、游泳等

续表

年级	科目	学分	学时（周）	课程目标	方法	教材要点
一、二、三年级	军训	8（不计入总学分）	（一年级）3（二、三年级）2	1. 造成体魄坚强、人格高尚、行动积极，能为民族国家牺牲奋斗的中国国民。2. 培养态度庄严、操作勤敏、负责任、守纪律、明礼仪、知廉耻的现代国民 3. 培养思想统一、精诚团结、爱国爱群、共同奋斗，以复兴民族完成革命自任的忠勇国民	1. 矫正思想行动及习惯 2. 讲述军事知识 3. 精神讲话 4. 内务检查 5. 共同生活 6. 集会点名 7. 对女生实施军事看护训练 8. 对二、三年级学生实施军事训练	
一年级	音乐	不计学分	1	使对音乐有概括认识，自修能力，及指导中学生课外活动音乐的知能	演讲、设计、范唱及听唱、自学	歌曲、音乐、常识及原理等
二年级	卫生概要（本院特设科目）	2	1	养成学生正当科学的健康态度，及解决各种健康问题之知能	编印纲目、笔记、演讲	个人卫生、疾病、公共卫生等
二年级	英文复习	不计学分	2	进一步训练阅读之能力，俾能阅读并了解各该系科之参考书	指导阅读及解释阅读之材料，偏重学生活动	

附表17　　　　国立西北师范学院教育学系专门科目

年级	科目	学分	学时（周）	课程目标	方法	教材要点
一年级	普通心理学	4	2	使明了人类行为，并熟悉心理学之基本知识与方法	讲授、表演、讨论、笔记、读书报告	1. 心理学范围与方法 2. 行为之生理基础 3. 感觉、直觉、反应、情绪、动机、学习、智慧等
二年级	社会学	6	3	见共同必修课目		
	论理学	4	2	使明了各家论理学大要，以为求学进修之门	重笔记及课外阅读，并鼓励做读书笔记	1. 论理学简史 2. 思维论 3. 概念论、判断论 4. 演绎推理及归纳法等
	教育统计	4	2	使了解统计原理及重要方法，并练习教育上所需之统计技术	笔记纲要并参考资料、演算习题、参观行政机关统计工作	1. 次数分配 2. 集中量数 3. 离中量数 4. 相关量数 5. 可靠度 6. 统计在教育测验及实验上之应用
	实验心理（一）	2	2	训练实验之规则与技能，使将来能担任实验工作	实验、报告、课外阅读、讨论	分别差异、学系、联想、注意、思想、知觉等
	中国教育史	4	2	使知教育思想之演进，了解教育原理，教育制度，及教学原则	讲述、笔记、就过去事实及思想，令学生批判讨论	1. 初民生活及原始教育之形态 2. 封建制度之形成及民族教化之演进 3. 社会的改造及教育的转变

续表

年级	科目	学分	学时（周）	课程目标	方法	教材要点
三年级	西洋教育史	4	2	使知西洋教育之事实、理想，及演进的过程	演讲、笔记、讨论	上古教育史（希腊、罗马）、中世纪教育史、近代教育史等
	中等教育（本属共同必修之教育基本科目，本院教育系安排三年级开设，减为4学分）	4	2	使熟悉现代中等教育之理论，并能运用理论以处理实际问题	演讲、讨论、读书报告	1. 中等教育之历史与各国中等教育之比较 2. 现代中等教育之社会背景 3. 中等学校学生之特征 4. 中等教育之目标与功能 5. 中等学校之组织、行政、课程、课外活动等
	伦理学	3	（第一学期）3 （第二学期）2	使明了伦理学之意义，是非善恶之概念与发展，人生之目的，各家之学说，以培养其正确的人生观	演讲、笔记、讨论、注重实例、读参考书	1. 伦理学之意义 2. 伦理学说之发展 3. 动机论与结果论 4. 人生之目的 5. 幸福与人生 6. 个人幸福与社会幸福 7. 理性与道德 8. 本物、自我与道德的分类 9. 学校与德育 10. 结论

续表

年级	科目	学分	学时（周）	课程目标	方法	教材要点
三年级	心理及教育测验	4	2	使了解测验之原理及实施与编制，并培养其对于教育研究之科学态度	笔记纲要、阅读参考书目、从事实际测验并编制简单测验	1. 测验举例 2. 测验之要素 3. 测验之实施及结果之处理 4. 测验之编制
	发展心理学	4	2	使了解人类心理之发展，及其衰颓现象与死后所遗留之影响	讲授、读书报告	1. 发展之特性 2. 生存之发展 3. 新生婴儿 4. 运动能力之发展 5. 语言能力之发展等13项
	教育行政	4	2	使对于教育行政有明确之认识及处理之能力	预拟题目、指定参考书、演讲、讨论、批评、作研究报告	1. 总论，分绪论及中华民国宪法内之教育专章 2. 教育行政机关，分中央、省区、县市三部分及督学制度 3. 学校系统，分小学教育、中学教育、大学教育及社会教育
	学科心理（教育系心理组增设）	3	（第一学期）2 （第二学期）1	介绍心理学家对于各学科实验所得之事实，使能选择教材，并施行适当之教法	讲授、读书报告、实验、讨论	组织、动机、练习、读书、算术、社会科学、自然科学等

续表

年级	科目	学分	学时（周）	课程目标	方法	教材要点
三年级	社会心理	3	（第一学期）2（第二学期）1	使明了社会行为，及社会心理学之实验资料与方法	演讲、笔记、讨论、调查、课外阅读、读书报告	社会之本能、人格、态度、意见、德行，及社会之行为等
三年级	学校管理	3	（第一学期）2（第二学期）1	灌输并培养处理学校行政之知能	讲授、笔记、印发参考资料、参观学校	总论、教务、训育、事务等
三年级	公文程式	2	1	培养研究、选拟及整理保管公文之技能与兴趣	讲解、实习试做	1. 导言及参考书举要 2. 呈。3. 公函及咨 4. 训令 5. 指令及批等
四年级	教育哲学（四年级均为北平师大旧班）	4	2	使知教育与哲学之关系，研究并讨论教育基本问题及使用价值	笔记、讨论问题、批评新教学理论及教学原则	1. 教育哲学之形成及其特质与任务 2. 教育与哲学之关系 3. 教育与变动的文化与社会 4. 世界观与教育理论
四年级	论文研究	4	2	训练对于教育实际问题之研究能力与习惯	演讲研究方法要点，指导选择题目，推行研究	1. 题目之选择与形成 2. 材料之搜集与整理 3. 结论之获得 4. 报告之编辑

续表

年级	科目	学分	学时（周）	课程目标	方法	教材要点
四年级	动物心理	4	2	使了解动物心理之实验方法，理论与问题	讲授、讨论	1. 动物心理学之问题与方法 2. 学系与成熟 3. 药物及内分泌于动物之影响 4. 受纳器官之反应 5. 学习的神经学 6. 白鼠的行为 7. 人猿行为等
	实验心理（二）	6	3	使明了实验情况控制之重要，并获得实验心理之技能	实验、讨论、实验报告	感觉及知觉、反应时间、心理物理方法、情绪、记忆、注意、学习等
	各国教育行政	6	3	使认识各国教育制度之特点，及近代教育行政之原则与趋势	讲演、讨论、读书报告	1. 各国教育制度之历史与社会背景 2. 各国教育行政机关之比较 3. 各国学校系统之比较
	学务调查	4	2			
三、四年级	教育与职业指导（选修）	4	2	使明了教育与职业指导之意义、目的、功用、步骤与方法，并知如何做导师	讲述要点、笔记、指定参考书、讨论、作报告	详述指导的任务，包括个性考查、职业之研究、选择、准备、加入、改进与改选，指导机关之组织

续表

年级	科目	学分	学时（周）	课程目标	方法	教材要点
二、三年级	英文教育名著选读（本院特设）	4	2	训练读英文著作及汉译之能力，并识得教育思想与实施中之主要观念与事实	阅读及解释、翻译、讨论问题	
三年级	统计应用数学（选修）	4	2	使了解统计上所需要之数位，并培养其研究兴趣	用启发法复习，用问题法研究高深学理，并使应用于数学	代数、解析几何、微分、最小二乘式在统计上之应用等
三年级	战时民众组训（本院特设）	4	2	使明了民众组训之重要及其内容，并培养办理民众组训之兴趣与技能	讲授、讨论、参观与实习	战时民众组训之意义、各省战时民众组训介绍、民众组训实施方案及干部训练等

参考文献

一 档案、文史资料类

教育部编：《教育法令》，中华书局1948年版。

教育部训育研究委员会编：《训育法令汇编》，教育部训育研究委员会，1935年。

军事委员会政治部：《二十八年度修正高中以上学校军事训练实施方案草案》，1939年。

李自发、安汉编：《西北农业考察》，国立西北农林专科学校，1936年。

马鸿逵：《西北两大问题——回汉纠纷与禁烟问题》，秦孝仪主编：《革命文献》第88辑《抗战前国家建设史料》，文海出版社1981年版。

秦孝仪主编：《革命文献》（第89辑），台北文物供应社1981年版。

沈云龙主编：《第二次中国教育年鉴》（第5编），文海出版社1995年版。

沈云龙主编：《近代中国史料丛刊》第3编第11辑《国际联盟教育考察团报告书》，文海出版社1986年版。

宋恩荣、章咸编：《中华民国教育法规选编》，江苏教育出版社2005年版。

西北大学西北联大研究所编：《西北联大史料汇编》，西北大学出版社2012年版。

西北师范大学校史资料编研组：《国立西北师范学院史料摘编》（上、

下），中国文史出版社 2014 年版。

中国第二历史档案馆编：《中华民国史档案资料汇编》（第 5 辑第 1 编教育 1），凤凰出版社 1994 年版。

中国第二历史档案馆编：《中华民国史档案资料汇编》（第 5 辑第 1、2、3 编政治 1），凤凰出版社 1994 年版。

《甘肃学院月刊》第 47 期，1940 年 11 月。

《国立西北大学概况》，1947 年。

《国立西北大学校刊》第 1—4 期，1942 年 7 月—1942 年 12 月（复刊第 1 期至复刊第 40 期），1944 年 10 月—1948 年 12 月。

《国立西北工学院概要》，1929 年。

《国立西北技艺专科学校校刊》第 1—12 期，1942 年 3 月—1942 年 12 月。

《国立西北联大校刊》第 1—18 期，1938 年 8 月—1939 年 6 月。

《国立西北农林专科学校一览》，1936 年。

《国立西北农学院院刊》第 1—7 期，1946 年 4 月—1947 年 4 月。

《国立西北师范学院校务汇报》第 13、14 两期合刊至第 87 期，1940 年 6 月—1947 年 10 月。

《国立西北师范学院院务概况》，1940 年。

《国立西北医学院院刊》第 4 期至第 22、23 期合刊，1941 年 3 月—1942 年 9 月。

《兰州大学校讯》第 1 卷第 1 期至第 1 卷第 3 期，1947 年 1 月—1948 年 1 月。

《西安临大校刊》第 1—12 期，1937 年 12 月—1938 年 7 月。

《西北农专周刊》第 1 卷第 5 期至第 1 卷第 11 期，1937 年 4 月—1937 年 7 月；第 2 卷第 1 期至第 2 卷第 8 期，1937 年 7 月—1937 年 11 月。

二 著作类

车如山：《甘肃高等教育近代化研究》，科学出版社 2014 年版。

陈学恂：《中国教育史研究·近代分卷》，华东师范大学出版社2001年版。

冯开文：《中华民国教育史》，人民出版社1994年版。

高平叔编：《蔡元培教育论著选》，人民教育出版社1991年版。

顾明远：《中国教育大百科全书》，上海教育出版社2012年版。

顾明远主编：《教育大辞典》，上海教育出版社1988年版。

管守新、罗忆主编：《新疆大学建校80周年丛书：新疆大学校史（1924—2004）》，新疆大学出版社2004年版。

韩立云：《创立与传承——民国时期北京大学人才培养模式的形成》，南京大学出版社2015年版。

何国华：《民国时期的教育》，广东人民出版社1996年版。

侯德础：《抗日战争时期中国高校内迁史略》，四川教育出版社2001年版。

胡德海：《教育学原理》，甘肃教育出版社2006年版。

胡建华、陈列、周川、龚放：《高等教育学新论》，江苏教育出版社2006年版。

黄志成主编：《西方教育思想的轨迹——国际教育思潮纵览》，华东师范大学出版社2008年版。

季啸风主编：《中国高等学校变迁》，华东师范大学出版社1992年版。

蒋中正：《革命的教育》，中央训练团，1938年。

李国钧、王炳照：《中国教育制度通史》，山东教育出版社2000年版。

李浩泉：《躁动的青春——民国时期北京大学的学生社团活动（1912—1949）》，华中科技大学出版社2014年版。

李均：《中国高等教育研究史》，广东高等教育出版社2005年版。

李溪桥主编：《李蒸纪念文集》，中国社会科学出版社1996年版。

李永森、姚远主编：《西北大学史稿上卷（1902—1949）》，西北大学出版社2002年版。

廖哲勋、田慧生：《课程新论》，教育科学出版社2003年版。

刘宝存：《大学理念的传统与变革》，教育科学出版社 2004 年版。

刘海峰、史静寰：《高等教育史》，高等教育出版社 2010 年版。

刘海峰、庄明水：《福建教育史》，福建教育出版社 1996 年版。

刘基、王嘉毅、丁虎生主编：《西北师范大学校史》，教育科学出版社 2012 年版。

刘述礼、黄延复编：《梅贻琦教育论著选》，人民教育出版社 1993 年版。

刘英杰主编：《中国教育大事典（1840—1949）》，浙江教育出版社 2001 年版。

吕型伟主编：《上海普通教育史》，上海教育出版社 1994 年版。

马鸿亮：《国防线上之西北》，上海经纬书局 1936 年版。

马振犊主编：《抗战时期西北开发档案史料选编》，中国社会科学出版社 2009 年版。

梅贻琦：《大学一解》，杨东平主编：《大学精神》，文汇出版社 2003 年版。

潘懋元：《潘懋元论高等教育》，福建教育出版社 2000 年版。

潘懋元：《中国高等教育百年》，广东高等教育出版社 2003 年版。

潘懋元、王伟廉主编：《高等教育学》，福建教育出版社 2013 年版。

潘懋元主编：《应用型人才培养的理论与实践》，厦门大学出版社 2011 年版。

齐红深：《东北地方教育史》，辽宁大学出版社 1991 年版。

秦孝仪：《革命文献》（第 89 辑），文物供应社 1981 年版。

曲士培：《中国大学教育发展史》，北京大学出版社 2006 年版。

曲士培编：《蒋梦麟教育论著选》，人民教育出版社 1995 年版。

曲铁华：《中国教育史》，武汉大学出版社 2011 年版。

宋恩荣、章咸：《中华民国教育法规选编》，江苏教育出版社 2005 年版。

孙培青：《中国教育史》，华东师范大学出版社 2000 年版。

陶秉礼主编：《西北工业大学校史》，西北工业大学出版社 1995 年版。

陶英惠：《蔡元培与北京大学（1917—1923）》，台湾商务印书馆 1986 年版。

陶愚川：《中国教育史比较研究（近代部分）》，山东教育出版社 1985 年版。

田正平：《中国教育思想通史》，湖南教育出版社 1994 年版。

汪洪亮：《民国时期的边政与边政学（1931—1948）》，人民出版社 2014 年版。

王炳照、李国钧、闫国华：《中国教育通史》，北京师范大学出版社 2013 年版。

王文田：《张伯苓与南开》，山西教育出版社 1995 年版。

吴东方：《复杂性理论关照下的教育之思》，教育科学出版社 2014 年版。

吴俊生：《教育哲学大纲》，商务印书馆 1943 年版。

吴相湘：《三生有幸》，中华书局 2015 年版。

肖海涛：《中国高等教育学制改革》，广东高等教育出版社 2011 年版。

熊明安：《中华民国教育史》，重庆出版社 1997 年版。

熊明安、徐仲林、李定开主编：《四川教育史稿》，四川教育出版社 1993 年版。

熊贤君：《湖北教育史》，湖北教育出版社 1999 年版。

徐浩、侯建新：《当代西方史学流派》，中国人民大学出版社 2009 年版。

许美德：《中国大学 1895—1995：一个文化冲突的世纪》，教育科学出版社 1999 年版。

闫国华、李国钧、王炳照总主编，于述胜著：《中国教育通史中华民国卷》（下），北京师范大学出版社 2013 年版。

闫丽娟：《中国西北少数民族通史》（民国卷），民族出版社 2009 年版。

杨立德：《西南联大教育史》，成都出版社 1995 年版。

姚远、董丁诚、熊晓芬等编：《图说西北大学 110 年历史》，西北大学出版社 2012 年版。

余子侠、冉春：《中国近代西部教育开发史——以抗日战争时期为中心》，人民教育出版社 2015 年版。

张楚廷：《高等教育学导论》，人民教育出版社 2010 年版。

张传遂：《中国教育史》，高等教育出版社 2010 年版。

张大民：《天津近代教育史》，天津人民出版社 1993 年版。

张慧明：《中外高等教育史研究》，湖南大学出版社 1998 年版。

张克非主编：《兰州大学校史》（上编），兰州大学出版社 2009 年版。

张宪文、张玉法主编：《教育的变革与发展（中华民国专题史）》，南京大学出版社 2015 年版。

赵清明：《山西大学与山西近代教育》，高等教育出版社 2011 年版。

赵卫平编：《走向一流的历史轨迹——中外著名大学校长治校理念与办学制度文献选编》（外国卷之一），浙江大学出版社 2015 年版。

郑登云：《中国高等教育史》，华东师范大学出版社 1994 年版。

周谷平、赵师红编：《走向一流的历史轨迹（中国卷之一）——中外著名大学校长治校理念与办学制度文献选编》，浙江大学出版社 2015 年版。

［美］罗伯特·M. 赫钦斯：《美国高等教育》，汪利兵译，浙江教育出版社 2001 年版。

［英］埃里克·阿什比：《科技发达时代的大学教育》，滕大春、滕大生译，人民教育出版社 1983 年版。

［德］卡尔·西奥多·雅斯贝尔斯：《什么是教育》，邹进译，生活·读书·新知三联书店 1991 年版。

［法］埃德加·莫兰：《方法：思想观念——生境、生命、习性与组织》，秦海鹰译，北京大学出版社 2002 年版。

［法］埃德加·莫兰：《复杂思想：自觉的科学》，陈一壮译，北京大

学出版社 2001 年版。

［法］埃德加·莫兰：《复杂性理论与教育问题》，陈一壮译，北京大学出版社 2004 年版。

［法］埃德加·莫兰：《复杂性思想导论》，陈一壮译，华东师范大学出版社 2008 年版。

［法］勒高夫：《新史学》，姚蒙编译，上海译文出版社 1989 年版。

［法］卢梭：《爱弥儿》，李平沤译，商务印书馆 1978 年版。

［美］德里克·博克：《走出象牙塔——现代大学的社会责任》，徐小洲、陈军译，浙江教育出版社 2001 年版。

［美］克拉克·科尔：《大学的功用》，陈学飞译，江西教育出版社 1993 年版。

［美］莫顿·凯乐、菲利斯·凯勒：《哈佛走向现代：美国大学的崛起》，史静寰等译，清华大学出版社 2015 年版。

［美］亚伯拉罕·弗莱克斯纳：《现代大学论——美英德大学研究》，徐辉、陈晓菲译，浙江教育出版社 2001 年版。

［美］约翰·S. 布鲁贝克：《高等教育哲学》，王承绪等译，浙江教育出版社 2001 年版。

［英］波普尔：《历史主义的贫困》，何林等译，社会科学文献出版社 1987 年版。

［英］纽曼：《大学的理想》，徐辉等译，浙江教育出版社 2001 年版。

T. 胡森等：《国际教育百科全书·课程》，江山野编译，教育科学出版社 1991 年版。

三　硕博学位论文

白婷：《（1927—1949）西北高等学校与边疆社会关系研究》，硕士学位论文，西北师范大学，2014 年。

陈家新：《国立西南联合大学的物理人才培养及研究工作》，硕士学位论文，中国科学技术大学，2008 年。

陈晶：《中国近代大学人才培养目标的演进（1860—1930 年）——以北大和清华为例》，硕士学位论文，华中科技大学，2007 年。

邓小林：《民国时期国立大学教师聘任之研究》，博士学位论文，四川大学，2005 年。

宫兆敏：《从"绝激移栽"看西南联大的人才培养》，硕士学位论文，中国地质大学，2006 年。

郭欣：《西南联大人才培养模式初探》，硕士学位论文，河北大学，2010 年。

李涛：《民国时期国立大学招生研究》，博士学位论文，西南大学，2014 年。

李铁媛：《西南联大学术自由与创新型人才培养》，硕士学位论文，云南师范大学，2014 年。

李艳莉：《崇高与平凡——民国时期大学教师日常生活研究（1912—1937）》，博士学位论文，华中师范大学，2015 年。

吕闻佩：《齐鲁大学人才培养模式研究（1931—1952）》，硕士学位论文，山东财经大学，2015 年。

王成：《中国教会大学人才培养特点透视》，硕士学位论文，南京大学，2011 年。

王景：《民国政府（1912—1949）少数民族教育政策研究》，博士学位论文，西北师范大学，2012 年。

王峻：《论抗战时期国民政府高等教育的方针与措施》，硕士学位论文，首都师范大学，2002 年。

韦诗业：《民族认同与国家认同的和谐关系建构研究》，博士学位论文，武汉大学，2012 年。

吴仪轩：《浅析民国时期国立北京大学的教师聘任制度》，硕士学位论文，福建师范大学，2015 年。

夏兰：《民国时期现代大学制度演变研究》，博士学位论文，复旦大学，2012 年。

熊万曦：《西南联大的学术研究与人才培养》，硕士学位论文，江西师范大学，2015年。

燕慧：《西北开发中的民族教育研究》，博士学位论文，西北师范大学，2015年。

张立娟：《地方大学与地方社会发展关系研究》，硕士学位论文，南京师范大学，2008年。

四　期刊论文

陈果夫：《开发西北及建设人才之造就问题》，《中央周报》1932年第207期。

陈克：《西北大学边政系素描》，《西北文化月刊》1947年第1期。

陈立夫：《对于高级师范教育之希望》，《教育通讯周刊》1938年第34期。

陈启能：《略论微观史学》，《史学理论研究》2002年第1期。

陈一壮：《怎样给复杂性研究作历史定位》，《自然辩证法研究》2004年第12期。

陈育红：《民国大学教授兼课现象考察》，《民国档案》2013年第1期。

陈育红：《民国时期国立大学教育经费的影响因素》，《高等教育研究》2013年第5期。

陈育红：《战前中国大学教师薪俸制度及其实际状况的考察》，《民国档案》2009年第1期。

戴季陶：《开发西北的重要与其下手一文》，《新亚细亚》1931年第2卷第4期。

邓云清：《新大学运动与英国高等教育的近代化》，《高等教育研究》2008年第1期。

高耀明：《民国时期高校招生制度述略》，《高等师范教育研究》1997年第4期。

韩震：《论国家认同、民族认同及文化认同——一种基于历史哲学的分析与反思》，《新华文摘》2010年第7期。

何应钦：《开发西北为我国当前要政》，《中央周刊》1932年第199期。

侯艳：《浅谈计量史学法在教育史研究中的运用》，《教育探索》2011年第2期。

扈中平：《教育目的中个人本位论与社会本位论的对立与历史统一》，《华南师范大学学报》（社会科学版）2000年第4期。

霍宝树：《开发西北概论》，《建设》1931年第11期。

姜琦：《祝贺西北学会成立》，《西北学报》1941年第1期。

赖琎：《动员工程师建设大西北》，《西工友声》1943年第2卷第4期。

李罡：《略论政府初期的高等教育立法》，《清华大学教育研究》1997年第2期。

李海萍、上官剑：《物质牵制与精神自由：民国前期大学教师薪酬研究》，《教师教育研究》2012年第7期。

李培基：《开发西北计划书》，《新北方月刊》1932年第1期。

李瑞山、陈振、邹铁夫：《民国大学国文教育课程教材概说》，《中国大学教学》2015年第8期。

李蒸：《发刊词》，《西北师院学术季刊》，1942年。

李蒸：《民众教育的途径》，《中国建设》1931年第4卷第1期。

李蒸：《战后中国师范教育方针》，《教育杂志》1947年第32卷第1期（中国教育专号）。

梁晨：《民国国立大学教师兼课研究——以北京大学、清华大学为例》，《民国研究》2011年第3期。

梁欧第：《新疆教育鸟瞰》，《边政公论》1947年第6卷第2期。

梁严冰：《西北联大与抗战时期的西北战略》，《西北大学学报》（哲学社会科学版）2012年第9期。

刘海峰：《西北联合大学的命运》，《中国教育报》2012年第5期。

刘献君：《建设教学服务型大学——兼论高等学校分类》，《教育研究》2007年第7期。

吕红艳、罗英姿：《民国时期高等教育行政体制之历史省察》，《江苏社会科学》2012年第1期。

马鹤天：《开发西北是解决中国社会民生问题的根本方法》，《新亚细亚》1931年第1卷第1期。

马鹤天：《开发西北之两大问题》，《新西北》1932年第3—4期。

马文华：《民国时期的新疆学院》，《新疆大学学报》（哲学社会科学版）1991年第4期。

民生：《西北在中国建设上之重要性及其开发之方略》，《求实月刊》1931年第1卷第11—12期。

莫雷：《知识的类型与学习过程》，《课程·教材·教法》1998年第5期。

潘公展：《精神国防的重要性》，《抗战半月刊》1937年第1卷第3期。

潘懋元：《关于高等教育学科建设的若干问题》，《高等教育研究》1993年第2期。

曲铁华、王美：《民国时期高等教育政策的历史演进及特点探析》，《现代大学教育》2013年第4期。

曲铁华、王美：《民国时期高等教育政策嬗变的影响因素及启示》，《河北师范大学学报》（教育版）2015年第2期。

商丽浩：《限制兼任教师与民国大学学术职业发展》，《浙江大学学报》（人文社会科学版）2010年第7期。

尚季芳：《抗战时期内迁高校与西北地区现代化——以国立西北师范学院为中心的考察》，《西北师大学报》（社会科学版）2012年第9期。

沈忱：《英国大学与城市协同发展的案例分析——以伦敦大学与伦敦市互动为例》，《中国高教研究》2015年第8期。

沈灌群：《论我国西北高等教育之建设》，《高等教育季刊》1942 年第 2 期。

沈岚：《简论抗战时期国民政府的高等教育政策》，《民国档案》1998 年第 2 期。

释维摩：《新疆学院沿革史略》，《瀚海潮》1947 年第 1 卷第 2、3 期合刊。

田正平、张建中：《近代西北地区高等教育发展探析——以 1927 年至 1949 年为中心》，《高等教育研究》2007 年第 1 期。

汪呈因：《国立西北农林专科学校计划书》，《新农通讯》1933 年第 15 期。

王保星：《威斯康星观念的诞生及对美国高等教育的影响》，《河北师范大学学报》（教育科学版）2000 年第 1 期。

王景、张学强：《国民政府时期推行边疆教育政策的背景刍议》，《华东师范大学学报》（教育科学版）2012 年第 6 期。

王荣德：《西南联大培养杰出人才的成功经验》，《高等工程教育研究》2001 年第 3 期。

王堂堂、周采：《微观史学思想与美国新教育史学转向》，《中国人民大学教育学刊》2014 年第 6 期。

王彦才：《论民国时期政府对私立大学的资助》，《教育评论》2006 年第 6 期。

卫惠林：《论边疆学术与边疆大学设置问题》，《边政公论》1948 年第 3 期。

吴静：《民国时期大学学位课程的特点与启示》，《课程·教材·教法》2002 年第 1 期。

西北研究编辑部：《发刊词》，《西北研究》（北平）1931 年第 1 期。

习之：《西北大学的边政系》，《西北通讯》1947 年第 6 期。

肖雪：《训育与反训育》，《民族教师》1941 年第 1 卷第 3 期。

辛树帜：《西北之高等教育》，《新甘肃》1947 年第 1 卷第 1 期。

徐洁：《民国时期（1927—1949）中国大学课程整理过程及发展特点》，《江苏高教》2007年第2期。

许甜：《高等教育史研究的计量方法探讨：以区域分布史为例》，《清华大学教育研究》2011年第8期。

杨雪翠：《略论微观史学对教育史研究的启示》，《教育学报》2010年第10期。

姚远：《国立西北联合大学的分合及其历史意义》，《西北大学学报》（哲学社会科学版）2012年第5期。

轶名：《如何树立精神国防》，《黄埔》1939年第2卷第2期。

逸飞：《对于开发西北的讨论》，《北辰杂志》1933年第34期。

殷祖英：《论西北文化国防问题》，《西北学术》1943年第4期。

于述胜：《民国时期社会教育问题论纲——以制度变迁为中心的多维分析》，《北京大学教育评论》第3卷第3期。

曾加、刘亮：《陕西法政学堂与近代中国西部的法学高等教育》，《西北大学学报》（哲学社会科学版）2012年第5期。

张传敏：《民国时期的大学新文学课程》，《新文学史料》2008年第2期。

张克非：《兰州大学校史上几个重要问题的考辨》，《兰州大学学报》（社会科学版）2009年第7期。

张学强：《（1927—1949）大学面向边疆招生模式的变革及其影响》，《华东师范大学学报》（教育科学版）2014年第2期。

张学强：《边疆少数民族高等教育招生政策分析》，《高等教育研究》2013年第1期。

张学强：《大学与边疆社会的地缘关系：以人才培养为中心的考察》，《高等教育研究》2013年第11期。

张学强、胡君：《大学边疆服务活动的开展及其影响》，《高等教育研究》2015年第5期。

张学强、燕慧：《大学的边疆问题研究及其影响》，《西北师大学报》

（社会科学版）2014 年第 11 期。

张意忠：《西南联大创新人才培养之道》，《国家教育行政学院学报》2013 年第 10 期。

周谷平、张强：《本土化与均衡化：以西北联合大学建立为中心的历史考察》，《浙江大学学报》（人文社会科学版）2013 年第 11 期。

周建平：《应用型本科教育课程改革亟待解决的几个问题》，《大学教育科学》2009 年第 2 期。

朱志峰：《民国时期法学人才培养检视》，《社会科学战线》2016 年第 2 期。

《西北文化发刊词》，《西北文化》1947 年创刊号。

［法］埃德加·莫兰（Edgar Morin）：《论复杂性思维》，《江南大学学报》（人文社会科学版）2006 年第 10 期。

五　报纸文章类

顾毓琇：《抗战以来我国教育文化之损失》，《时事月报》1938 年第 19 卷第 5 期。

李斌：《温家宝看望季羡林和钱学森》，《人民日报》（海外版）2005 年 8 月 1 日。

卢苇：《自城固迁西安的国立西北大学》，《青年日报》1946 年 6 月 30 日。

中央社：《西北师院永设兰州 北平师大将移石家庄》，《西北日报》1945 年 12 月 3 日。

朱家骅：《教育复员工作检讨》，《教育部公报》1947 年第 19 卷第 1 期。

《本省教育工作昨日、今日与明日》，《新疆日报》1945 年 10 月 21 日。

《全国高教最近校数及其分布》，《申报》1937 年 7 月 25 日。

《学府风光》，《西北日报》1944 年 1 月 19 日。

六 论文集

方光华主编:《西北联大与中国高等教育》,西北大学出版社 2013 年版。

何宁主编:《西北联大与中国高等教育:纪念西北联大汉中办学 75 周年》,世界图书出版西安有限公司 2014 年版。